律令国家前夜

遺跡から探る飛鳥時代の大変革

前園実知雄［著］

新泉社

はじめに

三世紀から四世紀のはじめにかけて、大和盆地の東南部に成立したとみられるヤマト政権の中枢は、その権力の象徴として造られた巨大な前方後円墳を築く地域内を移動することはあったが、『古事記』『日本書紀』に記された崇神から崇峻までの二三代のうち一九代の大王たちは約三百年間、その宮を三輪山を望むことのできる盆地東南部に置いたとみられる。

考古学的な根拠はまだ少ないが、雄略の泊瀬《はつせ》朝倉宮《あさくらのみや》は、桜井市の脇本《わきもと》遺跡の可能性がある。また、同じく桜井市の纒向《まきむく》遺跡で発掘された整然とならぶ建物群に重なって五世紀代の濠の一部がみえることから『日本書紀』に記載されている纒向の名の付く複数の大王の宮の一部がそこに置かれたのではないかと私は考えている。

そのような歴史のなかで、推古天皇は五九二年に飛鳥の豊浦宮《とゆらのみや》で即位した。この時をもって飛鳥時代が始まる。その後六九四年に持統天皇が藤原宮へ遷宮するまで、孝徳天皇の難波宮、天智天皇の大津宮への短期間の遷宮はあったが、基本的に王宮は飛鳥の狭い盆地の中に営まれた。

私はこの飛鳥での王宮の開始は、古代史の大きな転換点と捉えている。飛鳥の盆地に立てばすぐわかるが、そこからは古来、神の山として信仰されてきた三輪山を直接望むことはできない。つまり、三輪山信仰から新しい信仰を背景とした統治の形へ踏み出したということができよう。その背後には、推古天皇の出自でもある蘇我氏の存在があることは言うまでもない。

推古天皇が即位した豊浦宮から元明天皇が平城京へ遷都した七一〇年までの百年余りの飛鳥時代に、上宮王家の滅亡、乙巳《いっし》の変、壬申《じんしん》の乱などのさまざまな事件を経て、律令国家としての日本が誕生した。

この飛鳥時代を飛鳥、斑鳩に残る遺跡、すなわち歴代の王宮、大王や豪族の建立した寺院、数少ない終末期の古墳などを通して考えてみたい。

なお、天皇号は天武・持統天皇以後であると考えられるが、本書では便宜上漢風諡号を使用する。

律令国家前夜　目次

王たちの奥津城　107

斑鳩

大王家と蘇我氏の系譜

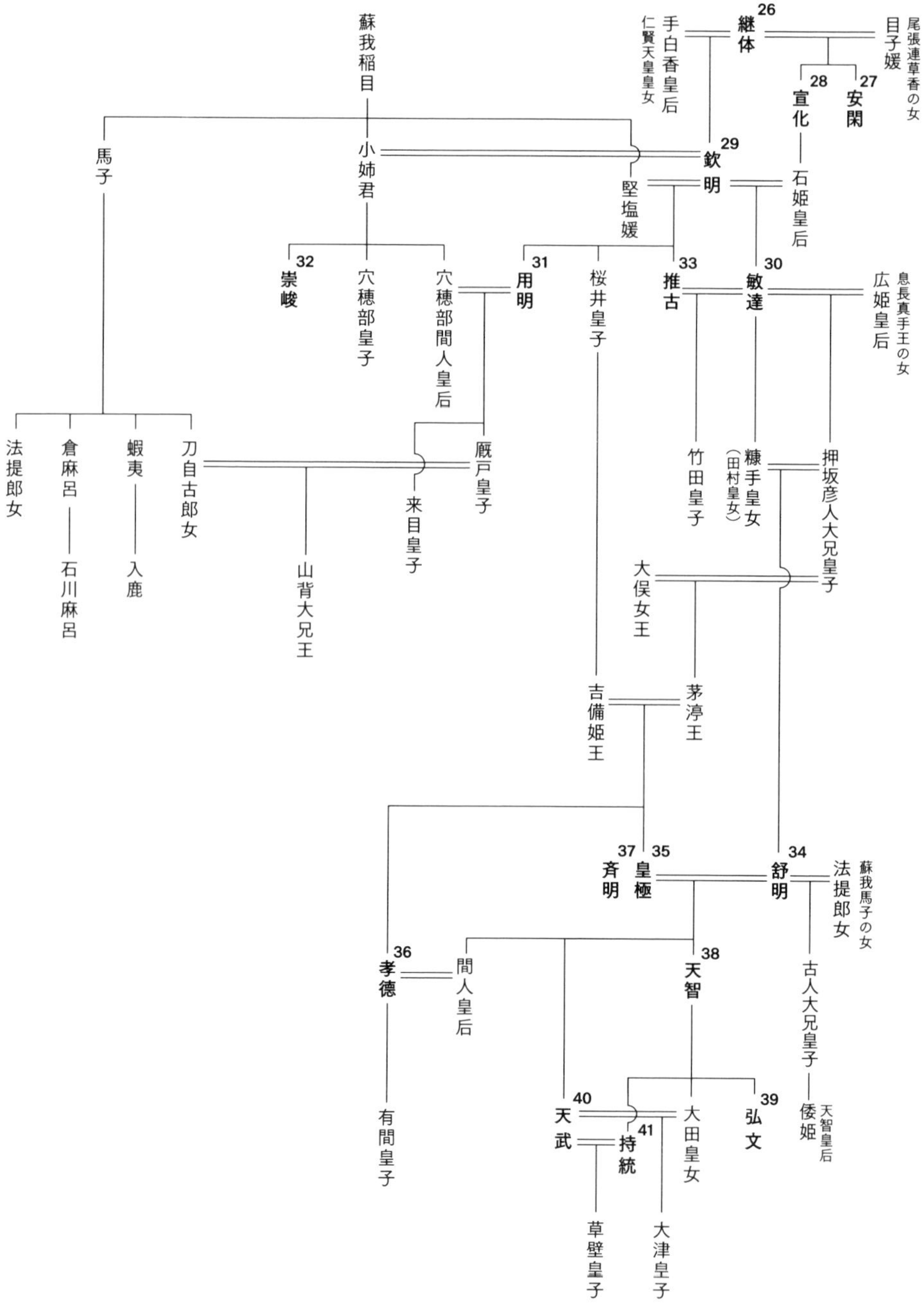

蘇我稲目
馬子
小姉君
堅塩媛
26 継体
手白香皇后
仁賢天皇皇女
目子媛
尾張連草香の女
28 宣化
27 安閑
29 欽明
石姫皇后
32 崇峻
穴穂部皇子
穴穂部間人皇后
31 用明
桜井皇子
33 推古
30 敏達
広姫皇后
息長真手王の女
法提郎女
倉麻呂
蝦夷
刀自古郎女
厩戸皇子
来目皇子
竹田皇子
糠手皇女
（田村皇女）
押坂彦人大兄皇子
石川麻呂
入鹿
山背大兄王
大俣女王
茅渟王
吉備姫王
37 斉明
35 皇極
34 舒明
法提郎女
蘇我馬子の女
36 孝徳
間人皇后
38 天智
古人大兄皇子
倭姫
天智皇后
40 天武
41 持統
大田皇女
39 弘文
有間皇子
草壁皇子
大津皇子

飛鳥

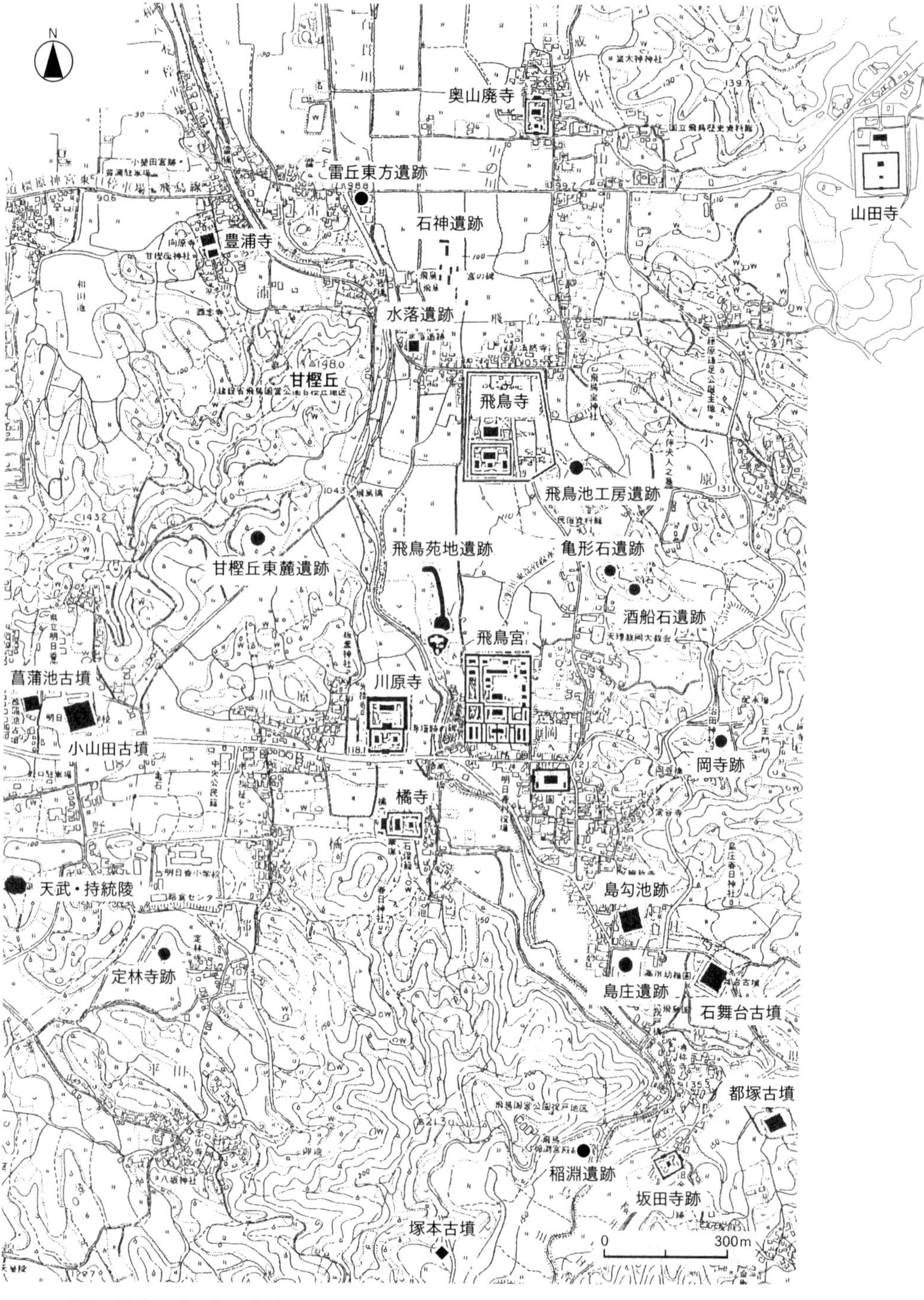
N
奥山廃寺
山田寺
雷丘東方遺跡
石神遺跡
豊浦寺
水落遺跡
甘樫丘
飛鳥寺
飛鳥池工房遺跡
飛鳥苑地遺跡
亀形石遺跡
甘樫丘東麓遺跡
酒船石遺跡
飛鳥宮
菖蒲池古墳
川原寺
小山田古墳
岡寺跡
橘寺
天武・持統陵
島勾池跡
定林寺跡
島庄遺跡
石舞台古墳
都塚古墳
稲淵遺跡
坂田寺跡
塚本古墳
0
300m

図1　飛鳥の宮・寺・古墳

三輪山との別離　飛鳥へ遷る王宮

三輪山の麓に置かれた王宮

『古事記』『日本書紀』に記されたヤマト政権の大王（天皇）の宮の多くは、秀麗な山容から山自体が信仰の対象とされていた三輪山の麓、もしくはその山を眺めることのできる地域、いわゆる磯城《しき》・磐余《いわれ》の地域に営まれていた（表1）。

崇神天皇から用明天皇までの、実に一三カ所に及ぶ宮室がこの地域に存在した可能性がある。しかし、近年、考古学の調査によって、その実態が次々と明らかにされている飛鳥地域の宮に対して、その直前まで存在した磯城・磐余地域の宮は、考古学的に立証され、確定した遺跡はまだ知られていない。そこで、考古学を中心に発掘調査をおこなって実態に迫ってみようと、一九八四年二月に「磯城・磐余の諸宮調査会」（池田栄三郎会長）が結成された。事前の踏査などによって、最初の候補地となったのが、実在が確実視されている雄略天皇の宮とされる泊瀬朝倉宮《はつせのあさくらのみや》だった。

泊瀬は、奈良盆地の東南部にあたり、のちの伊勢街道と重なる東国へ通じる古代の主要な道路に近接する地でもあった。三輪山の南麓から東の谷間の「隠《こも》りくの泊瀬」と『万葉集』にも歌われたこの地域に予想されるのは、雄略天皇の泊瀬朝倉宮と武烈天皇の泊瀬列城宮《はつせのなみきのみや》の二つの宮だった。私たちが調査地に選んだのは、昭和初期に古墳時代の土器が出土していた桜井市の脇本燈明田《わきもととうみょうでん》遺跡の隣接地の脇本遺跡であった。

八年間にわたる調査で、五世紀後半から七世紀後半までの、幾度かの大規模な掘立柱建物をもつ建造物群が検出されたが、もっとも初期の遺構が雄略天皇の泊瀬朝倉宮の一部である可能性が指摘されている。

雄略のあと、清寧、顕宗、仁賢とつづいたのち、古代史のなかでの大きい転機となったのが継体朝であることに異論はないであろう。継体天皇（男大迹《おおど》王）は、現在の大阪府枚方市にあったとされる樟葉宮《くすはのみや》で即位して以後、弟国宮《おとくにのみや》（現在の京都府長岡京市あたり）、筒城宮《つつきのみや》（現在の京都府京田辺市あたり）と遷り、二〇年を経てヤマトの磐余玉穂宮《いわれのたまほのみや》に遷宮した。継体が磐余という古来より宮の置かれた三輪山の麓の地を選んだのも、ヤマトとのかかわりを重視したためだろう。このことは、継体の皇后となった仁賢天皇の娘の手白香皇女《たしらかのひめみこ》の衾田《ふすまだ》墓が、ヤマト政権の大王たちの墓所と考えられる大和《おおやまと》古墳群の中に築かれた西山塚《にしやまづか》古墳である可能性が指摘されていることからも、継体がヤマト政権を無視する

表1　「記・紀」に記された三輪山を望む宮名

天皇	古事記	日本書紀	推定所在地
10 崇神	師木水垣宮	磯城瑞籬宮	桜井市
11 垂仁	師木玉垣宮	磯城珠城宮	桜井市
12 景行	纏向之日代宮	纏向之日代宮	桜井市
17 履中	伊波礼之若桜宮	磐余稚桜宮	桜井市
20 安康		石上穴穂宮	天理市
21 雄略	長谷朝倉宮	泊瀬朝倉宮	桜井市
22 清寧	伊波礼之甕栗宮	磐余甕栗宮	橿原市
24 仁賢		石上広高宮	天理市
25 武烈	長谷之列木宮	泊瀬列城宮	桜井市
26 継体	伊波礼之玉穂宮	磐余玉穂宮	桜井市
29 欽明	師木嶋大宮	磯城嶋金刺宮	桜井市
30 敏達		訳語田幸玉宮	桜井市
31 用明	池辺宮	磐余池辺双槻宮	桜井市

ことはできなかったと理解できよう。

継体の後を継いだ尾張の目子媛《めのこひめ》との間に生まれた安閑天皇と宣化天皇の宮は勾金橋宮《まがりのかなはしのみや》、檜隈廬入《ひのくまのいおいり》野宮《ののみや》と『日本書紀』にみえるが、その所在地は磯城・磐余地方から遠く離れた現在の橿原市金橋、明日香村檜隈の地が考えられる。その後を継いだ欽明天皇は、継体と手白香の間に生まれた皇子で、母方を通じてそれまでのヤマト王家と深いつながりをもっている。そしてその宮はふたたび三輪山の麓にもどり、磯城嶋金刺宮《しきしまのかなさしのみや》の名を残している。

欽明の後を継いだのが宣化の娘、石姫《いしひめ》皇后との間に生まれた敏達天皇で五七二年に即位後、百済大井宮《くだらのおおいのみや》を造った。この宮の所在地については、奈良県西部の広陵町百済説が有力だが、私は敏達の孫である舒明天皇が飛鳥から離れて最後に造った百済宮の地が、後に述べる桜井市の吉備《きび》池廃寺《いけはいじ》（百済大寺《くだらのおおてら》、八二ページ参照）に近い百済川のほとりに営まれた可能性が高くなったことから、この大井宮の場所もその近辺、すなわち三輪山を望める地だった可能性もあるのではないかと思っている。そう考えれば敏達天皇四年（五七五）に遷宮した訳語田幸玉宮《おさだのさきたまのみや》の所在地はまだ不明だが、桜井市吉備からほど近い同市戒重《かいじゅう》付近が有力視さ

図2　古代の王宮が所在した三輪山の麓　手前は箸墓古墳（撮影：梅原章一）

れていることも理解できる。

敏達は四年正月に、息長真手王《おきながまてのおおきみ》の娘、広姫《ひろひめ》を皇后として立てるが、皇后は同年十二月に崩御している。二人の間には押坂彦人大兄皇子《おしさかひこひとのおおえのみこ》がいたが、おそらく用明天皇崩御の後の政権争いに巻き込まれたようで、歴史の舞台から姿を消している。ちなみに『延喜式』諸陵寮では大和国広瀬郡に存在する「成相墓《なりあいのはか》」を押坂彦人大兄皇子の墓としている。現在、奈良県広陵町の巨大円墳、牧野《ばくや》古墳が成相墓として有力視されている。

以上のように、考古学では、まだその実態はほとんどつかめてはいないが、『古事記』『日本書紀』によれば、ヤマト政権の王たちの宮の多くは、三輪山を望む地に営まれたのである。ヤマト政権の王たちにとって、三輪山への信仰はゆるぎないものであったと考えられる。

蘇我氏の台頭

広姫皇后崩御の翌年三月に敏達天皇の皇后となったのが、欽明天皇と蘇我稲目《そがのいなめ》の娘、堅塩媛《きたしひめ》との間に生まれた額田部皇女《ぬかたべのひめみこ》、のちの推古天皇だった。蘇我氏が天皇家の外戚として力を発揮するきっかけは、広姫崩御と押坂彦人大兄皇子の動向だが、私はともに蘇我氏が深くかかわった可能性が高いと考えている。

敏達天皇は十四年（五八五）八月十五日に崩御するが、九月五日には皇后の額田部皇女と父母を同じくする用明天皇が即位し、宮を磐余池辺双槻宮《いわれのいけのへのなみつきのみや》に置いた。この所在地はまだ明らかではないが、桜井市阿倍にある磐余池の付近の可能性が高い。用明は欽明と蘇我稲目の娘の小姉君《おあねのきみ》との間に生まれた穴穂部間人皇女《あなほべのはしひとのひめみこ》を皇后としたが、即位の翌年の四月九日に天然痘のため崩御した。

用明は皇后との間には厩戸皇子《うまやとのみこ》（聖徳太子）をはじめ四人の皇子、一人の皇女、他の嬪《ひん》との間にも皇子、皇女はもうけたが、その後継争いが蘇我、物部氏間の権力闘争（丁未《ていび》の乱、六〇ページ参照）で、いわゆる崇仏、排仏の形で伝えられている。

『日本書紀』は物部守屋《もののべのもりや》が蘇我氏系である穴穂部皇子《あなほべのみこ》（用明皇后の穴穂部間人の同母兄弟）を皇位継承者として挑み失敗し、物部氏衰退の原因となったと記し、豊御食炊屋姫尊《とよみけかしきやのひめみこ》（額田部皇女、のちの推古天皇）と蘇我馬子たち群臣が、穴穂部皇子の同母弟の泊瀬部皇子《はつせべのみこ》を立て崇峻天皇とした。即位した崇峻は倉梯《くらはし》に宮（『古事記』では倉梯柴垣宮）を置いたと記されているが、考古学的な資料は確認されていない。しかし、その宮の名から桜井市倉橋付近に所在していたと考えられている。

物部氏との権力闘争に勝利した蘇我馬子は、みずから主導して蘇我氏の濃い血統を継いだ崇峻を天皇に擁立した。用明天皇擁立で地盤を築いた馬子は、ここにきて盤石な傀儡《かいらい》政権を樹立したのである。しかし、新たな天皇は、蘇我氏によって殺された穴穂部皇子の実弟にあたる人物である。崇峻は蘇我氏系の皇子であったが、必ずしも蘇我氏の言うなりになる人物ではなかった。

『日本書紀』には崇峻天皇の施策として、新羅に奪われた任那の復興に力を注いだことがあげられる。しかし、間もなく崇峻は、その五年（五九二）冬十二月に蘇我馬子に命じられた東漢直駒《やまとのあやのあたいこま》によって殺害され、即日に倉梯岡陵《くらはしのおかのみささぎ》に葬られたと記されている。この天皇殺害という史上稀にみる事件は、多くの歴史家、作家などにもとりあげられ、語り継がれているが、真相は定かではない。ちなみに崇峻天皇陵は桜井市赤坂にある横穴式石室をもつ巨大な方墳の赤坂天王山古墳《あかさかてんのうざん》（一辺約四五メートル）が有力視されている。

崇峻を擁立したものの、意にそぐわなかった天皇を殺害した馬子の権力は絶大なものとなった。大《おお》連《むらじ》の物部守屋亡き後は、大王家の多くの皇子、皇女たちは彼自身の血縁者だった。このように、蘇我氏が実権を握るなかで登場したのが額田部皇女、推古女帝である。敏達天皇の皇后広姫亡き後に皇后となった人物で、用明の同母妹でもある。

飛鳥に置かれた最初の宮　豊浦宮・小墾田宮

崇峻天皇が暗殺されたわずか一カ月後の五九二年十二月、豊御食炊屋姫尊（額田部皇女）は飛鳥の豊浦宮《とゆらのみや》で即位した。推古天皇である。

この時をもって磯城・磐余地方に長くつづいた政権の地は、飛鳥に移ったのである。その背景には飛鳥を地盤として力を持ってきた蘇我氏の存在が大きかったことを疑う余地はない。しかし、蘇我氏が予想だにしていなかったと思われることも起きている。推古の即位とともに蘇我系の皇子、厩戸皇子が皇太子となって摂政になり、理想の政治を追い求めはじめたことだ。厩戸皇子は推古天皇八年（六〇〇）に遣隋使を派遣し、翌六〇二年には斑鳩に宮を建てる。そして十二階の冠位をさだめ、憲法十七条を作ったのち、推古天皇十三年（六〇五）には飛鳥を離れ、斑鳩に居を移して次世代の王としての地歩を固めつつあった。厩戸皇子がめざした都については、後で述べよう（一七九ページ参照）。

ともあれ、のちに持統天皇が藤原宮に遷る持統天皇八年（六九四）までの百年余りの期間、この飛鳥の地に歴代の王宮の多くが営まれたのである。推古は十一年（六〇三）に小墾田宮《おはりだのみや》に遷るまで十年余りをこの豊浦宮で過ごした。では、この豊浦宮はどこにあったのだろうか。

豊浦宮

近鉄電車経由で飛鳥を訪ねるには、二つのルートがある。一つは吉野線の飛鳥駅で下車し、高松塚古墳、中尾山古墳などを見学しながら、北に向かう飛鳥の南西部からのコースで、もう一つは橿原神宮駅東口からまっすぐ東に進み、飛鳥川に出会ったところから右にとるコースで、これは飛鳥の盆地の北西部から入ることになる。その二番目のコースの入り口に豊浦の集落があり、その中ほど、甘樫丘の北東端の麓に向原寺《こうげんじ》という寺がある。この寺院の境内を含む一帯に飛鳥時代の寺院跡、豊浦寺《とゆらでら》が眠っている。一九五七年に奈良県教育委員会がおこなった発掘調査以来、奈良国立文化財研究所（現、奈良文化財研究所）や橿原考古学研究所によって調査がつづけられ、金堂や講堂の跡が確認されている。

『日本書紀』によれば欽明天皇十三年（五五二）に百済の聖明王から献上された仏像を、蘇我稲目が天皇から拝受して小墾田の家に安置し、その後、向原《むくはら》の家に移して寺にしたという。これが豊浦寺に関する最初の記録であるが、近年の調査で、講堂跡の下層から南北四間以上、東西三間の掘立柱建物がみつかり、建物の周りには石列がめぐり、バラス敷きの施設や柱列なども確認されている（**図3**）。現在のところ確証はないが、これが推古天皇の豊浦宮の一部ではないかと考えている。

あわただしい即位の状況からみても、整然とした宮殿が建設されたとは考え

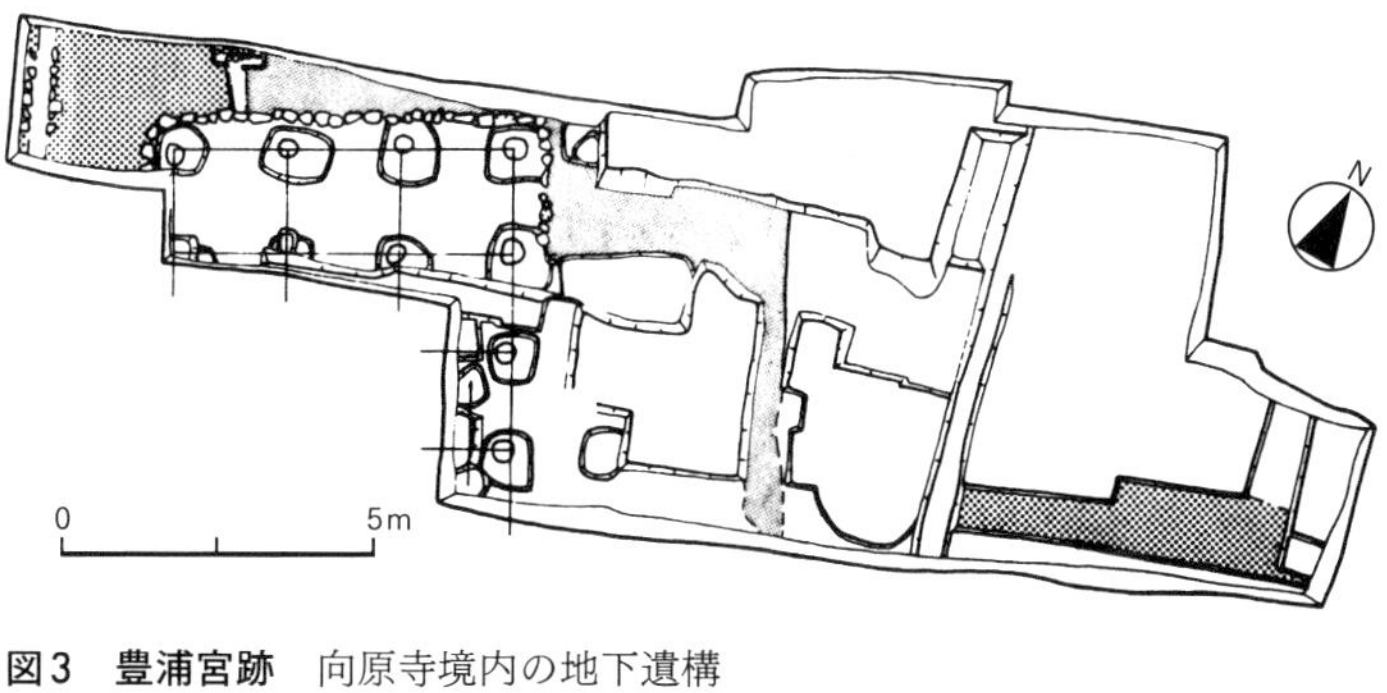

図3　豊浦宮跡　向原寺境内の地下遺構

られず、おそらく蘇我氏の邸宅（向原家？）を宮として使用していたのだろう。そして小墾田に新たな宮室を構えて遷宮した後、寺としたとみるのが自然だろう。初期の寺院によくみられる有力豪族の邸宅を寺院に改めるいわゆる「捨宅寺院《しゃたくじいん》」の初例として興味深い。

小墾田宮

小墾田宮については、近年までその所在地の有力候補として豊浦寺の北にある古宮《ふるみや》遺跡があげられていた。古宮土壇《ふるみやどだん》と呼ばれる小さな高まりが残り、周辺の発掘調査では同時期の庭園遺構や建物も検出されていたからだ。しかし、一九八七年に、飛鳥川の東岸の雷丘東方《いかづちのおかとうほう》遺跡で、「小治田宮」と墨書した土器がたくさんみつかったのである（図4）。この土器と出土した遺構は、推古天皇の時期ではなく、奈良時代から平安時代にかけてのものだが、おそらくこの近くに当初の宮跡が眠っていると考えられる。

『日本書紀』には隋や新羅からの使いが宮を訪れた記事がみられるが、それによれば南門（宮門）を入ると朝庭があり、左右に庁（朝堂）が並び、さらに正面の大門をくぐると、天皇の座す大殿へつづいていることがわかる。豊浦宮とは違った、記録にみえるわが国最初の整然とした宮殿である。まだその実像はみえていないが、それが発掘調査によって明らかにされるのもさほど遠いことではないだろう。

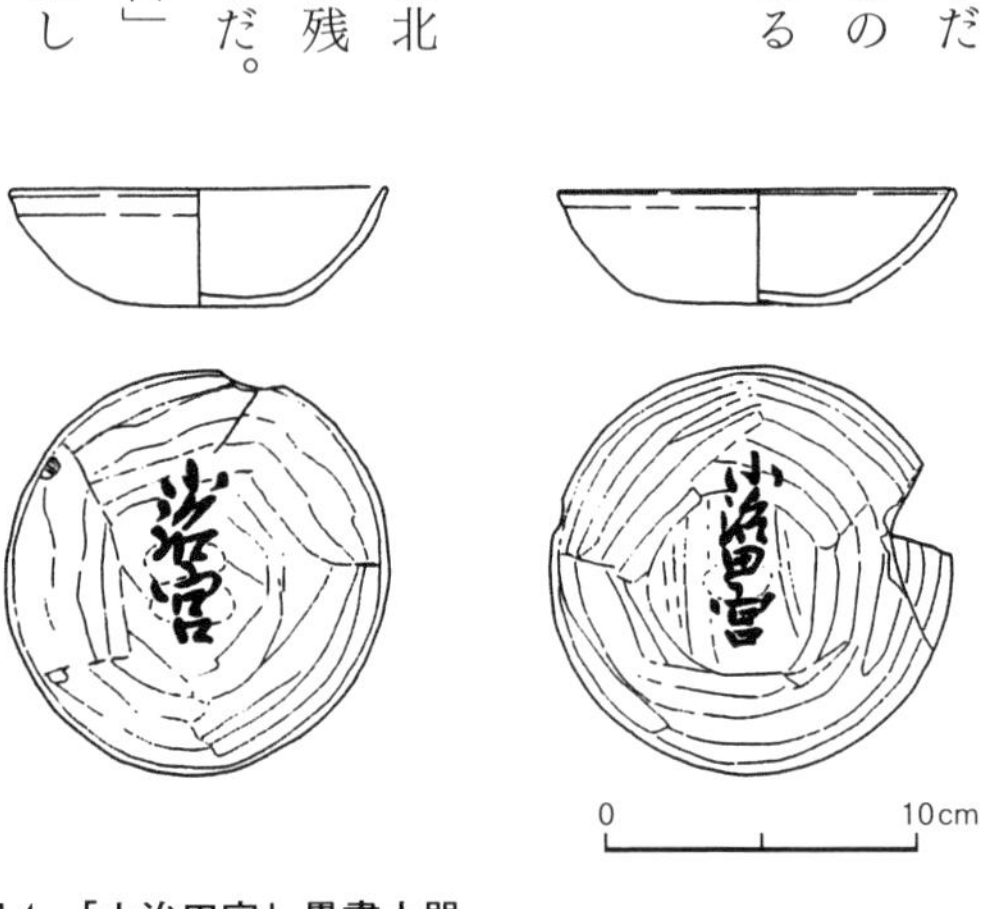

図4 「小治田宮」墨書土器

新たな政権をめざす舒明天皇　岡本宮・田中宮・厩坂宮・百済宮

推古天皇は小墾田宮で崩御する直前に、有力な皇位継承の候補である田村皇子《たむらのみこ》と、山背大兄王《やましろのおおえのおう》を別々に枕元に呼び、それぞれに言葉を残した。

最初に呼ばれた田村皇子には「天位に昇って、万機を統治し人民を養うことについては、たやすく言うものではない。常に重んじるところであるから、汝は謹んで察せよ。軽々しく言ってはならない」と述べ、山背大兄王には「汝は思慮が若い。もし心の中で望んでいても、やかましく言うべきではない。必ず群臣の意見を聞き従うがよい」とつげた。この推古の言葉によって両者の間で皇位をめぐる対立があったことは、『日本書紀』の舒明天皇即位前紀にくわしい。両者の綱引きの後、蘇我蝦夷《えみし》の推す田村皇子が即位し、舒明天皇となった。

舒明は敏達天皇と皇后広姫との間に生まれた、押坂彦人大兄皇子の子である。用明から推古までつづいた蘇我氏と血縁関係はない。それに対して山背大兄王は父である厩戸皇子（聖徳太子）、母である刀自古郎女《とじこのいらつめ》もともに蘇我氏の血縁である。なぜ、馬子の後に大臣を継承した蘇我蝦夷は田村皇子を選んだのだろうか。

私は田村皇子が蝦夷の妹の法提郎女《ほてのいらつめ》との間に、古人大兄皇子《ふるひとのおおえのみこ》をもうけていたことが、もっとも大きな理由であると考えている。つまり、蝦夷と息子の入鹿《いるか》は舒明の次代の支配を念頭に置いていたのである。加えて、山背大兄王に政権が渡ってしまえば、すでに厩戸皇子によって基礎が築かれつつあった大王家を中心とした政権となってしまうおそれがあった。舒明は、蘇我氏にとって中継ぎの王としての意味しかなかったのである。

岡本宮

舒明天皇二年（六三〇）、推古のあとを継いだ舒明は、小墾田宮から飛鳥盆地のなかの岡本宮に遷るが、この宮号は飛鳥岡の傍らに営まれたことによる。その飛鳥岡とは、現在も岡という名の集落名を残し、その東の山腹にある西国三十三所観音霊場の一つが岡寺と呼ばれていることから、飛鳥の小盆地の東南にあたる丘陵地が該当することは間違いない。

この岡の西に広がる水田一帯では一九五九年以来、橿原考古学研究所によって発掘調査がつづけられ、多くの成果があがっているが、その過程で岡本宮の様子も少しずつではあるが明らかにされつつある。

飛鳥の遺跡に興味をもつ人の多くは、一度は訪ねたことのあるのが国史跡に指定されている伝飛鳥《あすか》板蓋宮《いたぶきのみや》跡（現在、史跡飛鳥宮跡）だろう。今は石敷き広場と大井戸、それに数棟の建物や柱列の跡が整備保存されている（**図5**）。この宮は史跡名に示されているように、江戸時代から地元では長く板蓋宮と伝えられていた。板蓋宮といえば皇極天皇四年（六四五）六月十二日に起きた、蘇我入鹿が中大兄皇子らによって惨殺された、いわゆる乙巳《いっし》の変の舞台である。

一九七二年にこの遺跡が国史跡に指定されるにあたって、遺跡の名称を決めなければならないこと

図5　伝飛鳥板蓋宮跡の大井戸

になった。飛鳥板蓋宮跡とする意見が多数だったが、当時、橿原考古学研究所所長として飛鳥の遺跡調査の陣頭指揮をとっていた末永雅雄は、これはあくまでも伝承であるから、宮殿名には「伝」を付けるべきと強く主張した結果、「伝飛鳥板蓋宮跡」という名称になった。この末永の卓見は、ほぼ一〇年後の調査で証明されることになるが、そのことについては少しあとでくわしく述べよう（三六ページ）。

飛鳥宮の調査がつづくなかでの大きな成果は、複数の時期の宮が同じ地区に重複して営まれていたことが明らかになったことである。そして舒明天皇の岡本宮の遺構もこの伝飛鳥板蓋宮の下層にあることがわかってきた。大きく三期に分かれる遺構群の最下層がそれにあたるらしいことが近年の調査で明らかになってきたのである。ほんの一部が垣間見えるだけだが、火災の痕跡もあるようで、『日本書紀』の記事にも符合する。今後の調査に大きな期待が寄せられるところだ。

舒明紀には八年（六三六）六月に岡本宮が火災にあい、天皇は田中宮に遷ったことが記され、それ以降、岡本宮に帰ったという記録はない。そうであれば、岡本宮が舒明の宮として機能していた期間はわずか六年足らずということになる。田中宮については、飛鳥から少し西に離れた橿原市田中町に、飛鳥時代の瓦が出土する田中廃寺があることから、そのあたりにあった可能性があるが、まだ確定するところまでにはいたっていない。しかし、その地が飛鳥地域でないことは確実である。

百済宮

田中宮を仮宮としていた舒明は、十一年（六三九）秋七月に「今年、大宮および大寺を造れ」との詔を出した。その場所は百済川のほとりで、西に宮を造り、東に寺を造るという大がかりな工事だった。この宮は百済宮《くだらのみや》、寺はわが国初めての官立寺院として建てられた百済大寺《くだらのおおてら》であった。宮の造営には一年余りを要したらしく、舒明が遷ったのは十二年（六四〇）冬十月であった。そしてちょうど一年後の十三年（六四一）の冬十月にこの百済宮で崩御している。

この百済宮については、間接的ではあるが、近年有力な遺構が知られることになった。それは天香具山の北東部、桜井市吉備で大寺院の跡が発掘され（八二ページ参照）、研究者の多くが百済大寺跡だと考えている。『日本書紀』によれば、宮はこの寺の西に営まれたという。百済川の旧河道も発掘されていることから、近い将来舒明が晩年に移り住んだ三輪山を遠望できる百済宮の姿が明らかになるのは間違いない。

厩坂宮

岡本宮、田中宮、百済宮の三カ所を舒明の宮として捉えることができるが、もう一カ所、厩坂宮《うまやさかのみや》がある。それは舒明天皇十二年（六四〇）夏四月十六日、先年の十二月十四日から出かけていた伊予の湯の宮から四カ月ぶりに帰還したときに遷った宮と『日本書紀』に記された宮である。厩坂宮については、まだ実態はわからないが、現時点で言えることはおおよそ次のとおりである。

近鉄橿原神宮駅東口から東に豊浦に向かう途中の右手に、孝元天皇陵と剣池がみえるが、その左手にある低い丘陵部近くが古くから厩坂寺跡との伝承をもち、古代瓦も出土している。この近くに、田中宮から百済宮に遷宮する間の仮宮があったのかもしれない。そして、この地は田中宮と同じく飛鳥地区ではない。

新たな政権をめざしたか

舒明が岡本宮を出て、飛鳥に二度と戻らなかったわけをもう少し考えてみよう。先にも述べたが推古天皇の崩御後、蘇我氏直系の山背大兄王との皇位継承問題のなかで、あえて蘇我蝦夷は田村皇子を推挙した。しかし、系図を見ればすぐわかるように、舒明は蘇我系ではなく、皇后となった宝皇女《たからのひめみこ》（皇極天皇、重祚《ちょうそ》して斉明天皇）も蘇我氏とのつながりは薄い。蘇我氏は当然のように、舒明の次の王は古人大兄皇子と考えていただろうし、誰もがそのように思っていたのではないだろうか。この問題はずっと後へも尾を引き、山背大兄王襲撃事件や乙巳の変へとつながってゆく。

日本最古の歌集で四五〇〇首をおさめた『万葉集』巻一の第一首は、雄略天皇の「籠《こ》もよ　み籠《こ》持ち　掘串《ふくし》もよ……」ではじまる有名な歌である。朝倉宮の近くの岡で菜を摘んでいる娘に名と家を問い、自身がこの国を治めていることを告げるといった内容だが、雄略は「倭の五王」の一人、武王とみられ、五世紀後半にその存在が確実視されている人物である。考古学からみてもこの時期を大きな画期として捉える考え方が有力である。奈良時代の人びとにとって、実在性のたどれる初期の大王として認識されていた可能性があると考えてよかろう。

『万葉集』の第二首が雄略の時代から百年余りを経た舒明の歌である。天香具山に登って国見をした時に詠んだとされるもので、少し長いが引用しておく。

大和《やまと》には　群山《むらやま》あれど　とりよろふ　天の香具山　登り立ち　国見をすれば　国原《くにはら》は　けぶり立ち
立つ　海原《うなはら》は　かまめ立ち立つ　うまし国ぞ　蜻蛉島《あきつしま》　大和の国は

意訳すると、「大和には群がる山々があるが、なかでも特別な天の香具山に登り、国見をすると、国原には煙が立ち上り、海原にはかもめが飛び立っている。すばらしい国だ、蜻蛉島大和の国は」となる。国原は大和盆地の広がりをたとえて、もっと広い国土を念頭に置き、海原は盆地に点在する湖沼をたとえて、実際の列島周辺の海原を詠んでいるのだろう。ちなみに現在も時折、盆地内の池ではかもめを見かけることがある。

舒明天皇がこの歌を詠んだ天の香具山は、神武天皇紀にある埴土《はにつち》を採取した話からも、大和三山のなかで特別な山であることは間違いない。舒明は飛鳥盆地に背を向けてこの雄大な歌を詠んだのである。そして彼が造営した百済宮はこの天の香具山の北東部にあたり、そこからは遙か北東部には三輪山を望むことができる。

おそらく舒明は天の香具山の山頂で国見をしながら、蘇我氏から距離を置く新たなヤマト政権をめざしていたのであろう。もちろん、『日本書紀』にしても『万葉集』にしてもその編纂過程において、舒明を祖と仰ぐ人たちが深くかかわっていたことを考慮すべきなのは、言うまでもない。そこにヤマト政権の応神からつづく王統に対する考え方をみることができる（二五六ページ参照）。

舒明は二年（六三〇）八月五日に第一回の遣唐使を派遣している。百済宮と百済大寺の建立をめざした舒明は、遣隋使を派遣し、斑鳩に都を置こうとした厩戸皇子の考えを継ごうとしていたのではないだろうか。また、その思いは舒明の皇子たち（のちの天智や天武）、そして義弟の孝徳にも伝わっていたとするのは、考え過ぎであろうか。彼らの脳裏には未完に終わった斑鳩京があったのではなかろうか。

乙巳の変の舞台　皇極天皇の飛鳥板蓋宮

百済宮で崩御した舒明天皇に継いで、翌六四二年正月に皇位についたのは、宝皇后だった（皇極天皇）。この年をさかのぼること一四年、六二八年に田村皇子（舒明天皇）と皇位を争った山背大兄王は、まだ健在だった。しかし、このときにも山背大兄王は皇位継承争いに敗れた。そして、翌皇極天皇二年（六四三）十一月、蘇我入鹿によって遣わされた巨勢臣徳太《こせのおみとこだ》らの斑鳩宮《いかるがのみや》襲撃で、厩戸皇子以来の一族、山背大兄王をはじめとした上宮王家の多くは史上から消えていった。

　このことからみても、舒明の皇后、皇極の皇位擁立には蘇我氏、とりわけ入鹿の力が大きく働いていたことは間違いないだろう。『日本書紀』によると、皇極天皇は元年（六四二）九月十九日に宮室を営造する詔を出し、十二月二十一日に小墾田宮に遷っていることがわかる。即位してから一年近くはおそらく百済宮にいて、そこからかつて推古天皇の宮であった小墾田宮に遷り、仮宮としたのであろう。

　皇極天皇が新宮、飛鳥板蓋宮に入ったのは皇極天皇二年（六四三）四月二十八日のことだった。詔の発布から約七カ月を経て、新宮が完成したのである。それまでの宮号が地名を由来としていたのに対して、板蓋《いたぶき》という名をあえて冠したのは、それまでの萱葺《かやぶき》の宮から檜皮葺《ひわだぶき》の宮となり、屋根構造の変化をあらわしていると思われる。

　この飛鳥板蓋宮の所在地には、古くからの伝承で明日香村岡集落の西方の水田一帯が有力視されていた。先に述べたように一九五九年以来、半世紀にわたって橿原考古学研究所がおこなってきた発掘調査の過程で、この伝承地には幾層にもわたって遺構が存在することがわかってきた（図6）。そして現在史跡に指定され、復元されている井戸をとり囲む建物や、柵列は最上層の遺構で、舒明天皇の岡本宮や皇極天皇の板蓋宮はその下層に眠っているらしいこともしだいに明らかになってきている。具体的には下層の一部から、「小山上」「小乙下」「大花下」（大化三年〈六四七〉から天智天皇三年〈六六四〉まで使用された冠位）などと記された木簡が出土しているのである。しかし、下層遺構の全貌を知るためには上層の石敷き遺構をとり除かなければならないという条件があり、現実には不可能である。柱穴跡や石敷きのないところでの部分的調査に頼るしかないのが現状である。しかし、蘇我入鹿が中大兄皇子や中臣鎌足の手によって殺害された乙巳の変（六四五年六月十二日）の舞台がこのあたりであったことは、ほぼ間違いない。残された遺構からくわしく知ることはまだできないが、遙か北方に耳成山、少し手前に天の香具山、西北方に甘樫丘を望める景観は、クーデター当時とまったく変わっていないだろう。思いのほか狭いこの飛鳥の小さい盆地で、一四〇〇年近く前にほぼ一世紀にわたり、さまざまな政争がくり返されてきたのである。

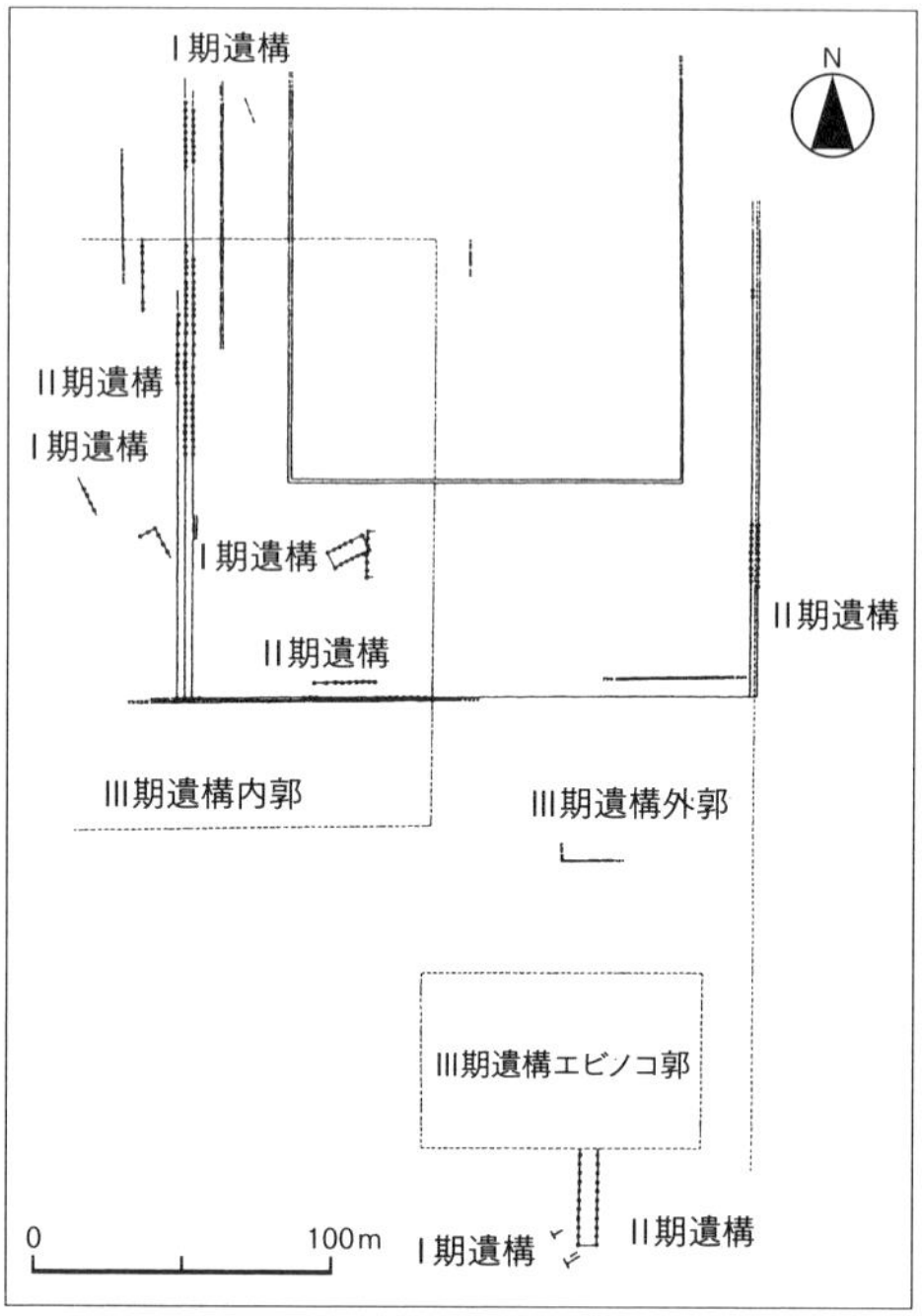

図6　飛鳥岡本宮（飛鳥宮跡Ⅰ期）・**飛鳥板蓋宮**（飛鳥宮跡Ⅱ期）

皇極は乙巳の変の二日後の六月十四日に退位し、皇位を皇太子であった古人大兄皇子ではなく、弟の軽皇子《かるのみこ》に譲った。孝徳天皇の誕生である。それまでの皇位は、天皇崩御後に群臣の推挙によって決められていたが、この皇極のとった行動は王族内部での譲位を可能にした先例となり、その後の歴史に大きな影響を与えることになった。日本の歴史始まって以来の生前譲位として、重要な出来事として捉えなければならない。

飛鳥を離れる孝徳天皇　難波長柄豊碕宮

乙巳の変によって退位した皇極天皇は位を自身の長子、中大兄皇子《なかのおおえのみこ》に譲ろうとしたが、皇子は退出して中臣鎌子《なかとみのかまこ》（鎌足《かまたり》）と相談する。鎌足の意見は、古人大兄皇子は兄であり、軽皇子は叔父であることを説き、その両者を差し置いて皇位を継ぐことは人の道に背くことになるため、しばらくは軽皇子を立てることを進言した。

そのことを伝え聞いた皇極は軽皇子に譲位するが、皇子は固辞し、古人大兄が継ぐべきだと主張した。しかし、誰もが次の王とみていた蘇我系の古人大兄は、出家して吉野に入ることを告げ、法興寺（飛鳥寺）の仏殿と塔の間でみずから剃髪《ていはつ》し袈裟をまとった、と『日本書紀』には記されているが、この間のやりとりは作為が感じられる。吉野へ入った古人大兄は、三カ月後には謀反を疑われて攻め殺されたのである。

このようななかで、軽皇子は即位し孝徳天皇となったのである。中大兄皇子を皇太子、阿倍内麻呂《あべのうちまろ》を左大臣、蘇我倉山田石川麻呂《そがのくらのやまだのいしかわまろ》を右大臣、中臣鎌子を内臣《うちつおみ》に任命し、新政権が発足した。そして皇極天皇四年（六四五）を改めて大化元年とした。

難波長柄豊碕宮

孝徳天皇は、新しい宮を飛鳥から遠く離れた難波に置いた。長柄豊《ながらのとよ》碕宮《さきのみや》である（図7）。なぜこのような政策とったかについては、研究者の間でも古くから議論され、難波津の地理的な利点、当時の大陸の情勢に対処するための利点、旧勢力から距離を保つため、すでに以前からの国家的な施設である大郡《おおごおり》、小郡《おごおり》、難波屯倉《なにわのみやけ》などの施設が存在していたため、などが理由としてあげられている。しかしながら近年、遠山美都男などによって新しい見解が示されている。それは乙巳の変の中心人物には孝徳が加わっていたのではないか、という考えである。その理由は彼が和泉《いずみ》に宮をもっていたこと、また中臣鎌足をはじめ、政変にかかわったとされる人物の中に、蘇我倉山田石川麻呂、巨勢徳太、佐伯子麻呂《さえきのこまろ》、葛城稚犬養網田《かづらぎのわかいぬかいのあみた》、高向玄理《たかむこのくろまろ》、僧旻《みん》など、河内、和泉に拠点や勢力をもった人たちがいたことをあげ、その勢力圏内に新しい宮を築いたのではないかという考えである。

『日本書紀』は孝徳天皇が大化元年（六四五）十二月九日に都を長柄豊碕に遷したとしているが、長柄豊碕宮が完成したのは、難波に遷ってから七年目の白雉三年（六五二）である。その間、孝徳は子代離宮《こしろのかりみや》、つづいて蝦蟇行宮《かわずのかりみや》、大化二年（六四七）に小郡を壊して小郡宮《おごおりのみや》と難波の離宮や行宮に遷り、飛鳥へは戻らなかった。

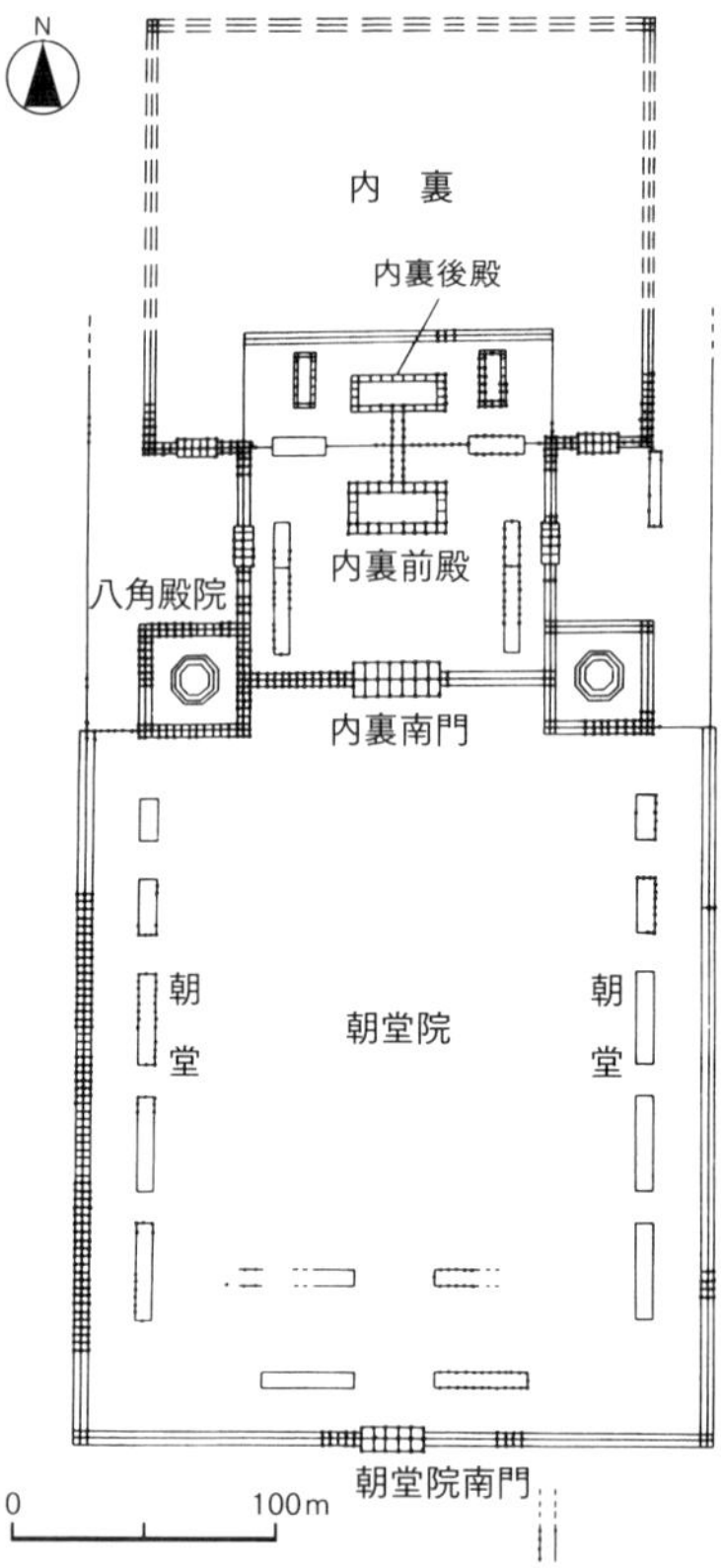

図7　難波長柄豊碕宮（前期難波宮）

難波長柄豊碕宮は山根徳太郎の研究に始まり、現在では多くの成果をあげ、前期難波宮跡として、上町台地の法円坂の一帯が国史跡に指定され、その原状の一部を知ることができる。飛鳥の宮とは大きく異なり『日本書紀』にも「その宮殿の有様は、たとえようもないほどのものであった」と記されている。

発掘調査によって、この宮は中国唐の長安城にならった本格的な宮城であり、京域も定め、孝徳が難波に都をつくろうとしていたことがわかる。その後の難波宮については『日本書紀』の天武天皇十二年（六八三）に「都城や宮室は一カ所だけということではなく、必ず二、三カ所あるべきで、まず難波に都を造ろう」との詔があるが、三年後の朱鳥元年（六八六）一月十四日、難波の大蔵省から失火し、宮室がことごとく焼けたとある。難波宮跡の調査では、この火災の痕跡が検出されている。複都制を考えていたと思われる天武は同年九月九日に崩御し、八世紀になって聖武天皇が再び難波宮を建設した。その遺跡は後期難波宮とされ、孝徳・天武朝の宮は前期難波宮として国史跡として保存されている。

大化改新の詔

「大化改新」でよく知られている詔は、大化二年（六四六）一月一日に子代離宮で発布された。四箇条からなる内容は、改新による政治改革の大綱を示したもので、のちの大宝令や養老令との共通点が多いが、地方行政にかかわる「郡《こおり》」、「大領《こおりのみやつこ》・少領《すけのみやつこ》」の記載については、この時期の金石文や出土木簡には「評《こおり》」、「評造《すけのみやつこ》」とあり事実と異なる。原文にはあったとしても、のちの『日本書紀』編纂時に加筆された可能性があるという見方が強い。

私たち考古学研究者、とくに終末期古墳を研究する者にとっては、三月二十二日の詔、いわゆる薄葬令をどのように捉えるか、という問題もある。薄葬令には唐土《もろこしのくに》の君の言葉として、「古《いにしえ》の葬礼は丘陵の上に墓を造った。封土も植樹もなかった。……私の墓は丘の上の開墾できない地に造り、その後その場所が知れなくてもよい。……」との書き出しで始まるが、これは三国時代の魏《ぎ》の曹操《そうそう》(武帝)の言葉で、『魏書』の武帝紀に記されている。武帝はその二年後に亡くなり高陵に葬られたが、その墓には「金玉珍宝は納めず」と『魏書』にある。近年曹操を葬った陵が河南省でみつかり話題となり、私も現地を訪ね墓と遺物を見る機会があった。規模はそれなりであったが、副葬品は質素なものだった。曹操は一般の人たちが知る物語の『三国志演義』の人物像とは違った優れた人物であったことは、史書からもうかがうことができる。

薄葬令は、「このころ人民が貧しいのは、むやみに立派な墓を造るためであり、ここにその墓制を設けて尊卑の別を立てよう」とつづき、皇族、上臣、下臣、大仁・小仁、大礼以下小智から庶民までの具体的な墓の規模や労力に関する規定が細かく記されている。この数値に近い古墳も存在することから、孝徳紀のこの記事を終末期古墳の画期と捉える見方もあるが、私はその画期をもう少し先の壬《じん》申《しん》の乱の後と考えており、大化二年の記事が機能していたとみることには疑問をもっている。

孝徳の積極的な国造りの政策は、時をまたずして次々と発表されたが、孝徳のめざす国づくりは志半ばで終えることになる。

飛鳥へ戻る皇太子

白雉四年(六五三)、皇太子の中大兄皇子は、天皇に「倭京《やまとのみやこ》(飛鳥)に遷りたい」と奏上した。もちろん孝徳は許さなかった。しかし、皇太子は皇極上皇、間人《はしひと》皇后、大海人皇子《おおあまのみこ》たちを率いて飛鳥河辺行宮《あすかのかわべのかりみや》に入った。この場所は確実とは言えないが、可能性の高いところとして飛鳥川上流左岸にある稲淵《いなぶち》遺跡があげられている。調査区域は狭いが、掘立柱建物遺構や石敷が残り、飛鳥板蓋宮跡と似た様相を示している。中大兄皇子に従って公卿大夫、百官の役人たちも皆飛鳥に遷った。

翌五年（六五四）一月一日に、天皇は中臣鎌足に紫冠を授け、若干の増封をしている。ここで気になるのは、皇極以下が飛鳥に帰ったのちにも、中臣鎌足はなお難波宮にいて、孝徳の傍らで補佐をおこなっていたことだ。

難波宮で一人とり残された孝徳は、それでも二月には信頼できる高向玄理、河辺臣麻呂《かわべのおみまろ》、薬師恵日《くすしえにち》などをはじめ二船で編成された遣唐使を派遣している。

同年十月一日、皇太子は天皇が病気となったことを聞き、皇極上皇、間人皇后、大海人皇子、公卿たちを率いて難波宮に見舞った。しかし、十日に天皇は宮の正殿で崩御した。七年の歳月をかけ造営した豪華な宮が完成してわずか二年後だった。中大兄皇子の行動については、不可解な点はあるが、孝徳天皇の次々と出す政策と行動に、脅威を抱いたのかもしれない。

私はこの乙巳の変からの流れの主役は中臣鎌足であろうと考えている。彼は皇極が後継者を選ぶときにも重要な役割を果たした。乙巳の変の一年前の皇極天皇三年（六四四）一月一日、中臣鎌足は天皇から神祇伯（神祇官の長官）に任命されたが再三辞退し、摂津の三島に引きこもった。軽皇子（孝徳）も病と称して参朝しなかったが、その間二人は親しく交流していたことが『日本書紀』にも記されている。おそらく将来の国のあり方についても語り合っていたと考えられよう。乙巳の変は、そのような流れのなかで起きたのである。

鎌足は心の中では、クーデターが成功すれば、いずれ軽皇子から中大兄皇子への政権交代という考えも抱いていたと思われる。中大兄皇子が政権の中枢を引き連れて飛鳥に戻ったとき、鎌足は難波宮に残り孝徳天皇に仕える道を選んだが、すでに中大兄皇子と鎌足の間には密かな約束事ができていたのかもしれない。そう考えれば斉明天皇三年（六五七）十一月に起きた孝徳天皇の息子の有間皇子《ありまのみこ》の変も、理解できよう。

再び飛鳥へ　斉明天皇の後飛鳥岡本宮

孝徳天皇の崩御の翌年（六五五）の一月三日、皇極上皇は飛鳥板蓋宮で即位し、斉明天皇となった。近年の古代史研究のなかでは重祚《ちょうそ》（退位した天皇が再び即位すること）した斉明の評価が大きく見直されているが、それは発掘調査で得た考古学の成果に負うところが大きい。板蓋宮はかつて皇極として皇位についていたときの宮だが、この時、まだ建物は存在していたのだろう。しかし、同年の冬に火災にあい、急遽、川原宮に遷った。この川原宮は、板蓋宮の西に南北に流れる飛鳥川をはさんだところで、川原寺に重なっているとみられ、下層から遺構の一部を検出しているが、全容はまだわかっていない。

『日本書紀』の斉明天皇二年（六五六）の記事を要約して引用して見よう。

この年に飛鳥の岡本に宮地を定め、そこに宮室を建て天皇は遷宮された。これを後飛鳥岡本宮《のちのあすかおかもとのみや》と名付けた。田武嶺《たむのみね》（多武峰《とうのみね》）を囲むように垣を作り、嶺の上の二本の槻《つき》の樹の傍に髙殿（観）を建て両槻宮《ふたつきのみや》とし、またこれを天宮《あまつみや》ともいった。
事を興すことを好み、人夫を使って渠《みぞ》（運河）を掘らせた。それは香具山の西から石上山《いそのかみのやま》までである。船二〇〇艘を使って石上山の石を積み、水の流れの中を引き、宮（後飛鳥岡本宮）の東の山に重ねて垣とした。当時の人はそれを謗《そし》って「狂心《たぶれこころ》の渠」と呼んだ。渠を作るために使役した人夫は三万人余り、石垣を作るためには七万の人を使った。宮の材木は壊れ、山頂は埋もれた。また人は謗《そし》って「石の山丘《やまおか》を作る。作る端からおのずから壊れる」と言った。また吉野宮を作る。

斉明がおこなった事績として名高い部分なので、少し長いが引用した。この文章からみれば斉明は強権を発動し数々の土木工事をおこない、人びとからはよく思われていなかったらしい。問題はこの記事が事実を反映しているのか、もしそうであっても誇張されているのではないか、ということだった。

結論から言えば、この記事にあてはまると考えられる遺構や遺物が次々と明らかになっているのだ。

調査でわかった後飛鳥岡本宮

まず斉明が建てた宮室、つまり後飛鳥岡本宮の様子がくわしくわかってきた（図8）。現在、史跡伝飛

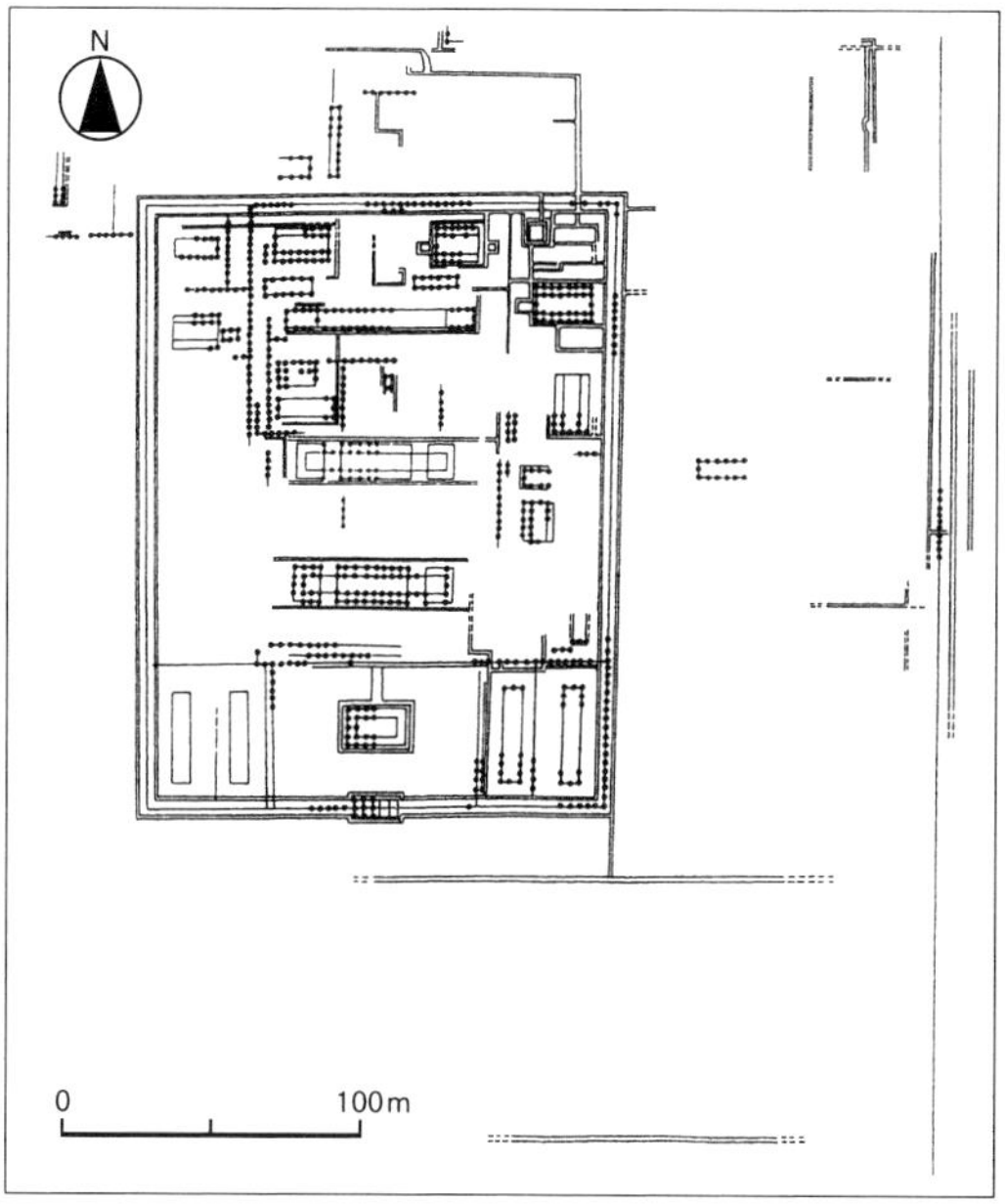

図8　後飛鳥岡本宮（飛鳥宮跡Ⅲ - A期）

鳥板蓋宮跡として井戸跡を中心に遺構が地上に再現されている場所が、ほぼそれに該当するのである。先にも述べたように、一九五九年以来つづく橿原考古学研究所の発掘調査で、この飛鳥の盆地の中央南よりの地には、大きくⅢ期に分けられる遺構が重なっていることがわかった。そのうちの第Ⅲ期はさらにA、B期に細分できるが、そのⅢ―A期が後飛鳥岡本宮跡である。

Ⅰ期は先に述べた舒明天皇の飛鳥岡本宮、Ⅱ期は皇極天皇の飛鳥板蓋宮（図6）、Ⅲ―B期は後に天武天皇が政治を執った飛鳥浄御原宮《あすかきよみはらのみや》跡と考えられる（図13）。つまり、最初にこの地に宮を営んだのは舒明で、その後、飛鳥に宮を営んだ歴代の天皇は、ほぼ同じ場所に重ねて宮室を営んだのである。

「狂心の渠」

先に引用した「狂心の渠」は、一九九八年に明日香村教育委員会のおこなった飛鳥東池東方遺跡の発掘調査で運河の一部が確認され、その可能性が高いとされている。この運河を利用して石上山（天理市）の石材を運び、「石の山丘」を作ったとされるが、後岡本宮の東の丘陵を囲むように石垣が確認されている。その石材はまさしく石上石である。この丘陵の西端近くの頂部に近いところには、謎の石造物として知られる酒《さか》船石《ぶねいし》がある。また、二〇〇〇年には、その丘陵の北に接した場所で、同じく明日香村教育委員会の調

図9　亀形石遺跡

査によって亀形石造物が発掘された（図9）。長さが二・四メートル、幅約二メートルの花崗岩製の亀の形をしたもので、甲羅が水槽のように掘りくぼめてあり、湧水施設から流れる水が小判形の石造物とこの亀形石造物を通って、北流するように造られている。周辺には石敷き広場とそれをとり囲むように石階段が残っていた。おそらくこの施設では水にかかわる祭祀がおこなわれていたのだろう。

このことで思い起こされるのは、斉明が重祚する前の皇極天皇元年（六四二）七月二十七日と八月一日の『日本書紀』の記事である。日照りがつづき蘇我蝦夷を中心に、百済大寺で雨乞いの経典講読をおこなったが、さほど効果はなかった。そこで八月一日に、天皇は南淵の川上に行き、ひざまずいて四方を拝し天を仰いで祈ると、雷鳴が響き大雨が降った。雨は五日間つづき、天下は等しく潤った。そこで国中の百姓は皆喜んで、「このうえもない徳をおもちの天皇である」と言った、とある。

斉明がそのような能力をもっていたかどうかは別として、この亀形石造物を含む遺構は、斉明みずからが祈雨止雨の祭祀をおこなう重要な場所であったのだろう。この遺構には平安時代の曲物《まげもの》も残されており、都が平城京、平安京に遷った後にも機能していたことがうかがえる。

飛鳥京跡苑池遺跡

さらに、斉明朝に造られたとみられる大規模な遺跡が、宮の西北、飛鳥川との間にある。現在も橿原考古学研究所によって調査がつづいている飛鳥京跡苑池《えんち》である（図10）。苑池の中には東西方向の堤があり、それを境にして南池と北池に分かれているが、南池は立派な導水のための石造物や石を積んだ中島があり、その島上には木造の建物もあった。まさに観賞用も兼ねた苑池と考えられる。北池では最近、東方の亀形石造物をともなう水の祭祀場とおなじ構造の遺構が発掘されていることから、南池と北池は構造も機能も異なるものだろうと私は考えている。

池は出土遺物から斉明朝に造られ、天武朝にも継続し、最終的には平安時代に埋まったようである。『日本書紀』には天武天皇十四年（六八五）十一月六日に白錦後苑《しらにしきのみその》にお出ましになった、とあり、また持統天皇五年（六九一）三月五日には、天皇が公私の馬を御苑で観閲された、とある。斉明天皇が造ったこの施設は、天武・持統天皇時代にも機能していたことがうかがえる。

百済滅亡

斉明天皇は六年（六六〇）十二月二十四日、難波宮に移った。唐・新羅連合軍によって壊滅状態にあった百済からの要請を受け入れ、援軍を派遣するため、みずからも前線基地である筑紫に向かう準備をしたのである。翌七年（六六一）正月六日、中大兄皇子、大海人皇子ら一族をともなって西へ向かう。

十四日には船は伊予の熟田津《にきたつ》に着き、石湯行宮《いわゆのかりみや》に泊まり、二カ月後の三月二十五日に目的地の娜大《なのおお》津《つ》に着き磐瀬行宮《いわせのかりみや》に入った。石湯行宮での滞在期間が長いことについては、さまざまな意見があるが、救援軍を整える時間、伊予の湯での祭祀などが考えられよう。この旅に同行していた額田女王の詠ん

図10　飛鳥京苑池遺跡

だ「熟田津に舟乗りせむと月まてば潮もかなひぬ今は漕ぎ出でな」(『万葉集』巻一―八)の歌はあまりにも有名だが、この歌は、百済救援を目的とした軍も整い、戦勝祈願も終え、出発する兵士を鼓舞するために詠まれたものといえよう。

斉明は五月九日に朝倉宮《あさくらのみや》に遷ったが、同年七月二十四日にこの宮で崩御している。その亡骸《なきがら》とともに中大兄皇子は十月七日帰路につき、二十三日に難波に泊まり、十一月七日に飛鳥川原で殯《もがり》をしたとされる。その場所は、おそらく斉明がかつて仮宮とした川原宮だろうが、陵《みささぎ》についての記述は『日本書紀』にはみられない。

斉明天皇崩御の後、中大兄皇子は即位せず称制《しょうせい》という形の皇太子のままで政治をおこない、百済への援軍はその後もつづけた。称制二年(六六三)六月、新羅はいっきに百済を攻め、白村江《はくすきのえ》の戦いに勝利する。八月二十八日、壮絶な戦いのなかで倭軍も壊滅する。この戦いの状況は『日本書紀』に記されているが、『旧唐書』にも記録されている。九月七日、百済の州柔城《つぬさし》が唐に降伏し、百済は滅亡した。

飛鳥から近江へ　天智天皇の近江大津宮

天智称制六年(六六七)三月十九日、天下の人びとが願わず、不穏な出火がつづくなか、天智は都を近江に遷し、七年に即位する。

宮のおかれた場所は、西の比良山系の峰々と琵琶湖の南西岸に挟まれたせまい土地だ。なぜこのような狭い土地にと思わないでもないが、実は背後に広大な琵琶湖を控え、その向こうは北陸地方につづいている。つまり、いざというときの退路を確保したのが近江への遷都だったのである。さらに難波津から攻め入れられたとしても大和よりは遠い。

五九二年に推古天皇が豊浦宮に遷ってから、舒明天皇の晩年の百済宮、孝徳天皇の難波長柄豊碕宮以外ほとんどの歴代王宮は飛鳥の地に限られてきた。この天智天皇の大津宮はきわめて異例であったが、当時の国際状況をみれば納得できる。

百済を応援した倭（日本）は、新羅と唐の連合軍を敵にしてしまった。周囲を山々に守られた飛鳥の地は、ひとたび外敵に攻められると逃げ場を失ってしまう。百済の滅亡以来、対馬の金田城《かなたのき》をはじめ大宰府の水城《みずき》、また瀬戸内海沿いに朝鮮式山城や烽火《のろし》台と次々に築かれたのは、そういった攻撃に備えてのことである。河内と大和の境に築かれた高安城《たかやすのき》や、飛鳥の盆地を囲む丘陵上に造られた大型の柵列などの状況が、近年の発掘調査でしだいに明らかになっている。当時の政権がいかに唐、新羅による攻撃を恐れていたかが読みとれる。そのようななかで、近江の大津宮への遷都がおこなわれたのである。

近江宮の位置については、『日本書紀』『懐風藻』などに「内裏」「大蔵」「宮門」「朝廷」「内裏西殿」などの名称がみられることから、内裏、朝堂院を備えた宮室が存在していたことはうかがえるが、その正確な位置については、長い間確証は得られなかった。しかし、一九七四年に錦織《にしこおり》一丁目の住宅地で発掘調査がおこなわれ、内裏南門跡とみられる遺構が発見された。出土土器は六六〇年頃のもので、この錦織遺跡が天智天皇によって開かれた大津宮であることが明らかになった（図11）。住宅街であるため調査は困難だが、滋賀県教育委員会の地道な調査で、南門から東西にのびる回廊、北には内裏正殿、南門の南には朝堂院の一部とみられる建物も検出されている。

遺構の復元をおこなった林博道は、孝徳の難波長柄豊碕宮に類似し、その規模をやや縮小した可能性を指摘している。ここに、孝徳・天智・中臣鎌足のつながりを感じる。

錦織地区は最大に見積もっても東西四〇〇メートル、南北七〇〇メートルの範囲しかなく、宮にともなう京の存在についてはまだ不明な点が多いが、大津宮中枢部から約四四六メートル東で、南北方向の溝が確認されている。大津宮の実質的な存続期間は約五年にすぎない。しかし近江令、庚午年籍《こうごねんじゃく》（庚午年〈六七〇〉につくられた最初の戸籍）の策定など、古代律令国家の成立前夜の重要な舞台であった大津宮の具体的な姿が明らかになることを期待したい。

唐、新羅軍からの脅威を少しでも避けるための遷都であったが、幸いだったのは、旧百済領の占拠をめぐって唐と新羅が対立し、倭への侵攻どころではなくなったことだ。結局外交上のプレッシャーはあったものの、実際に攻められることはなかった。

天智天皇は、正式に即位して三年目の六七一年一月五日に、大友皇子を太政大臣に就任させた。それまでは左大臣、右大臣、内大臣の合議

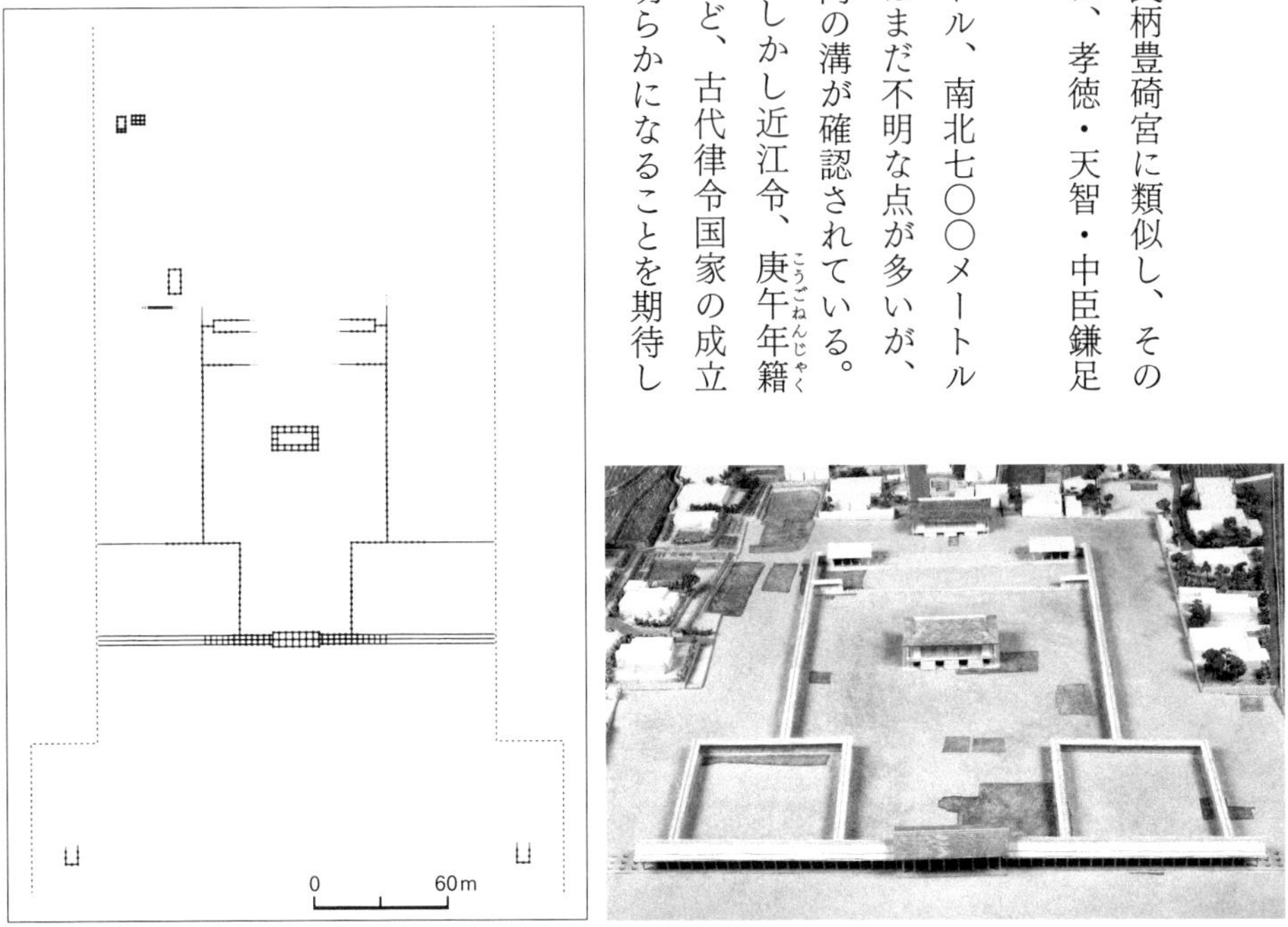

図11　大津宮（錦織遺跡）

で政務は執られ、天智を早くから支えてきた弟の大海人皇子が次期の天皇候補の皇太弟として控えていた。ところが新しく三大臣の上に太政大臣の官位が設けられ、そこに天智の皇子が就いたのだ。大海人皇子は、二階に上げられたまま梯子《はしご》をはずされたようなものだ。天智はその頃、重い病に冒されていた。その年の十月十七日、大海人皇子を枕元に呼び後事を託したとされるが、身の危険を感じた大海人皇子は政務から身を引き、吉野で出家することを天皇に告げた。それを天智は引き留めることをしなかった。間もなく大海人皇子は后の菟野皇女《うののひめみこ》と皇子、さらに身の回りの世話をする舎人《とねり》たちとともに吉野へ旅立った。宇治川のほとりまで見送った近江朝の高官たちは、この状況を「まるで虎に翼をつけて放ったようだ」と恐れたと『日本書紀』に記されている。

翌月の十一月十日には、唐の使者、郭務悰《かくむそう》が二千人をともなってやってくるという情報が、対馬から筑紫の大宰府に入ってきた。実はこの郭務悰は百済滅亡後の天智称制三年（六六四）五月十七日に一度筑紫に書簡と献物を持ってやってきたが、都に入ることを許さなかったといういきさつがあった。今回の来朝に、おそらく近江朝廷は大混乱だったろう。そのようなときに、天智天皇は十二月三日、近江宮で波乱に満ちた四十六歳の生涯を終えた。近江朝廷が筑紫で待機していた唐の使いに、天智の崩御を伝えたのはその三カ月後、さらに朝廷側は兵を派遣するかわりに、五月十二日に兵器（甲、冑、弓矢）をはじめ大量の品を贈っている。

壬申の乱

古代版天下分け目の戦いとなった壬申の乱が起こったのは、その翌月の六月二十四日である。戦いは西暦六七二年、つまり干支年号で言えば壬申の年にあたることから、この名で呼ばれている。戦いの期間は、六月二十四日に大海人皇子が吉野宮を発ってから、近江の大友皇子が自害する七月二十四日までのわずか一カ月に過ぎない。数十人で吉野から東国に向けて出発した一行が、一カ月後には近江軍に勝利したのである。現代のような交通機関も通信網もない七世紀に、近畿地方全域だけでなく、吉備、筑紫をも巻き込んだ戦いに、なぜ大海人皇子が勝利できたのか。それは古代史のなかでも、もっとも大きなテーマの一つである。歴史にもしもは許されないが、もしあの戦いに大海人皇子が勝利せず、天武天皇が誕生していなければ、藤原京も平城京も存在せず、おそらく「日本」という国号も生まれなかっただろう。

　大海人皇子は現在の関ヶ原の近くの野上行宮《のがみのかりみや》で指揮をとり、実際の戦闘は長子の高市皇子《たけちのみこ》をはじめ中小豪族が主体となった、いわば保守派の大豪族と革新派との戦いでもあった。

　宮を飛鳥に戻し、即位した天武天皇が命を下し編纂が始まり、養老四年（七二〇）に完成した『日本書紀』は、クーデターで勝利した天武の正当性を主張することが、もっとも大切な目的であったと言っても過言ではない。『日本書紀』は全三〇巻からなるが、第二八巻ほとんどが壬申の乱の記事である。そこにこの歴史書のもっとも言わんとするところがあらわれているといえよう。彼らのたどったルートや日時がくわしく書かれている（図12）。このことから、ほぼ間違いなく戦闘に加わっていた人物、たとえば従軍記者のような者の存在も想定される。

　この記事の内容については、古代史の研究者の間でも、事実をそのまま載せているという意見と誇張しているという意見に分かれていた。そこで吉野宮、つまり大海人皇子の出発の地と考えられる宮《みや》瀧《たき》遺跡の発掘調査を担当していた私と、飛鳥浄御原宮跡の発掘をおこなっていた菅谷文則《すがやふみのり》、西藤清秀《さいとうきよひで》が中心になり、一九七五年に「壬申の乱を歩く会」を結成した。そして大海人皇子のたどった全ルートを歩き、自分たち自身で体験することにした。

「歩く会」は一九八一年の夏まで、五回に分けて全行程を踏破した。季節も史実にあわせたので、大海人皇子が近江から吉野に入ったときの行程では吹雪の中を歩くことになったが、そのほかは炎天下を歩いた。歩き終えての第一の感想は、この戦いは周到な計画のもとに仕掛けたものので、内容は事実を記録していることが多いだろうということだった。苦労しながらも私たちの足でも踏破できたことは、当時の状況のなかでは、むしろ仕掛けた側に余裕があったとみてよいだろう。おそらく大海人皇子は、大津宮にいた頃から計画を練り、各地の協力者とも連携をとりながら、満を持して母、斉明天皇の造営した吉野宮に

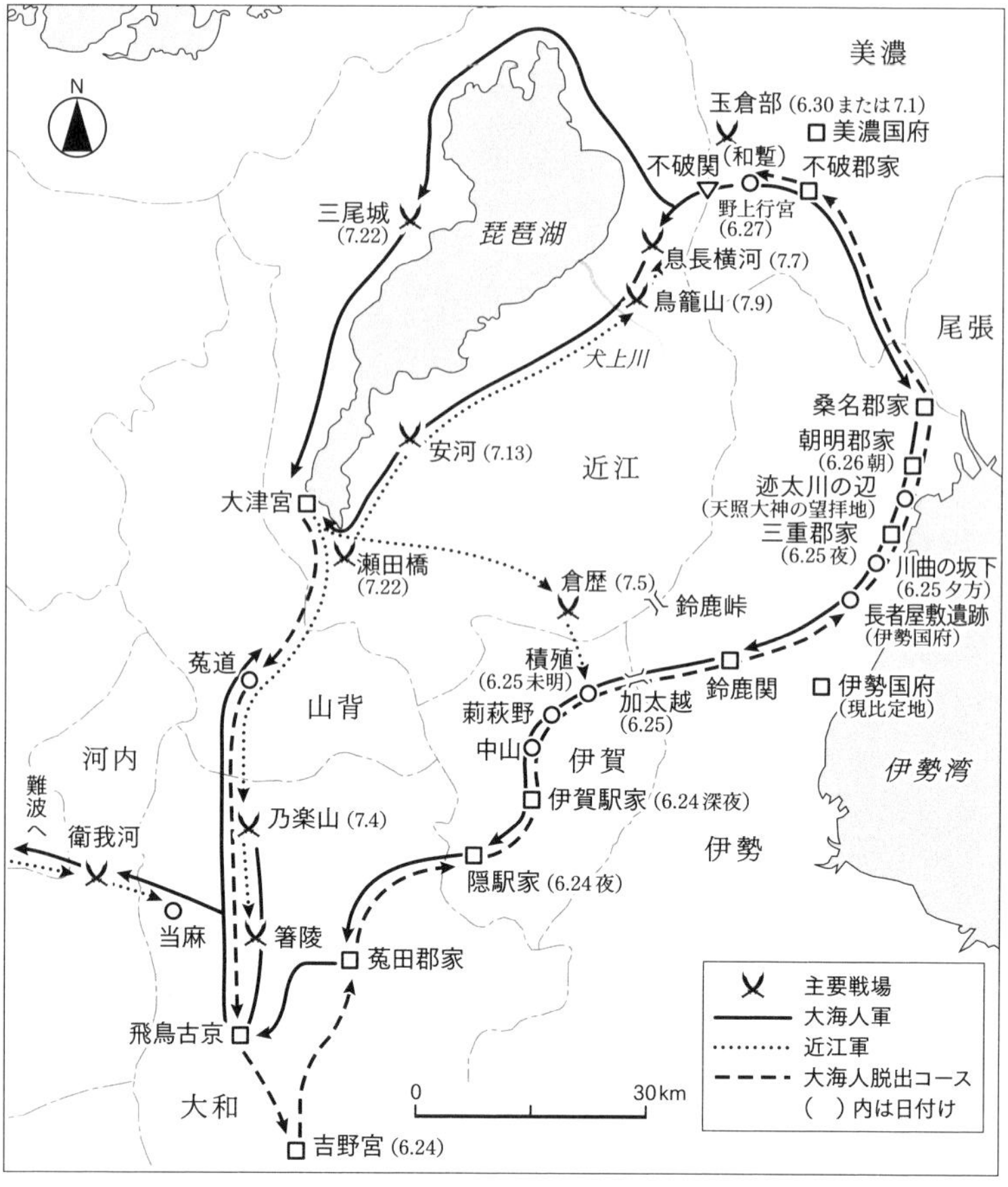

図12　壬申の乱の行程

入り、時期の到来を待っていたというのがもっとも合理的な解釈だろう。

この「歩く会」の記録は、全行程を踏破した玉城妙子の著書『壬申に翔ぶ』（読売新聞社、一九八九）にくわしい。

大海人皇子の即位　飛鳥浄御原宮

壬申の乱に勝利した大海人皇子は、滞在していた不破宮《ふわのみや》（野上行宮）で戦後の処理を終えた後、九月八日に大和に向けて出発した。倭京《やまとのみやこ》（飛鳥）に戻ったのは四日後の十二日で、約一年前に大津宮から吉野に向かう途中で立ち寄った嶋宮《しまのみや》に入り、さらに三日後の十五日には岡本宮に遷ったと『日本書紀』には記されている。

この岡本宮は、舒明天皇の宮と斉明天皇の後岡本宮のいずれかを指しているのだろうが、先にも述べたように発掘調査の成果から、二つの遺構は重なり合っていることが明らかになってきているので、後岡本宮とみてよいだろう。そして『日本書紀』にはさらに、「この年のうちに宮室を岡本宮の南に営造し、その冬に遷居した」と記す。これを飛鳥浄御原宮と呼んだのである（図13）。翌二年（六七三）二月二十七日にこの宮で大海皇子は正式に即位して、天武天皇となった。

現在、私たちがみている復元された飛鳥宮の遺構は、最後の天武天皇時代のⅢ―B期の浄御原宮の一部である。この場所に立ってみると、思いのほか狭い飛鳥の盆地のほぼ全域を望むことができる。北方には飛鳥寺の甍《いらか》越しに天香具山、西北方には甘樫丘《あまかしのおか》、東には多武峰《とうのみね》につづく山並みも指呼《しこ》の間《かん》にある。

先にも述べたように、天武の浄御原宮の多くは斉明の後岡本宮を踏襲していることがわかっている。しかし一九七七年に、現在の明日香村役場の東南で巨大な建物跡がみつかった。この建物は土地の小字名をとって、「エビノコ大殿」と名付けられた（図14）。建物は九間×五間の飛鳥では最大の規模を誇り、この建物を囲むように南北約五五メートル、東西約九四メートルの掘立柱塀

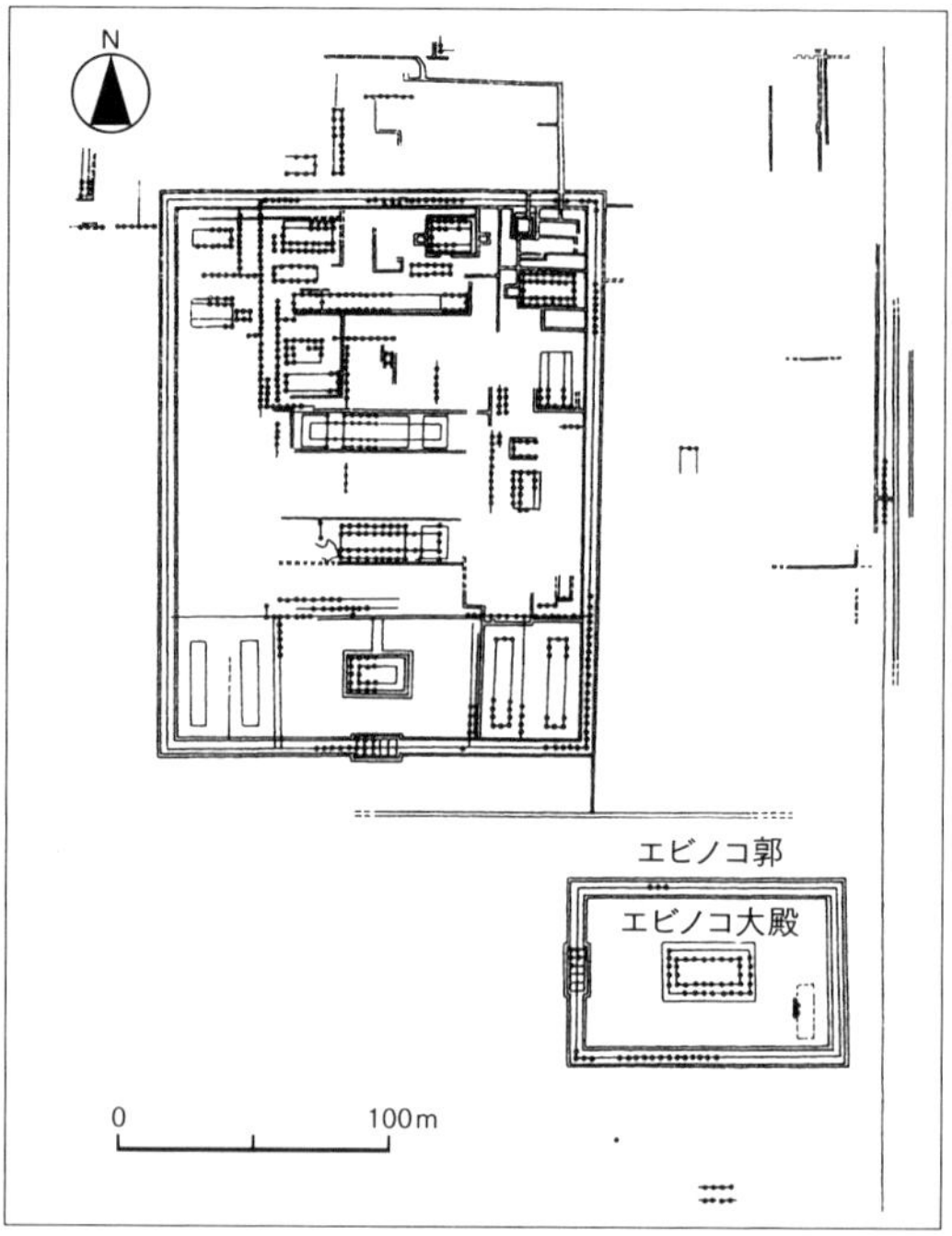

図13　飛鳥浄御原宮（飛鳥宮跡Ⅲ-B期）

（エビノコ郭）が存在することが明らかになった。その規模からしても政治の中枢の機能をもっていたものに違いないだろう。『日本書紀』天武天皇即位前紀の最後に書かれている「宮室を岡本宮の南に営造した」という建物に相当すると考えられる。

『日本書紀』天武天皇十年（六八一）二月二十五日条に、天皇と皇后がともに大極殿において、親王、諸王、諸臣に対して「律令を定め、方式を改める」との詔を出したことが記されているが、これがいわゆる「飛鳥浄御原令」の発布とみられ、その舞台がこのエビノコ大殿であった可能性が高い。

母親の斉明の事績を踏襲することの多かった天武だが、その五年（六七六）に新城《にいき》（新益京《あらましのみやこ》）の造営をはじめ、新たな政策を打ち出してゆく。その舞台となったのがこの「エビノコ大殿」だろう。

図14　エビノコ大殿

新たな都　藤原京

天武・持統天皇の藤原宮

天武天皇は信濃国をはじめ各地に都の候補地を求めて役人を派遣したが、結局新しい宮が造営されることになった場所は、飛鳥に隣接した藤原の地だった。『万葉集』巻十九には次のような二首が残されている。

大君は　神にしませば　赤駒の　腹ばう田居を　京師となしつ（四二六〇）
大君は　神にしませば　水鳥の　すだく水沼を　皇都となしつ（四二六一）

これらの歌は、低湿地であった藤原の地を都に変えることができた大君（天皇）は、神であったからだろうという天皇を礼賛するためのものだが、新たな都造りの偉業をも伝えている。

これまでの歴代大王（天皇）の宮は、大王とその周辺の一部の人たちが政治と生活をおこなう空間としての場であったが、新たに構想されたのは、宮の周辺に都市機能を持たせる大がかりなものだった。いわゆる都城制を導入したのである。都市の周辺に城壁をめぐらす都城は、中国ではすでに夏《か》、商《しょう》の時代（紀元前一五世紀）から出現している。厩戸皇子、舒明天皇、孝徳天皇とそれぞれに都づくりを計画していたが、飛鳥浄御原令を制定し、律令制に基づいた国家をめざした天武天皇にとっても、その象徴である都造りは急務だった。

今、私たちはこの都のことを一般的に「藤原京」と呼んでいるが、実はこの名称は明治時代に造語された学術用語で、古代の文献にはみられない。『日本書紀』には「新城」「新益京」などの名で登場する。ただ「藤原宮」の名称は当初からあったようなので、そのことを了解のうえで「藤原京」という呼称を用いていることをお断りしておく。

藤原宮の考古学的調査の歴史は古い。一九三〇年代の日本古文化研究所の発掘調査に始まり、一九六〇年代後半からの奈良県による調査、さらに一九九〇年代から現在に至る奈良文化財研究所の調査で多くの成果を得ている。その調査の過程で興味深い事実が明らかになってきた。それは京内に二つの時期の道路をはじめとした、さまざまな遺構が残っていることである。都の造営は二回にわたっておこなわれていたと考えられる。つまり、最初の遺構は天武天皇がめざした「新城」「新益京」で、二期目のものが持統天皇の建設した「藤原京」と考えられる。

この二時期の宮の中心に当たる藤原宮の位置が同じであったろうことは、後に述べる天武、持統合葬陵とのかかわりで容易に理解できる。つまり、南北に遠く離れた宮の大極殿と陵墓が藤原京の中軸線上にあり、その位置は動いていない。そのことから「藤原京」の計画者は天武天皇で、皇后であった持統天皇がその遺志を継いだということがいえるのである。

耳成山、畝傍山、天香具山のいわゆる大和三山の中心に造られた藤原宮の規模は、九〇七〜九二八メートルのほぼ正方形で、飛鳥浄御原宮の南北約一九七メートル、東西一五二〜一五八メートルとくらべても、いかに大規模になったかがよくわかる。さらに宮の周囲には、南北一〇条、東西一〇坊の条坊大路によって区画された広大な空間が造られた。一坊の規模は約五三〇メートル四方で、さらにその中を一六町に区画し、官僚の身分などに応じて宅地として与えられた。これが藤原京で、その全体の規模は五・三キロ四方に及んでいる（図15）。

この大規模な藤原京の全貌はまだ知り得ないが、ここ数十年の研究で明らかになったこと、また我が国最初の

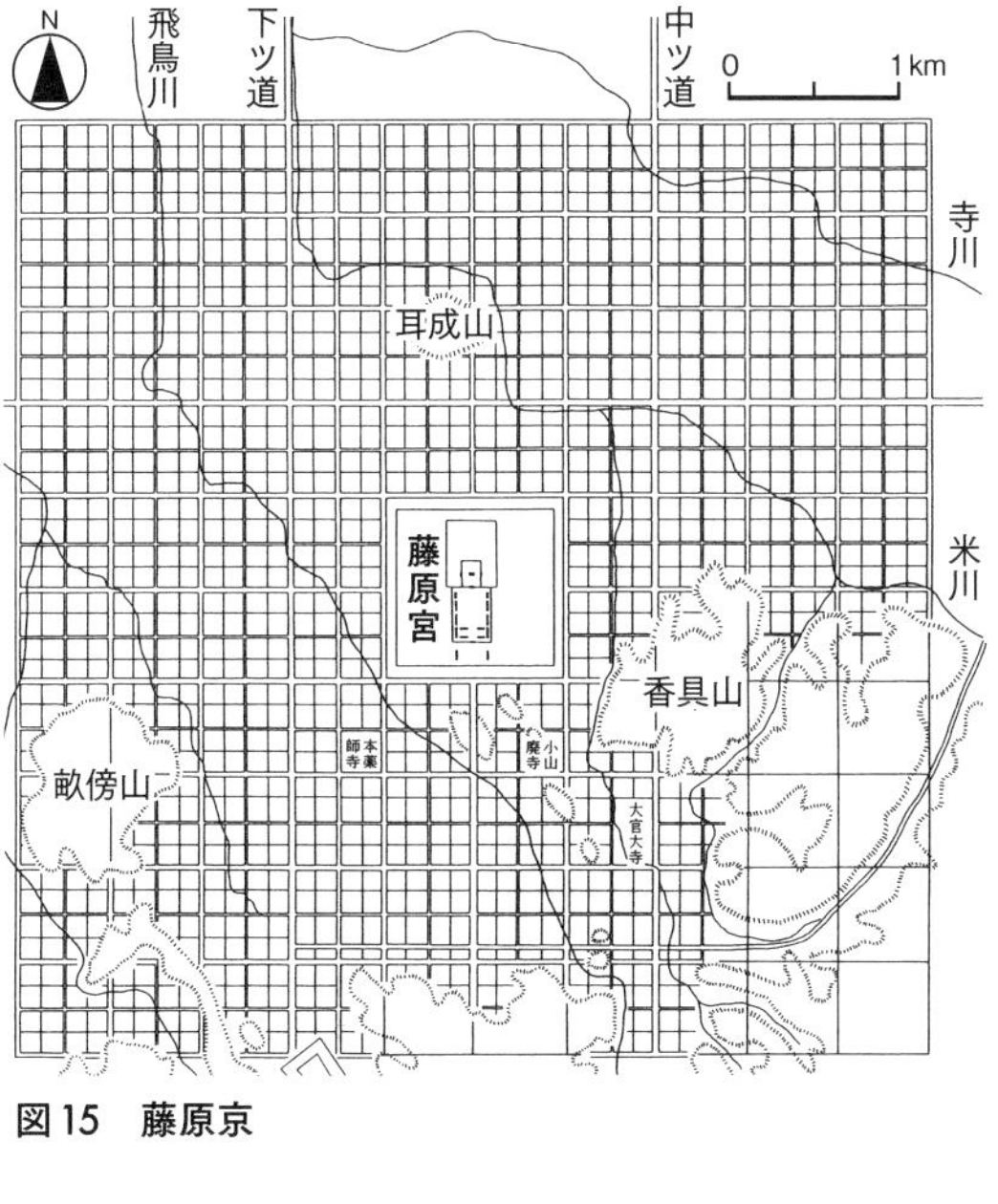

図15　藤原京

都がどのような理念のもとに計画され、わずか一六年でその役割を終えたのかについて考えてみよう。

藤原京のルーツ

藤原京の規模と形態については、南北一二条（約三・二キロ）、東西八坊（約二・一キロ）の範囲で、ちょうど大和三山に囲まれた範囲であった、という岸俊男説が長く通説だった。その説に従えば、藤原宮は南北に長い京域の中央やや北寄りに位置することになる。

この我が国最初の都城の母体となったモデルをどこに求めるべきか、古代史研究者の大きな課題となった。そこで有力な候補となったのが、中国三国時代の魏（三世紀）、さらに北魏（六世紀）の洛陽城だった。そして洛陽城のモデルとなった鄴《ぎょう》城が注目されるようになった。この城は河北省にあり、魏を興した曹操が最初の都としたところだが、鄴はさらに時代が下がった東魏・北斉（五三四〜五七七）時代にも都として機能していたところだ。近年、中国社会科学院考古研究所によって発掘調査が進み、しだいに都城の実態が明らかになってきている。

このように藤原京のルーツは、中国各地の古代の都城に求められていたが、実は近年の発掘調査の成果のなかで、藤原京のプラン自体の構造が大きく異なっていたことが明らかになったのだ。その発端は一九七九年の橿原市院上《いんのうえ》遺跡の調査であった。

藤原京が大和三山に囲まれた南北一二条、東西八坊の間に営まれた都であるとの見方がほぼ定説化していた一九七〇年代に、いわゆる京外の発掘調査で不思議な遺構がみつかりはじめた。当時は奈良盆地を南北に貫く三本の道路（上ツ道、中ツ道、下ツ道）のうち、中ツ道を東の京極、下ツ道を西の京極、そして竹ノ内峠から初瀬谷につづく東西の直線道路（横大路）を北の京極とする京域が考えられていたので、その外側からみつかる道路や建物に関してはさまざまな解釈がなされたのである。その一つは、手狭になった都を大きくした、いわゆる藤原京拡張説、もう一つは当初計画して造営を始めたが途中で変更した縮小説だった。

実はこの私もその当時、耳成山の北にある橿原市下明寺《げみょうじ》遺跡の発掘調査をおこなったことがあったが、その調査区内では五世紀末から六世紀初頭の一辺約三〇メートルの方墳が検出された。周りに濠をもつ古墳だったが、墳丘はみごとに削平され、最下段に立て並べた円筒埴輪の底の部分が、わずかに原位置をとどめているくらいだった。もちろん濠の中からは大量の埴輪片が出土した。そして削られた墳丘部分には、道路の側溝と思われる浅い溝が東西、南北方向に残っていた。その溝に並行するような柱穴もいくつかみられたが、私たちはその調査区内に一〇基あまり密集する中世の井戸の調査に追われて、この道路遺構や柱穴にさほど注意を払わなかった。しかし後で考えてみれば、その古墳の破壊は藤原京の造営にともなうものであった可能性が高く、そうであればここまで藤原京の範囲が及んでいたことを示す遺構だったのだ。

同じ年に、当時は京外と考えられていた橿原市内の郵便局建設にともなう発掘調査で、藤原京期の溝、建物跡などがみつかった。院上遺跡と名付けられたその調査を担当した橿原考古学研究所の楠元哲夫は、当時誰も考えていなかったことだが、この遺構を藤原京の一部と見て、藤原京そのものの構造についても新しい見解を示した。つまり、現在では多くの研究者が賛同している、中国の前漢末期に編纂された『周礼《しゅらい》』の影響のもとに造られたのではないか、というものであった。

また一九八七年から翌八八年にかけて実施した、橿原市四条《しじょう》遺跡の調査でも大きな成果があった。この遺跡では、それまで考えられていた藤原京の西京極大路から、さらに西約四〇〇メートルのところから、四条大路の延長とみられる道路跡があらわれたのである。この調査でも六世紀前半の方墳が削平され、周濠から多くの埴輪のほか埴輪形木製品が出土し注目された。

このような調査成果がいわゆる京外で積み重なっていくなかで、一九九六年のほぼ同じ頃、西の橿原市土橋《つちはし》遺跡と東の桜井市上之庄《かみのしょう》遺跡で藤原京西京極大路と東京極大路とみられる道路遺構が発見されたのである。両者の間の距離は五・三キロ、これは大尺（小尺の一・五倍、高麗尺とも呼ぶ。一尺は約三五・五センチ）で一万五〇〇〇尺にあたり、それを東西一〇坊、南北一〇条に分割して藤原京を復元する案が有力視されるようになった。藤原宮は、正方形の藤原京の中心部に位置していることになる。これは道路の数などに違いはあるが、『周礼』「考工記」匠人営国条に記された、理想的な王城に似ているのである（図16）。研究者の間では細部についての議論が活発におこなわれ、まだ結論をみるには至っていない。しかし、完成時の藤原京は、大和三山をとり込んだ、正方形のプランをもった巨大な都であったことが明らかになったのである。

私はこの藤原京の平面プランについては、『周礼』とともに、前漢を興した高祖劉邦《りゅうほう》が即位後建設を始め、後の十代にわたる前漢の皇帝のすべてが住まいし、政務を執ることになった漢長安城の未央《みおう》宮《きゅう》を重視すべきだと考えている。未央宮は長安城の西南の隅に造られた宮城だが、一辺二・一〜二・二キロの正方形に近く、周囲は八・八キロに及んでいる。藤原宮の一辺約九〇〇メートルとは大きく異

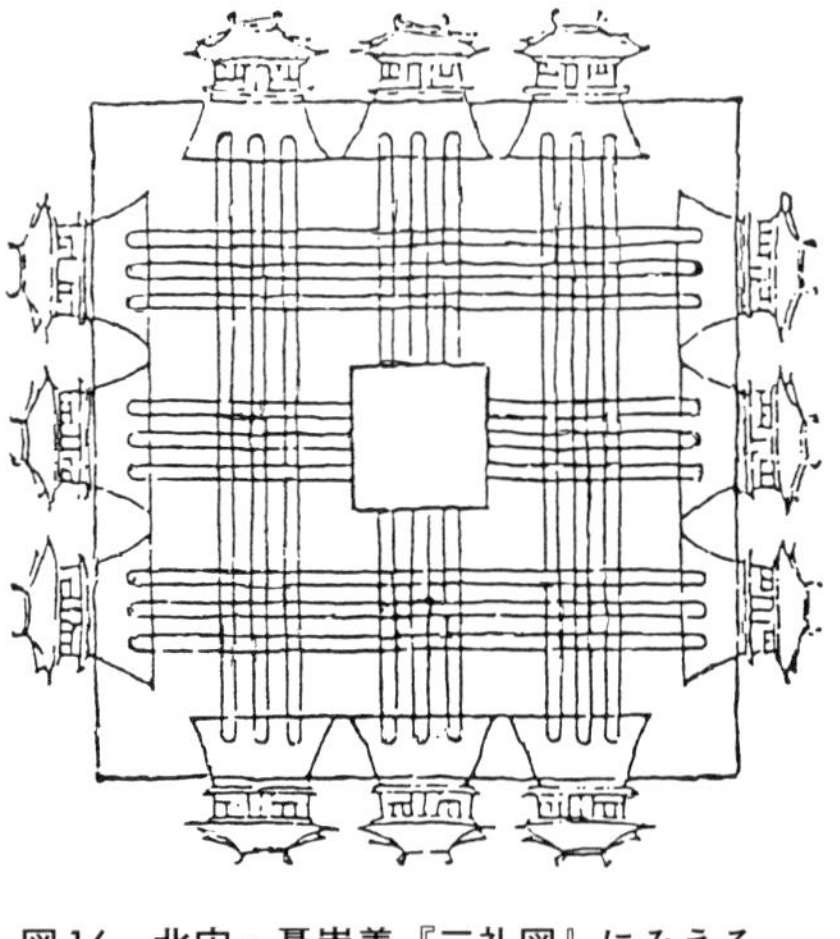

図16　北宋・聶崇義『三礼図』にみえる『周礼』の王城

中央の方格が王室。周囲の門から各三条三軌の街路がある。

なっているが、その中央に建築群があったであろう南北四〇〇メートル、東西二〇〇メートルの巨大な基壇（前殿）が残っている。発掘調査をおこなっていないためくわしいことは今後の課題だが、劉邦を強く意識していた天武天皇が、理想的な王城の建設をめざした劉邦の業績にならったことは充分考えられよう。後に述べるが王陵についても共通性が指摘できる。

志半ばで崩御した夫に代わり、持統天皇が完成させたのが藤原京ということになる。しかし、中国と日本の都城では大きな相違がある。都城とは本来、堅固な城（城壁）で囲まれた都のことで、中国では早く新石器時代から高い壁で囲まれた集落が出現している。しかし日本では、藤原京、平城京、平安京いずれにおいてもこの城壁が造られることはなかった。これは常に外敵の侵入の脅威にさらされている大陸の状況と日本との決定的な違いで、外来の文化を積極的にとり入れた我が国だが、このようなところに文化の受容の様子をうかがうことができる。

藤原京の終焉

天武天皇が即位五年後の六七六年に計画し、造営が始まった藤原京は、遺志を継いだ皇后、持統天皇によってつづけられ、持統天皇は八年（六九四）十二月に「藤原宮に遷居」したとされている。しかし現実にはまだ造営はつづけられていたようで、天皇の政《まつりごと》の中心である大極殿の記事が最初に文献にみえるのが文武天皇二年（六九八）正月で、役人が政務をおこなう朝堂がみえるのは大宝元年（七〇一）正月まで下る。そうであれば平城京への遷都までの間、実質的に藤原宮が機能していたのはわずか一〇年足らずの期間ということになる。

一方、人びとの居住する京域はどうであったかといえば、『続日本紀』の慶雲元年（七〇五）十一月に「始め藤原宮地を営む、宅の宮中に入れる百姓一千五百烟に布賜うこと差あり」という記事がみえ、京内整備にともない損害をこうむった庶民への保障がおこなわれたことを示しているのだろう。そうであれば、この時期におおかたの工事はひとまず完成したとの見方もできるだろう。

理想的な王城が完成したにもかかわらず、持統天皇が遷宮してからわずか一六年で我が国最初の都はその機能を終え、奈良盆地の北端の平城京へと遷都することになった。なぜこの都が短命に終わったのか、さまざまな見解は出されているが、私が思っているいくつかの要因について述べておこう。

天武天皇は、舎人《とねり》や中層豪族を中心にして決起した壬申の乱というクーデターに勝利し、旧来の大豪族とともにおこなう政治からの脱却を計った。しかし、天武が即位してからの前半の行動は、母親である斉明の姿勢を踏襲しているようなところが見受けられる。たとえば飛鳥浄御原宮は、エビノコ大殿以外はほとんど後岡本宮を使用し、斉明が築いた飛鳥苑地、亀形石造物などの遺跡も天武朝に手が加えられている。クーデターの決起場所は母、斉明の開いた吉野宮であり、のちに皇后と皇子たちをともない皇子たち異母兄弟同士が互いに助け合うことを誓わせたのもこの吉野宮だった。考古学調査の成果もあって、国内外ともに緊張関係のつづいていた時期に、斉明が二度にわたって天皇になったのはそれなりの力があったとみるべきだろう。天武は即位当初から大望はもっていたが、周囲の共感、同意を得るには少し時間が必要だったと思われる。

天武は即位して五年後に、行動を開始する。脳裏にはクーデターで政権を奪い、漢帝国の基礎を築いた漢高祖劉邦の姿が強く刻まれていたようだ。壬申の乱の戦いのなかで、近江軍と判別しがたいとして大海人軍の衣服の上に赤い布を付けさせた、と『日本書紀』に記されているが、これは劉邦が項羽との戦いのなかでとった行動をまねているとみられる。天武は、大きな理想をもって中国には実在しない『周礼』の都と、高祖の築いた未央宮を念頭に置いて、我が国最初の都城の建設を始めた。しかし、志半ばで崩御し、持統がそれを引き継いで完成させた。しかし、藤原京を復元をすれば明らかなように、京の南半分近くは丘陵地帯で、宮殿のある北のほうが低くなっていて実用的な都ではなかった。白村江の戦い以降、唐との関係は悪化し、新しい情報も入手できないなかでの都づくりだった。

持統天皇の後を継いだ文武天皇が、大宝元年（七〇一）に発布した『大宝律令』は、唐の『永徽《えいき》律疏《りつそ》』（六五三年撰）、『永徽令』（六五一年撰）といったやや時代遅れのものをもとにして造られており、当時の最新のモデルではなかったことも、情報不足の一面を示しているのだろう。翌大宝二年（七〇二）に、実に三三年ぶりに派遣した第八回遣唐使は、『日本国』の名前と『大宝律令』制定の実績をもって長安を訪問するが、彼らがそこで目にした長安城は、規模はもちろんたとえようはないが、北端に宮を置くいわゆる北闕《ほっけつ》型で利便性の高いものであった。新しい情報を得た藤原不比等を中心とする新興勢力は、文武の崩御後皇位についた母親の元明天皇をかついで、新天地の平城京への遷都をおこなったのである。

藤原京は都としては短命ではあったが、天武・持統天皇の強い思いをもとに、孫である文武天皇によって、大宝元年（七〇一）に律令国家日本を誕生させた檜舞台であったのだ。

新しい信仰　飛鳥の寺院

仏教伝来

紀元前五世紀にインドで誕生した仏教が、遥かシルクロードを経てこの国にたどり着くまでには約一千年の時が流れていた。

『日本書紀』は欽明天皇十三年（五五二）冬十月に、当時倭国と友好関係にあった百済の聖明王から、仏像、仏具、経典などが贈られたことを記している。天皇は「私は今に至るまでこのようなすばらしい法を聞いたことがない。しかしこれを自分で決めることはできないので、群臣たちの意見を聞こう」とし、「西蕃《にしのとなりのくに》の献れる仏の顔は、今まで出会ったことのない荘厳さだが、これを礼拝するべきかどうか」と問いかけた。するとまず蘇我稲目《そがのいなめ》が「西蕃の諸国は皆敬っているのに、我が国だけが背くことはできないでしょう」と答えたが、物部尾輿《もののべのおこし》らは「我が国の王は、天神地祇の百八十神を春夏秋冬祭ることをおこなっています。今改めて蕃神を拝めばおそらく国神の怒りをかいましょう」と反対した。天皇は「蘇我稲目に授けて試しに礼拝させよう」と述べ、稲目はよろこんでひざまずいてそれを受け取り、小墾田の家に安置した。

以上が『日本書紀』に記された仏教伝来についてのくだりである。しかし、この仏教伝来の時期については、ほかの史料も存在する。聖徳太子の伝記のひとつである『上宮聖徳法王帝説《じょうぐうしょうとくほうおうていせつ》』（奈良時代前期～平安時代中期成立）、飛鳥寺の縁起を記す『元興寺伽藍縁起并流記資財帳《がんごうじがらんえんぎならびにるきしざいちょう》』（天平十九年〈七四七〉に僧綱所に提出、以下『元興寺資財帳』）にはともに、伝来を戊午年（五三八）としている。この二つの記録のもとになった史料は残されていないが、『日本書紀』が引用した史料よりも古いものであろう、というのが現在の古代史研究者のなかに多く見られる意見で、仏教公伝の年は五三八年説が今のところ有力である。

仏教では釈迦の教えが正しく伝わる間を正法《しょうほう》の時代、その教えが少し薄れてきた期間を像法《ぞうほう》の時代、その後を末法《まっぽう》の時代とする考え方がある。正法、像法の時間はそれぞれ五百年、一千年とも言われ定まってはいないが、末法の期間は五六億七千万年という途方もない時間が設定されている。その時がくると天上の兜率天《とそつてん》にいる弥勒菩薩が、如来となってこの世に下り、衆生を救うという教えである。弥勒菩薩像の中に頰に指をあてて考える姿の像があるが、これはその時にいかに衆生を救おうか思惟しているのである。

日本では平安時代中期の永承七年（一〇五二）に末法の世に入ったとされている。天皇をはじめ藤原氏や多くの貴族たちが、極楽浄土をこの世に再現しようとして贅《ぜい》を尽くして伽藍を造営した。そのほとんどは失われたが、宇治の平等院や山科の法界寺に今もその面影を残している。

『日本書紀』が編纂された八世紀の初頭頃、末法の世に入るのは何年先かということはすでに知られており、欽明十三年（五五二）は末法の世に入るちょうど五〇〇年前になるのである。このことから私は『日本書紀』の仏教伝来の年には作為があるのではないかと考えている。さらに言えば、東大寺の大仏開眼法要がおこなわれた天平勝宝四年（七五二）は、仏教公伝から二〇〇年目にあたるのである。遣唐使とともに中国で学んだ留学僧の知識が反映されているのであろう。

では、『上宮聖徳法王帝説』や『元興寺資財帳』にみえる五三八年についてはどうであろうか。この年は、百済が高句麗の南下によって都を熊津《ゆうしん》から南の泗沘《しひ》に移した年にあたる。倭は百済と常に友好関係を保っており、高句麗との戦いには援軍を送ることもしばしばあった。『日本書紀』によると宣化天皇二年（五三七）冬十月に、新羅が任那に侵入したことから、天皇は大伴金村《おおとものかなむら》に命じてその子の磐《いわ》と狭手彦《さでひこ》を任那に派遣している。高句麗と新羅からの攻撃のさなかにある百済、任那への援軍の返礼として、仏像、経典などがもたらされたとも考えられよう。一見、仏教の教えとは矛盾しているようではあるが、中央アジアから中国、朝鮮半島の国々への仏教の伝播過程には、背景に武力闘争があることがあり、事実として指摘できる。そう考えれば、仏教公伝五三八年説は五五二年説よりも信憑性があるのではないだろうか。

仏教が公に伝わった時期については以上のことが考えられるが、実は古墳時代前期（四世紀）の古墳から仏像を鋳出した銅鏡が出土している。おおかたの研究者は同時期の神獣鏡と同列にみて、この仏像鏡の存在と仏教の伝来とは結びつけてはいないが、私はさらに深く検討しなければならないと考えている。そして、六世紀中頃以前の遺跡から仏教関連遺物が出土することも密かに期待している。

日本最古の伽藍寺院　飛鳥寺

聖明王から贈られた仏像は、ひとまず蘇我稲目の宅に祀られた。つまり、最初の仏殿は、のちの七堂伽藍を備えた寺院のようなものではなく、豪族居館の一角に設けられたささやかなものだったらしい。そのことと関連するかのように、飛鳥・奈良時代の寺院の発掘調査が進んできた現在、多くの寺院の下層に前身の建物が存在することがわかってきた。

『日本書紀』によれば、最初に建立された大規模寺院は、蘇我氏の氏寺である飛鳥寺（法興寺・元興寺）とされ、その建設は崇峻天皇元年（五八八）に始まったようだ。五三八年説を採用すると、仏教公伝からちょうど五〇年目のことである。ちなみに飛鳥寺は蘇我稲目の息子の馬子《うまこ》が、飛鳥衣縫《あすかきぬぬいの》造《みやつこ》の祖樹葉《おやこのは》の宅を取り壊して建てたという。

この年に初めての伽藍造営計画が実施された背景には、その前年（五八七）に起きた蘇我・物部両氏の権力闘争（丁未《ていび》の乱）に蘇我馬子が勝利したことが大きいだろう。以下にその概略をのべよう。

仏教公伝以来、崇仏、排仏の立場に分かれた両氏は、ことあるごとに対立するようになった。蘇我馬子は敏達十三年（五八四）に、百済から将来された石仏二体を引き取り、邸宅の東に仏殿を設け、翌十四年（五八五）二月十五日には仏塔を大野丘《おおののおか》の北に建て法要をおこない、先に司馬達等《しばのたちと》がもっていた仏舎利を塔の心柱《しんばしら》の下に納めたとされる。この大野丘は、現在の甘樫丘一帯を指すと考えるのがよいだろう。しかし、仏舎利を納めた九日後の二十四日に馬子が病気になり、物部守屋《もののべのもりや》と中臣勝海《なかとみのかつみ》は、欽明天皇の時代から疫病が絶えないのは、蘇我氏が仏法を広めたせいであると奏上した。そしてついに大野丘の仏塔、さらに仏像、仏殿を焼き払うという行動に出た。その後の状況はよく知られているように、両氏は武力衝突し、物部氏は歴史の表舞台から身を引くという結果になった。

飛鳥寺は、蘇我氏が守ってきた仏教を公の宗教として知らしめるためのモニュメントとして、さらに彼らが主導する政治の力を鼓舞するための舞台として造られたのであった。

飛鳥寺の発掘調査

我が国で初めての本格的な伽藍をもつ寺として造営された飛鳥寺の実態は、日本における最初の大規模な寺院発掘調査（一九五六〜五七年）によって知られることになった。この調査の契機となったのは、吉野川から奈良盆地に水を引く農業用灌漑導水路を造るルートを決めるためであった。現在もなおつづいている飛鳥京の調査も、おなじ目的から始まっている。

この導水路は調査結果を尊重して、狭い飛鳥でも遺跡の少ない平地を選んで、飛鳥寺と宮跡の間を南西からやや北東に向かって造られている。

飛鳥寺の発掘調査は奈良国立文化財研究所（現、奈良文化財研究所）がおこない、その成果はその後の寺院調査の基本となるものだった。最初の調査から半世紀以上経った今も、断片的な調査はつづいている。それらも含めて考古学、美術史学からみた飛鳥寺の姿に迫ってみよう。

現在も真言宗豊山派の寺院として法灯を守っている飛鳥寺の本尊は、「飛鳥大仏」として知られる金銅の釈迦如来像で、私たちが現在目の当たりにできる創建当初のものは、この仏像だけである。鎌倉時代の建久七年（一一九六）、大規模な火災にあい、顔の上半部と右手の一部しか当初の姿は留めてはいないが、幸いなことに釈迦像の安置された場所は、創建時から変わっていないことがわかっている。江戸時代に再建された今の本堂は、創建時の中金堂に重なっているのである。そして本尊の下の台座には、両側に脇侍像用と見られる枘穴《ほぞあな》があることから、当初は法隆寺金堂の釈迦像と同じように三尊形式だったことがわかる。

『日本書紀』によれば、推古天皇十三年（六〇五）四月一日に鞍作鳥《くらつくりのとり》（止利仏師）に命じて丈六の仏像（立像の高さが一丈六尺〈約四・八メートル〉の仏像）を作らせたとあり、このときに高句麗の大興王が黄金三百両を献上したとある。現在も釈迦像の一部に鍍金が残っていることから、当初は鮮やかな金銅仏だったようだ。また『日本書紀』では触れていないが『元興寺資財帳』は脇侍像の存在を記している。これから一八年後の推古天皇三十一年（六二三）には法隆寺の釈迦三尊像が造られるが、これも鞍作鳥の作品で、我が国に残る最古の仏像二組が、ともに同じ作者によるというのも興味深い。法隆寺については後でくわしく述べる（一九四ページ）。

最初に本尊のことについて述べたのは、飛鳥寺の姿は大きく変わっているが、その本尊が置かれた中心の位置は当初のままだということを強調したかったからである。飛鳥寺の寺域はこの中金堂を中

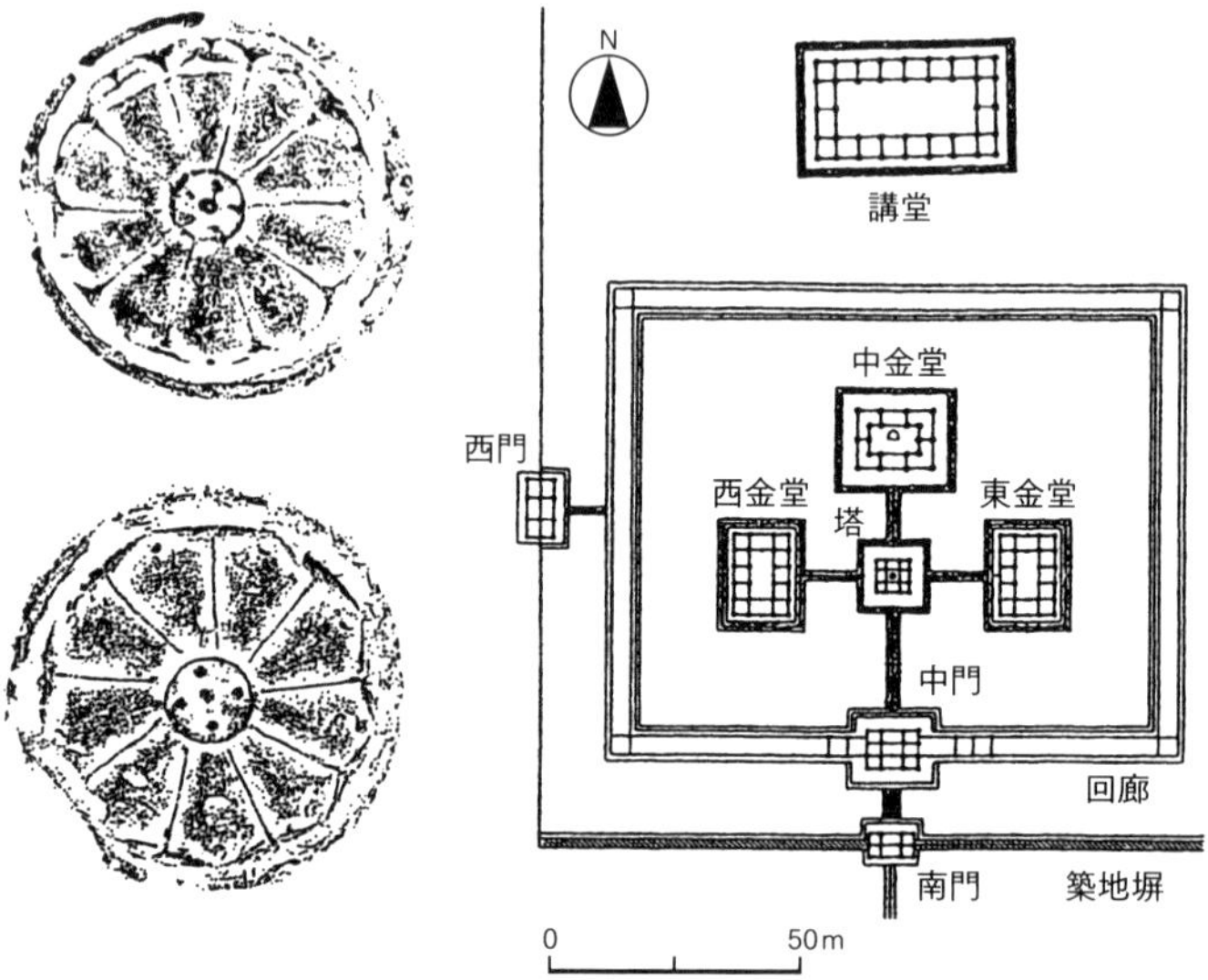

図17　飛鳥寺の伽藍配置と百済式軒丸瓦

心に南北三町（約三三〇メートル）、東西は二町（約二二〇メートル）の規模をもつものだった。この広大な寺域の中に中心伽藍が造られている。その伽藍配置は、その後の我が国の寺院でも例のないもので、中門を入ると正面に仏塔、その背後に中金堂、塔の両側に西金堂、東金堂を配置する一塔三金堂といった形式で、講堂は回廊の北に建てられていた（図17）。

飛鳥寺の伽藍配置の源流

発掘前には塔、金堂、講堂が一直線上に並ぶ四天王寺式と推定されていたが、大規模な調査によって新たな配置の存在が明らかになったのだ。一塔三金堂式のルーツをたどってみえてきたのが、高句麗にある清岩里《せいがんり》廃寺で、八角形の仏塔と三金堂の伽藍配置である。飛鳥寺は仏塔の形式は異なるが、文献や瓦の様式からも高句麗の影響が充分認められることから、伽藍の源流は高句麗に求めるべきだ、という見解が主流になった。ところが二〇〇七年に百済の古都扶余《ふよ》でおこなわれた王興寺《おうこうじ》跡の発掘調査の結果から、この伽藍配置の起源論がまた盛んになってきた。

王興寺は百済王宮のあった扶蘇山城《ふそさんじょう》の西北、白馬江《はくばこう》をはさんだ対岸にあった。以前から「王興」の文字を刻んだ瓦が出土することから、文献に六〇〇年以降の創建と記された王興寺の跡との推定のもとで、国立扶余文化財研究所が発掘調査をおこなったのだ。そして仏塔（木塔）の基壇（一辺一四・一メートル）を発掘したところ、金、銀、青銅の入れ子になった舎利容器が心礎の中からみつかり、もっとも外側の高さ九・九センチの青銅製容器の外側に、「亡くなった王子の冥福を祈って、威徳王が五七七年（西暦に換算）に創建した」との寺の縁起が記されていた。実はこの同じ年（敏達六年）に百済王は、造寺工と造仏工を送ってきたと『日本書紀』には記されている。今まで七世紀以降と考えられていた王興寺の創建が五七七年と判明し、その年に日本に派遣された工《たくみ》たちが、一〇年後に飛鳥寺の創建にかかわった可能性がさらに高くなったのだ。

日本の研究者が注目したのは、この王興寺の伽藍配置だった。王興寺の伽藍は、塔、金堂、講堂が一直線上に並ぶ、いわゆる四天王寺式といえるものだが、問題は東西回廊の後方部分、ちょうど金堂の斜め後ろが広くなり、回廊とつながってはいるが別の機能を持つ建物、つまりのちの飛鳥寺の東西金堂の先駆的なものではないか、という意見が出されたのである。そうであれば、日本への仏教伝来を主導していたのは百済であった、ということがいっそう確かになったともいえるが、ことはそんなに簡単には解決しない。

韓国の研究者からはこの説とは違った見解が出されたのだ。陵山里寺《りょうざんりじ》(六世紀後半)の存在である。百済の最古級の本格的寺院である陵山里寺は、創建時には王陵を祀る施設であった可能性が高いという見解を出した韓国国立中央博物館の李炳鎬は、「左右の付属施設は実務的な接見空間や儀礼の準備のための作業場で、これらが宗教的な意味合いの強い金堂になったとするのは無理がある」と述べた。また陵山里寺から出土した瓦を分類したところ、講堂と東西の付属施設が先に建てられ、のちに金堂と塔、回廊が増設されたことが判明した。

つまりこの寺院は、「最初は隣接する聖明王の陵墓を祀るための祠堂」であったとみるのである。さらに出土した木簡には、葬礼や呪術によって邪気を退ける呪禁師《じゅごんし》の存在を示すものもあったようだ。付属施設はやがて寺院への転換にともなって、僧坊へと変化してゆき、日本の川原寺(七世紀後半)や東大寺(八世紀中頃)の中心伽藍の東西と北側に僧房を配するいわゆる三面僧坊もその延長上にあると李炳鎬は考えているようだ。

飛鳥寺の伽藍配置のルーツの解明は、まだ先になりそうだが、私がもっとも関心をもっているのは、初期の伽藍配置においては中心になる建物が塔であることだ。

初期寺院の仏塔のもつ意味

飛鳥寺、四天王寺など初期の寺は、いずれも中門をくぐると正面には塔がそびえている（図18）。もちろん仏教の歴史を紐解いてみれば、釈迦入滅後に八分された舎利を埋納したストゥーパ（仏塔）が礼拝の対象になり発展してきたことは、周知のとおりである。しかし、インドにおいては一世紀には仏像が誕生し、舎利信仰から仏像信仰へと信仰の中心は徐々に変わってゆき、中国、百済を経て日本

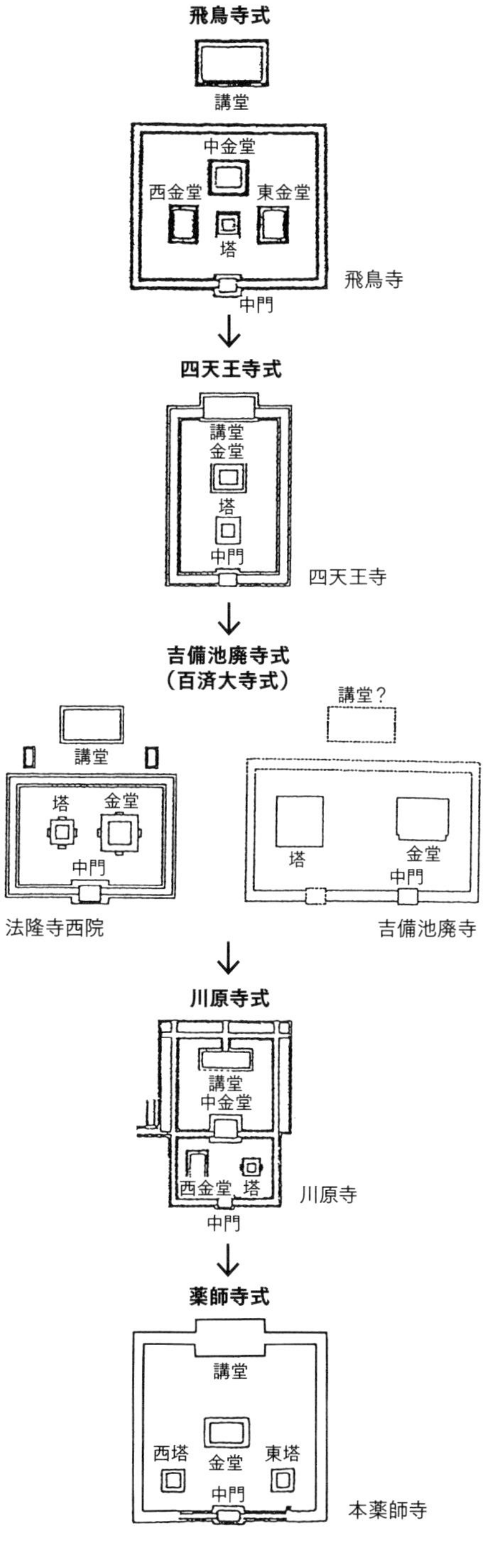

図18　伽藍配置の変遷

に伝わった頃には、仏像が経論とともにもたらされたことは、『日本書紀』の記載でも明らかだ。

先にも述べたが、初期の段階の仏教は蘇我氏などの有力豪族が、邸宅内に仏像を安置する方法がとられていたが、飛鳥寺の造営において初めて大規模な伽藍建設がおこなわれた。寺院建築は、我が国古来の掘立柱建物ではなく、大陸から新たに伝わった屋根瓦を葺いたものだった。そのため建物基壇は版築技法（水平に土を薄く積み、丸太の突き棒で細かく叩きしめる）を用い、その上に礎石を置き柱を立て、組み物と瓦の重さでバランスを保つという高度な技術を必要とする。

そのなかで、仏塔の中心に立てられた心柱は、初期のものほど地下深く埋められており、時期が下るにつれて心礎（心柱礎石）の位置は上がってゆくという傾向がある。飛鳥寺では心礎の位置は地下二・七メートルの深さにあり、発掘調査では舎利容器の周辺からおびただしい遺物が出土した。「聖徳太子絵伝」の解説書『上宮太子拾遺記』（鎌倉時代末期、橘寺の法空撰）によると、建久七年（一一九六）に「雷火炎上のため寺塔無残」とあり、またほかの史料には翌八年に塔の心柱の下から舎利数百粒と金銀の器物が掘り出されたが、また埋め戻したことが記されている。この記録は発掘調査で事実であることが証明された。副葬されていた遺物は、硬玉《こうぎょく》、碧玉《へきぎょく》、瑪瑙《めのう》、ガラス製勾玉《まがたま》、管《くだ》

図19　飛鳥寺塔心礎周辺から出土した遺物

玉《たま》、切子玉《きりこだま》、さらに銀製空玉《うつろだま》、ガラス製小玉などの多数の玉類、二三個以上の金銅製耳環《じかん》、金銀延《のべ》板《いた》、金銅鈴《すず》、馬鈴《ばれい》、蛇行状《だこうじょう》鉄器、刀子《とうす》、挂甲《けいこう》など種類は多岐にわたっているが、発掘調査を担当した坪井清足《きよたり》は、古墳の調査をおこなっているようだったと回想している。これらの品は、まさに後期古墳の副葬品と変わらないのである（図19）。

日本で最初の本格的な寺院である飛鳥寺の舎利荘厳具に、古墳に副葬された品々と同様のものが用いられていることは、初期の寺院と古墳の関係が密接であったことをあらわしている。

今まで目にしたことのない壮麗で巨大な建造物を建てるにあたって、おそらく推進派の人びとは、伽藍の中心である釈迦の舎利塔（墓）を、釈迦の古墳に見立てて建造を進めていったのだろう。飛鳥の定林寺、桜井の安倍寺、香芝の片岡尼寺、斑鳩の中宮寺など初期寺院の塔の心礎周辺から、後期古墳に多くみられる金銅製耳環が出土することも、そのことを物語っていると私は思っている。

五重塔や三重塔の中心に配置された心柱は、実は建築構造上は必要のないものである。江戸時代に建てられた日光東照宮の塔の心柱は、宙づりの状態に造られている。塔の心礎はこの飛鳥寺のように地中深く置かれたものから、時代が下るに連れて上にあがり、ちょうど奈良時代のはじめ頃に地上に顔を出す。この状況から考えられることは、当初は地下深くに舎利を安置し、そこに柱を立てることに意義があったが、しだいに立柱そのものに対する本来の意味が失われていったのだろう。

そこで思い出されるのが、欽明天皇陵の周囲に有力豪族が競って大きな柱を立てたという、『日本書紀』推古天皇二十八年十月条の記事である。さらに近年、飛鳥の石舞台古墳を見下ろす東の丘陵上で、大規模な単独の柱穴がみつかったことも気になることである。また、石舞台古墳の東外堤からも二つの大型柱穴がみつかっている（一一三ページ参照）。六世紀後半から七世紀前半、つまり初期寺院が造られた頃には、大規模古墳にもそれにともなう柱が立てられたという事実があるのだ。そこで釈迦の墓である仏塔の初期のものの心柱が地中深くに立てられたことと、この時代の古墳のそばに大柱を立てるという古墳築造との間に、なんらかの関連性が認められるのではないだろうか。

最古の尼寺　豊浦寺

『日本書紀』には崇峻天皇五年、推古天皇即位前紀（五九二）に「豊浦宮に即位する」とある。推古天皇はその後、十一年（六〇三）に小墾田宮《おはりだのみや》に遷宮するまでの間、豊浦宮《とゆらのみや》で政務を執ったと思われるが、その地が豊浦寺となった可能性が考えられる。『日本書紀』『元興寺資財帳』に記されたこの寺の創建について述べておこう。

まず『日本書紀』には欽明天皇十三年（五五二）十月の仏教伝来の記事に、蘇我稲目が百済の聖明王から送られた金銅釈迦像を、自身の小墾田の家に安置し、向原《むくはら》の家を施入して寺（向原寺）とした、とある。

また『元興寺資財帳』には仏教伝来を戊午年（五三八）十二月とし、蘇我稲目の要請によって天皇がのちの推古天皇を召して、彼女の住まいであった牟久原殿《むくはらでん》を寺とさせたとある。『日本書紀』が蘇我氏の寺とするのに対して『元興寺資財帳』は大王家との関係を強調しているが、これは潤色の可能性が高い。さらにこの牟久原殿を桜井に移し桜井道場とし、用明天皇の時代に厩戸皇子（聖徳太子）の希望を入れて、ここに善信《ぜんしん》、禅蔵《ぜんぞう》、恵善《えぜん》の三名の尼僧を住まわせ桜井寺と称したとある。そして、推古天皇元年（五九三）には、等由良宮《とゆらのみや》を寺とし、金堂や礼仏堂を造り等由良寺と名づけたという。

この二つの記録にある向原寺、桜井寺（桜井道場）、等由良寺の関係がもう一つはっきりとはしないが、発掘調査で明らかになったことから少し整理してみよう。

現在の向原寺の境内を含む一帯では、一九五七年に奈良県教育委員会が金堂跡の一部を確認して以降、小規模な調査が相次いでおこなわれ、金堂のほかには講堂、回廊と塔跡を確認している（図20）。金堂と講堂は南北に並んでいるが、塔は南東側に大きく離れ、また軸線も違っていることから、創建時の建物ではない可能性も指摘されている。

この寺跡から出土した創建時の軒丸瓦は、二七種類と驚くほど多い（図21）。しかし金堂で目立つ瓦は飛鳥寺の中門、回廊周辺で出土する瓦と製作技法、笵型、胎土が同じことから、飛鳥寺の瓦と同じ場所で造られたとみてよい。中門、回廊は、伽藍の中では最終段階に造られることを考慮すると、豊浦寺の金堂は、飛鳥寺の中枢部の完成した推古天皇四年（五九六）以降、おそらく七世紀初頭に建てられたとみることができる。

講堂の瓦はまったく異なる大阪の「船橋廃寺式」を採用しているが、この瓦は岡山県の末奥窯《すえおくがま》や兵庫県の高丘窯《たかおかがま》から運ばれたものである。金堂、講堂の瓦はいわゆる百済式の範疇に入るが、塔の瓦は高句麗式の可能性が高く、一つの寺院でも異なった工人集団が仕事をしていたことがうかがえる。

そして、瓦の文様からも興味深いことがわかった。木製の笵

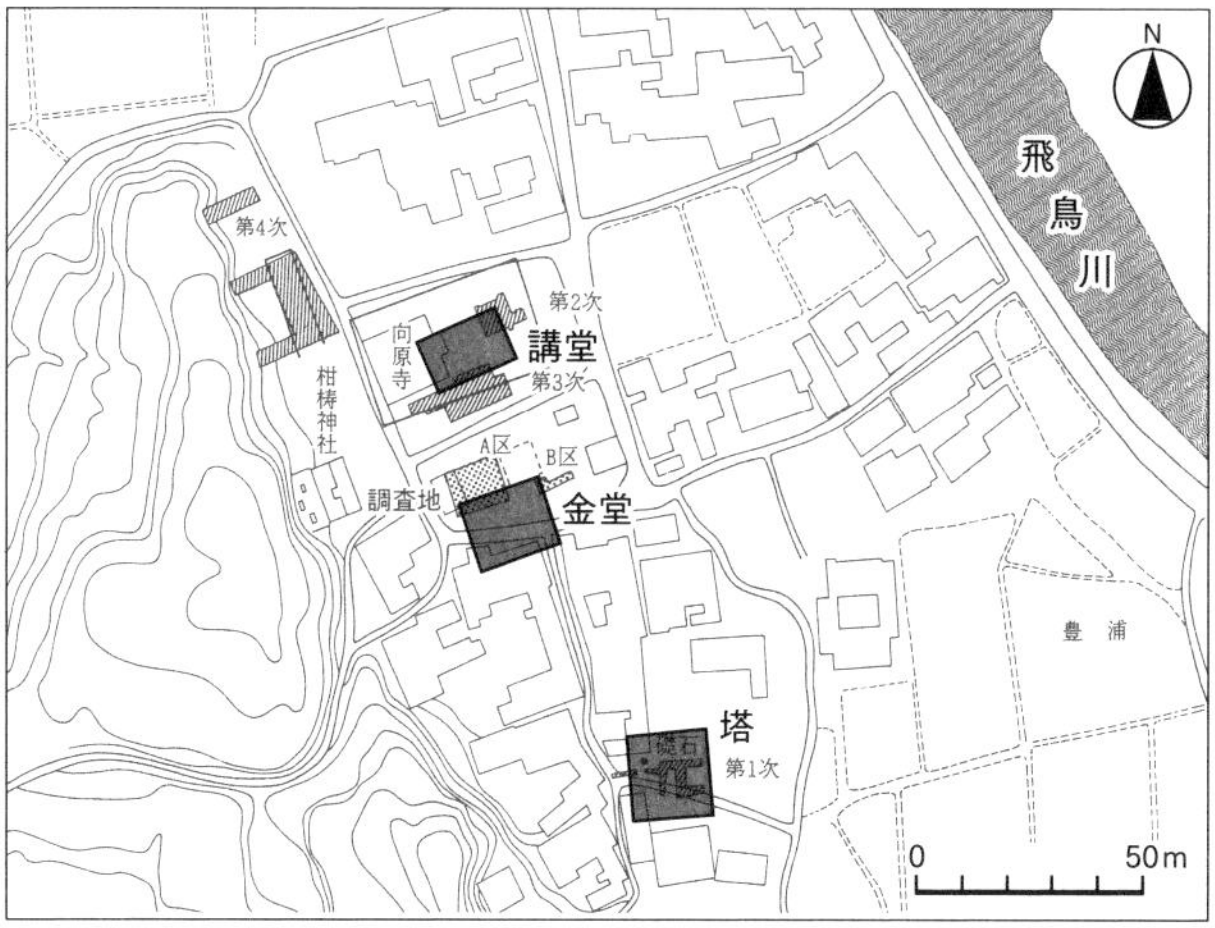

図20　豊浦寺の伽藍配置

型は何度も使用すると摩滅するため、しばしば彫り直しをするが、最初に飛鳥寺で使われた笵型は、豊浦寺の金堂の瓦を製作している途中で彫り直していたのだ。豊浦寺では、飛鳥寺で使われた笵型とその後に彫り直した笵型の前後二種類の瓦が出土し、さらに最初の法隆寺、つまり斑鳩寺でもこの笵型が使用されていて、その瓦はすべて豊浦寺で彫り直した改変後の瓦だった。これらのことから、飛鳥寺から豊浦寺へ、さらに斑鳩寺へと瓦造りの工人集団が移動していったことが明らかになり、さらにその時期も絞られるようになってきたのである。

また、豊浦寺金堂の基壇の下層から前身建物の柱穴がみつかっていることから、この寺も初期寺院に多い「捨宅寺院《しゃたくじいん》」とみてよかろう。そうであれば、文献に記された蘇我稲目の向原家か、推古天皇の等由良宮の可能性が考えられる。そこで発掘調査結果と文献を総合的にとらえてみると、次のようなことが考えられる。

まず飛鳥寺の造営が始まり、ほぼ完成に近づいた頃、推古天皇は十一年（六〇三）に豊浦宮から小墾田宮に遷宮したが、その宮の跡地に蘇我馬子の娘の善信尼らを住まわせる豊浦寺を建立した。それは飛鳥寺が蘇我氏の氏寺であるのに対して、同じく蘇我氏が深くかかわる尼寺であった。造営には蘇我氏の影響下にある多くの工人集団がかかわり、一部の瓦造りの工人たちはその後、蘇我氏の一族の厩戸皇子が、推古天皇十五年（六〇七）に建立した斑鳩寺（法隆

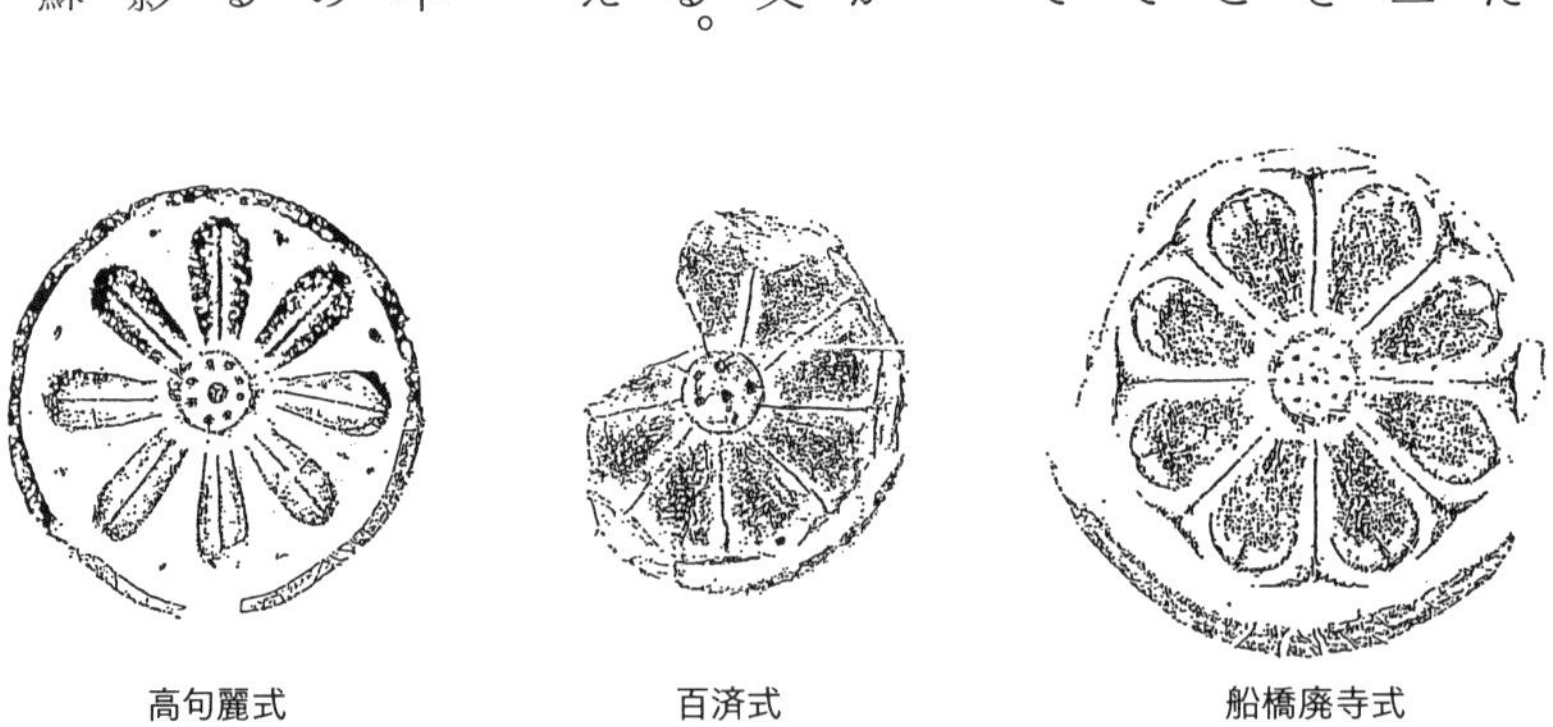

図21　豊浦寺の軒丸瓦

寺）の造営にも深くかかわったということだろう。

このように、前身遺構の検出や、瓦笵の移動を検証するといった作業から、歴史が鮮やかによみがえってくるところが考古学の醍醐味といえる。

斉明天皇ゆかりの寺　川原寺

近鉄岡寺駅を下車して、左に住宅街の合間をぬって巨大な姿を見せる五条野丸山古墳《ごじょうのまるやま》を目にしながらしばらく東に進むと、視界が開けて飛鳥の盆地が姿をあらわす。今も変わらない景色だが、最初に飛鳥を訪ねた半世紀余り前に、この光景を目にしたときに感じた印象は、なんと狭いところだろうということだった。六世紀終わりから約百年間、激動の時代の政治の中心地がこのように狭いところだったことに驚くとともに、感動を覚えたことを思い出す。

飛鳥の盆地に入って最初に目にはいってくるのが、道路の北側に接した広い芝生を張った広場だが、これが川原寺跡《かわらでら》である（**図22**）。現在は、その中金堂の上に真言宗豊山派の弘福寺《ぐふくじ》が建つ。飛鳥時代の寺院には一般に二つの呼び方がある。この寺も弘福寺という名と、地名を冠した川原寺と二つの名でも呼ばれていたようだ。

史料にみる川原寺

川原寺が最初に『日本書紀』に登場するのは、孝徳天皇の白雉四年（六五三）六月条に旻《みん》法師が亡くなったときに仏像を作り川原寺に安置する、という記事があるが、そのあとに或本にいわくとして、仏像は山田寺にあると記されている。多くの研究者は、川原寺の創建を孝徳天皇の時期までさかのぼらせることに疑問を抱いているが、私も同感である。

次の記事は天武天皇二年（六七三）三月に、写経生を集めて一切経を川原寺で写させたとある。その後十四年（六八五）の八月と九月に天皇が行幸し、誦経《ずきょう》をおこなわせている。もっとも注目すべきは、翌年の朱鳥元年（六八六）の四月、五月、六月に頻繁に川原寺が登場し、なかでも五月二十四日には重篤の天皇の平癒を祈って大がかりな薬師経の誦経がおこなわれている。しかし、天武はその年の九月九日に崩御したのである。あとを継いだ皇后は、持統天皇として同年十二月十九日に、この寺で大規模な無遮大会《むしゃだいえ》をおこなっている。無遮大会とは、天皇が施主となって僧俗貴賤上下の区別なく供養布施する法要で、ちょうどそれをおこなったのが天武天皇崩御から百か日にあたる時だった。

次の文武天皇の時代に川原寺は、大安寺（大官大寺）、薬師寺、元興寺（飛鳥寺）とともに四大寺の一つとされるほどであった。都が平城京に移り、他の寺々もそれにともなって移転したが、川原寺だけは古京にとどまった。その後、建久二年（一一九一）に焼失し、鎌倉時代に再興され

図22　川原寺の回廊跡（右）**と塔基壇**（左）

たが、それも室町時代末期に再び火災にあい、江戸時代に中金堂の跡地に仮堂が建てられ現在に至っている。

文献史料からいえることは、創建時期は特定できないこと、天武が力を注いでいたこと、とくに崩御の前後には重要な役割を担っていたことなどである。

天武は壬申の乱に勝利し、政権を奪って以降、その前半の政策は、先にも述べたように母親である斉明の事績を踏襲することであった。おそらく政権中枢の周囲には批判的な勢力もあり、彼らを懐柔するためにおこなったのが、斉明の政治の継承であったと思われる。

発掘調査の成果からみた川原寺

川原寺は一九五七年から翌年にかけて前後三回にわたって発掘調査がおこなわれている。飛鳥寺の調査と同じく、農林省の計画による南大和灌漑導水工事にともなうもので、調査は奈良国立文化財研究所が担当した。

この調査では広大な寺域の全域の発掘をおこなったわけではないが、主要伽藍の規模、構造、配置などを知る多くの手がかりを得た。その伽藍配置は特異なもので、北面回廊の中央に中金堂があり、回廊に囲まれた中には東に塔、西に東面する西金堂の二つの建物があった（図23右）。講堂は中金堂の後ろの僧坊に囲まれた位置にあった。飛鳥寺の調査では金堂が三つ、この川原寺では二つと、他に多くの例を見ない伽藍配置をもつ寺院が飛鳥に存在したことが明らかにされた調査でもあった。しかし、両寺とも金堂基壇の造り方に差があり、ともに中金堂がメインの建物であったことはうかがえる。

また、この調査の大きな成果の一つが、下層遺構がみつかったことだ。おもに西金堂の基壇の下から、方位を異にする石組み暗渠が検出されたのだ。飛鳥の各地で発見されるものと構造はよく似ているが、そこから七世紀中頃の土器が出土したのである。この遺物と遺構は、川原寺の創建時期の上限を決める重要な資料になった。

そこで思い出されるのが、『日本書紀』に記された斉明天皇元年（六五五）冬の飛鳥板蓋宮の火災記事である。その時、斉明天皇は川原宮に遷居し、翌二年に後飛鳥岡本宮に遷ったとなっている。『扶桑略記《ふそうりゃくき》』（一一世紀末頃成立）には、「斉明天皇元年の冬に飛鳥川原宮に遷り、川原寺を造る」とあり、後の歴史書の多くはこれを踏襲しているが、これは発掘調査で下層遺構が発見される以前から、福山敏男が指摘していたように間違いであろう。斉明天皇は七年（六六一）に筑紫の朝倉宮で崩御したのち、飛鳥川原で九日間の殯《もがり》をおこなわれている。おそらくそれは、かつての川原宮の地であろうが、その時に川原寺が存在していたのなら、殯はここではおこなえなかっただろう。天武天皇が正宮（エビノコ大殿）で崩御した後に、南庭に殯宮を建てたとあるように、寺院で殯をおこなうことはなかった。

この下層遺構は斉明元年に造られた川原宮の一部で、殯

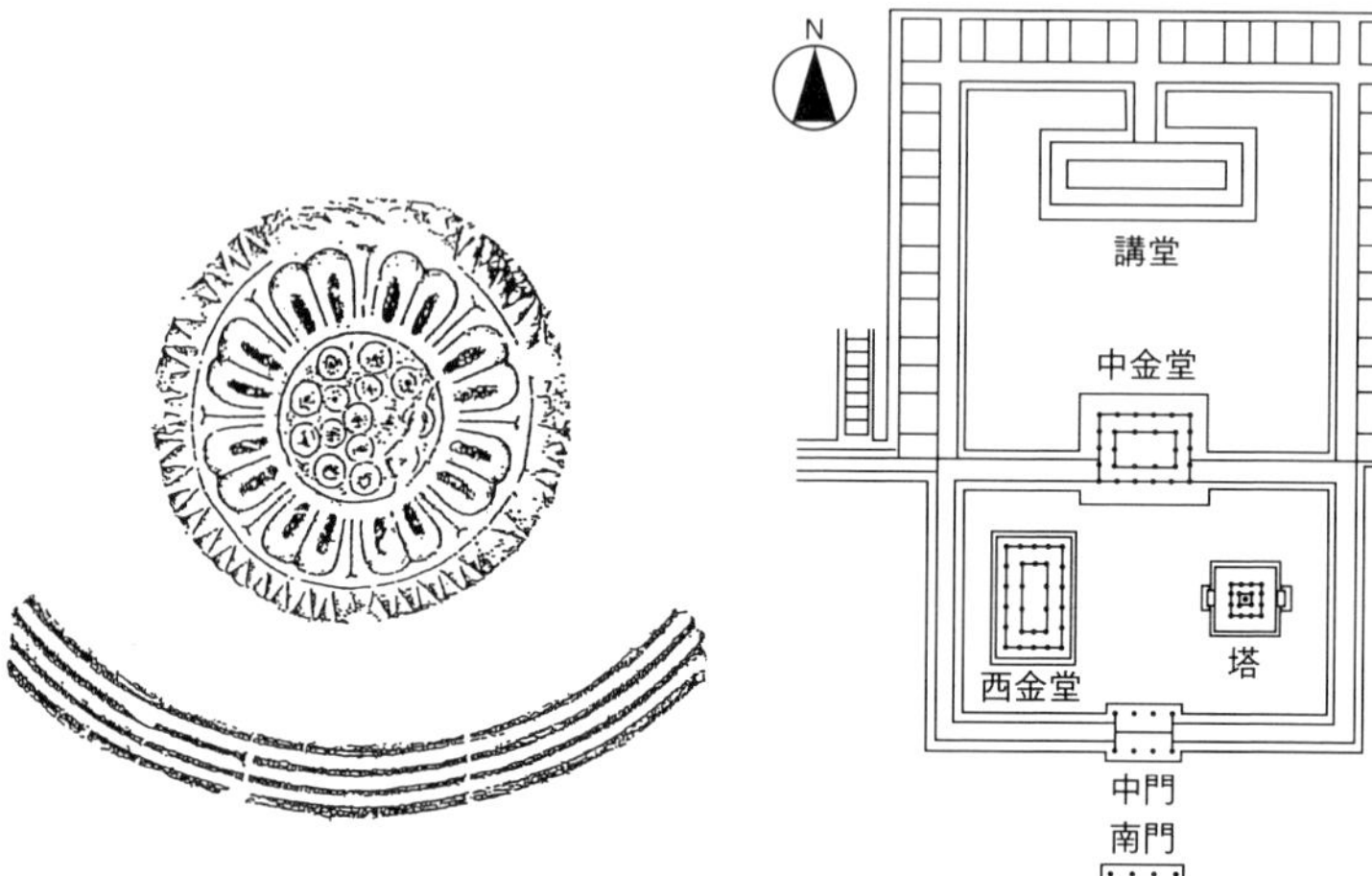

図23　川原寺の伽藍配置と軒瓦

をおこなった後に、その地に天智天皇が母親の菩提を弔うために、川原寺を建立したのではないか、と私は考えている。

この寺の創建時期について考えておこう。後でくわしく述べるが、斉明天皇と娘の間人《はしひと》皇后を葬った合葬陵が明日香村の越智岡《おちのおか》にある牽牛《けんご》子《し》塚《づか》古墳であることに、異論はないだろう（一二九ページ参照）。『日本書紀』は、それを天智称制六年（六六七）、二月二十七日のこととし、その日から二〇日後の三月十九日に、「天下の百姓が近江への遷都を望まず諌《いさ》める者が多い」というなかで、中大兄皇子（天智）は遷都を強行したとある。私は、川原寺の建立と牽牛子塚古墳の造営は、並行しておこなわれていたのではないか、と考えている。母親の肉体を葬る墓と、鎮魂を願う寺を完成させた後に、彼は飛鳥と訣別《けつべつ》したのだろう。とすると、川原寺の建立が始まったのは、早くても斉明の殯がおこなわれた六六一年以降で、完成したのが六六七年以前ということになるだろう。さらに絞れば間人皇后崩御の六六五年以降ということができるかもしれない。

発掘調査では川原寺の創建瓦も特定できたが、軒丸瓦は飛鳥時代に主流であった素弁や単弁の蓮華文ではなく、おそらく初唐様式の影響を受けたとみられる複弁蓮華文をモチーフに用いた斬新なものだった（**図23左**）。この様式はその後、奈良時代以降も日本の古代瓦の主流となる様式の一つになった。

このいわゆる川原寺式軒瓦については八《はち》賀《が》晋《すすむ》の興味深い研究がある。その内容は、これらの瓦を出土する寺院の分布をたどってみると、天武が即位前にたどった壬申の乱の行程上の近くに多いということだった。『日本書紀』にもくわしく書かれているが、大海人皇子（天武天皇）側についたなかに伊勢、美濃、尾張の豪族が目立つことも事実である。つまり川原寺式瓦を出土する寺院は、天武が彼らに論功行賞としてその造営を許可した、という考え方だ。天武天皇は仏教を鎮護国家の重要な手段ととらえ、各地に寺院を造らせたが、豪族たちにとって寺院の造営は別の意味で魅力的なものだった。それは租税の対象から除外されることで、また重税に絶えかねて逃亡、逃散した庶民を労働力として抱える受け皿にもなっていたと考えられるからである。

川原寺には天智天皇の思いとともに、天武天皇の思いも強く感じられる。そのことと瓦の分布は関連するのかもしれない。

聖徳太子の上宮跡か　橘寺

橘寺《たちばなでら》は飛鳥盆地南西部の丘の麓の高台にある。東西に長い白壁の塀に囲まれた美しい伽藍は、飛鳥盆地のどの方角からも望むことができる。飛鳥を訪れたことのある方の記憶のなかには、おそらく飛鳥の風景の一部として焼き付いているのではないだろうか。

橘寺の北側には整備された川原寺の遺構が広がっているが、七世紀の創建時には、道路をはさんで川原寺の南門と橘寺の北門が隣接していたことが、発掘調査の結果、明らかにされている。

天平十九年（七四七）の『法隆寺伽藍縁起《ほうりゅうじがらんえんぎ》幷《ならびに》流記資財帳《るきしざいちょう》』には、聖徳太子建立の七寺の一つとして橘尼寺が記されている。また聖徳太子の伝記ともいえる『聖徳太子伝暦《でんりゃく》』（九一七年成立）には、推古天皇十四年（六〇六）に太子が『勝鬘経《しょうまんきょう》』を講説したときに、推古天皇が橘寺を創立したとある。

創建時期のものとして、今私たちが目にすることができるのは、三重塔の礎石と半地下式の心礎だけである。この心礎には、心柱を固定するために彫り込んだ円形の穴の周囲に、等間隔で三個の添え木柱を埋め込んだ穴が明瞭に残り、花弁のような美しさを醸している（図24）。

橘寺の発掘調査は、一九五三年から一九五七年にわたって石田茂作《もさく》を中心に伽藍の構造を知るための調査がおこなわれ、大きな成果をあげている。その結果、古代寺院にしては珍しい東面する伽藍配置で、門、塔、金堂、講堂が一直線上に並ぶ、いわゆる四天王寺式を採用していることがわかった（**図25右**）。この伽藍形態は、飛鳥時代前半に建立された寺院に多い。

東に面している理由については、ちょうど門前が奈良盆地を南北に縦断する飛鳥時代に造られたとされる中ツ道に面するためであろう、との見方が有力である。出土瓦には川原寺式に近いものが多く、また塼仏片《せんぶつへん》も多く出土している。現在、知りうる遺物からみると、創建時を七世紀半ばまで上げるのはむずかしいが、『日本書紀』天武天皇九年（六八〇）四月十一日条に、「当寺の尼房十坊が焼けた」と記されていることから、これ以前に橘寺が尼寺として存在したことは疑いない。

主要な古代寺院の成立について書かれた『諸寺縁起集』（一一〜一二世紀成立）には金堂の本尊は救世《ぐぜ》観音であったとある。そうであれば四天王寺金堂の菩薩像や斑鳩の中宮寺の菩薩像と同形式の弥勒像となる。中宮寺の伽藍配置も四天王寺式で、橘寺と共通している。

境内の発掘調査は小規模なものがつづいているが、一九九四年にわずか五〇平方メートルの調査範囲であったにもかかわらず、興味深い成果があった。ちょうど金堂跡に比定されている蓮華塚の西側に、南北方向に入れた幅一メートル、長さ一二・八メート

図24　橘寺の塔心礎

ルの小さなトレンチで、飛鳥時代の掘立柱列と溝がみつかったのだ。この柱列は南北四間分と南端から西に一間分が確認されたので、建物になる可能性がある。方形の柱穴掘形（柱を立てるために掘られた穴の形）は一辺が九〇センチと大型で、柱の痕跡は直径約三〇センチ。柱間は東西約三二〇センチ、南北約二四〇センチの規模だが、これ以上調査区を広げていないため、遺構の究明は将来の課題だろう。

　しかし、四天王寺式の伽藍の下から建物跡がみつかったことの意義は大きい。柱の抜き取り穴から飛鳥時代の瓦、六世紀後半の須恵器片が出土したことからも、この遺構は六世紀末頃から七世紀中頃のものとみられる。初期の寺院の下層には前身

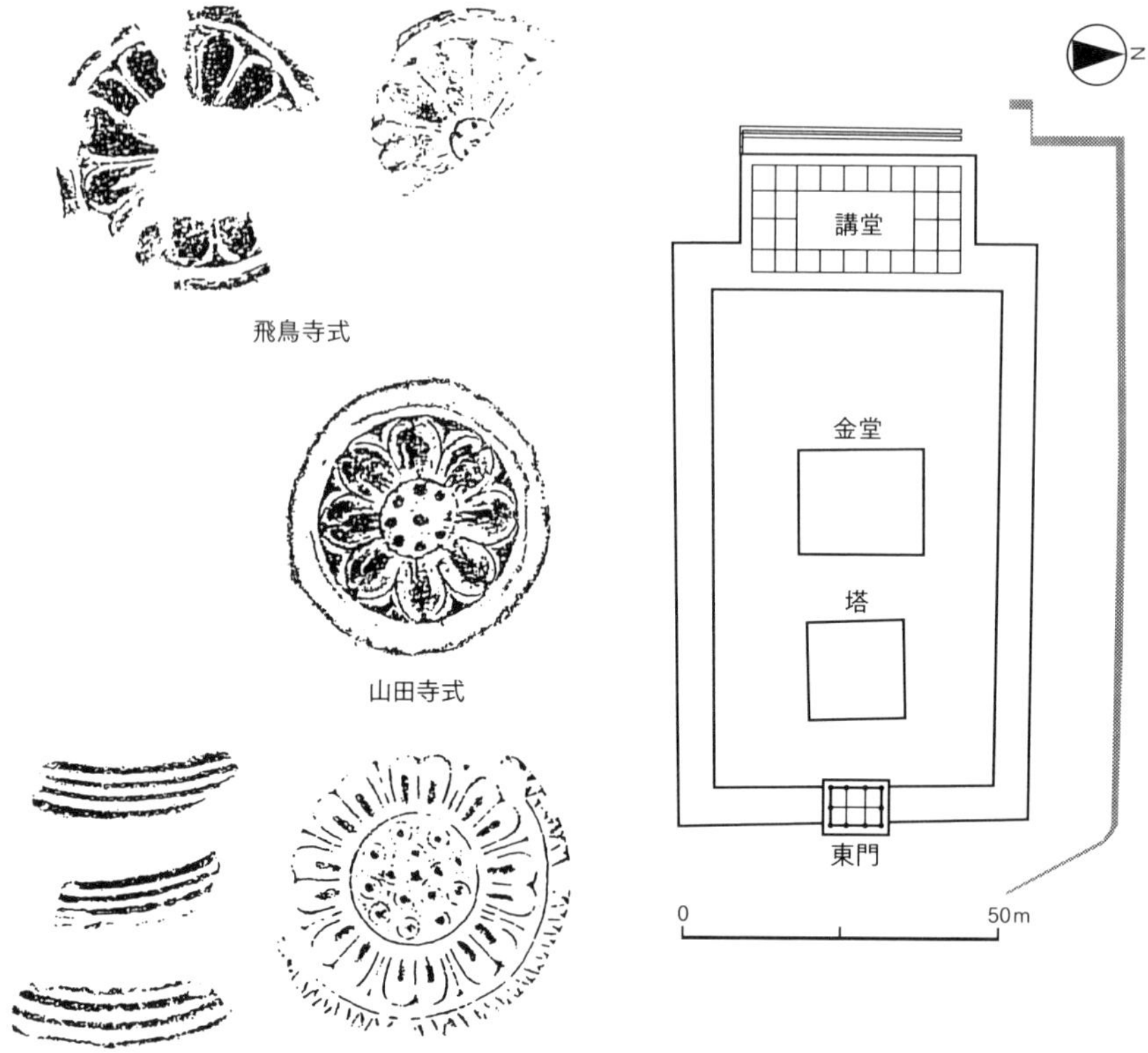

図25　橘寺の伽藍配置と軒瓦

遺構が存在する例が多いが、この橘寺も「捨宅寺院」といえるかもしれない。『聖徳太子伝暦』には、この地を聖徳太子が斑鳩転居以前に住んだ「上宮」跡としている。これらの伝えは聖徳太子信仰とともに広がっていったものと考えられるが、この遺構は今後も注意しておかなければならないものである。

蘇我倉山田石川麻呂の寺　山田寺

飛鳥から桜井に通じるいわゆる「山田道」が、山田の集落にかかる手前の高台に山田寺跡はある。現在は美しく整備され、広々とした境内には往時を再現するように、建物基壇が表示され、四天王寺式伽藍配置を採用した飛鳥時代の大寺の面影をしのぶことができる。

飛鳥時代の寺院は先にも述べたように、飛鳥寺は法興寺、川原寺は弘福寺といった法号を持つことが多く、この山田寺もまた浄土寺、のちには華厳寺という法号をもっていた。しかし、一般的には山田寺の名で知られている。この寺院の成立については、『上宮聖徳法王帝説』の裏書きにくわしく書かれていることから、その変遷を追うことができる。

まず舒明十三年（六四一）に蘇我倉山田石川麻呂《そがのくらのやまだのいしかわまろ》によって発願され、建物の造営は二年後の皇極二年（六四三）に金堂の建設から始まった。『日本書紀』には、大化五年（六四九）に蘇我日向《そがのひむか》の讒言《ざんげん》によって謀反《むほん》の罪をきせられた石川麻呂一族は、山田寺で自害したことが記されており、願主であった石川麻呂はこの寺の完成を目にしていなかったことがわかる。

七世紀中頃の飛鳥政権の中枢部では、皇極二年（六四三）の上宮王家の襲撃、大化元年（六四五）の乙巳《いっし》の変をはじめ、多くの政治的事件が起こっており、蘇我氏でありながら入鹿暗殺の中心的人物の一人でもあった石川麻呂もまた、やがてその渦の中に巻き込まれ消えてゆく運命であった。

　寺の造営が再開されたのは、天智天皇称制二年（六六三）に塔を建て始め、天武天皇二年（六七三）十二月十六日に塔の心柱を立て、五年（六七六）に露盤（相輪）を上げ、七年（六七八）十二月に丈六仏を鋳造し、十四年（六八五）三月二十五日に仏像の開眼法要がおこなわれた。発願から完成までに実に四四年の歳月がかかっていることになる。この間には先にあげた事件のほか、難波京、大津京への遷都や壬申の乱などがあり、建設には困難な事情が多くあったと思われるが、完成までこぎつけている。この背景には天智天皇の娘であり天武天皇妃であったのちの持統天皇の力を考えるべきだろう。その死後に無実が明かされた倉山田石川麻呂は、持統天皇の祖父にあたる。天皇みずからの祖父の無念を晴らし、菩提を弔う思いが強くあったとみるのが自然だろう。

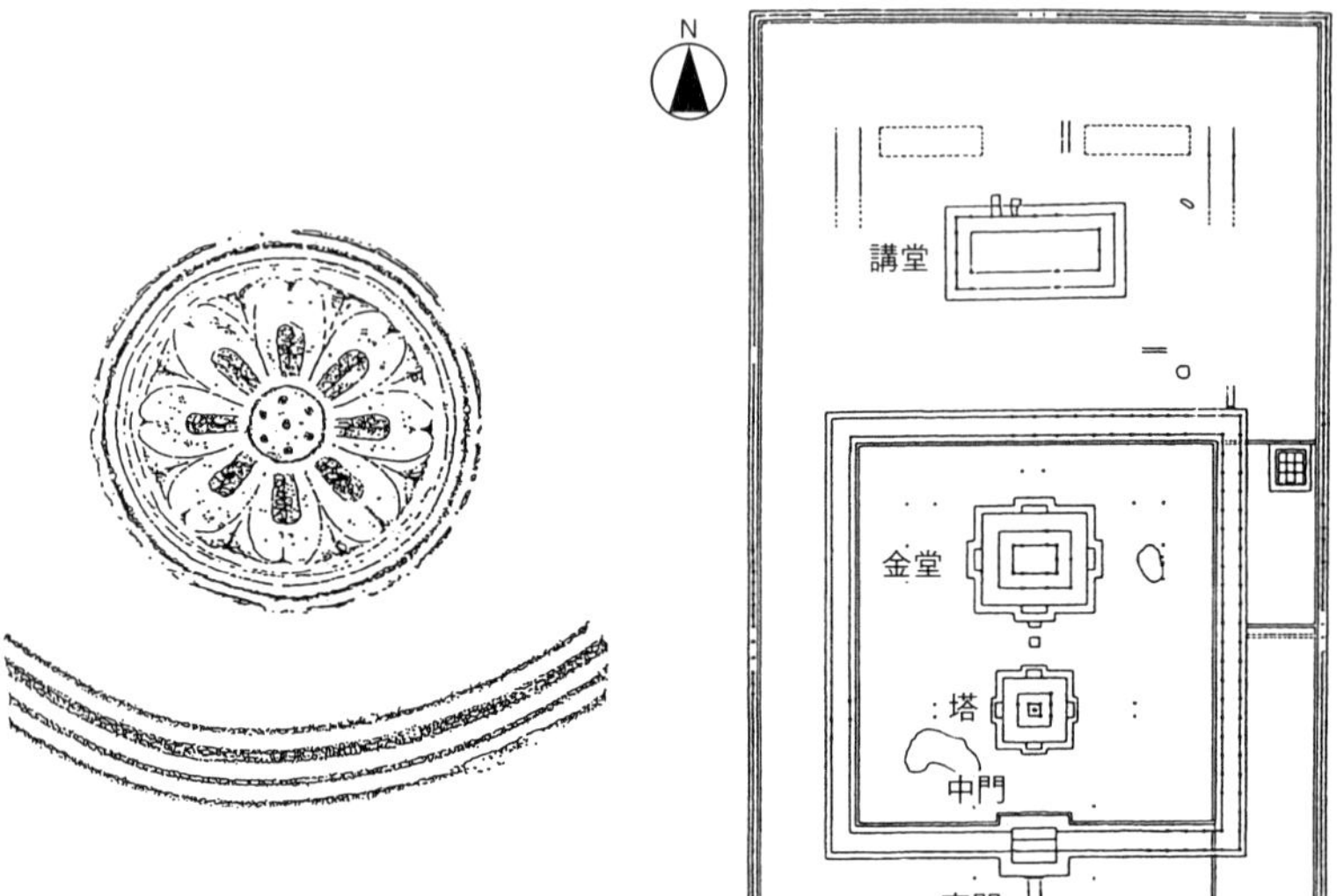

図26　山田寺の伽藍配置と軒瓦

その後の山田寺の状況は、平安時代の治安三年（一〇二三）に藤原道長が高野山参詣の途中で堂塔を目にしたときの感動の様子が『扶桑略記』に記されていて、この当時伽藍は健在であったようだ。しかし、文治三年（一一八七）三月、興福寺東金堂衆が山田寺の金銅丈六薬師三尊を奪い取り、東金堂の本尊としたことが九条兼実の日記『玉葉《ぎょくよう》』に記録されている。現在、飛鳥時代後期の傑作といわれるその薬師像の頭部のみが、興福寺に安置されている。建久八年（一一九七）撰の『多武峰略記《とうのみねりゃくき》』には山田寺は堂塔、鐘楼、経蔵はすでに遺跡となっていたとある。

一九七六年から、史跡整備にともなう発掘調査が奈良国立文化財研究所によっておこなわれ、伽藍の全貌が明らかになった。発掘された伽藍は、塔と金堂が南北に並び、これを回廊が囲み、講堂はその北側に建っていることがわかった（**図26右**）。金堂はやや特異な平面構造で、法隆寺に残る飛鳥時代の玉虫厨《たまむしのず》子《し》に似た構造が想定されている。

この調査中に世間を驚かせるような大きい成果があったことは、まだ記憶に新しい。一九八二年の調査で、東回廊の一部が倒壊したままの状態で発掘されたのだ（**図27**）。それまでは歴史愛好者の間でも、さほど注目を浴びることのなかった山田寺の

図27　山田寺の東回廊出土状態

名が知れ渡ったのであった。私は当時北京に留学中の身で、残念ながら現地をこの目で見ることはできなかったが、友人から届いた資料を目にした時の驚きと感動は今も忘れない。その後の調査時には現地を訪ね、また保存処理を終えた後、飛鳥資料館で展示されている回廊の一部を見学する機会も多いが、法隆寺回廊よりも半世紀以上古い現物を目の当たりにして、その洗練されたシンプルさのなかに飛鳥仏に共通するような美しさがあって、いつも心打たれる。

山田寺で使用された瓦は、歴史考古学研究者の間でとくに重視されている。山田寺式と名付けられた素弁八弁軒丸瓦と重弧文軒平瓦のセットである（図26左）。この軒丸瓦の系統のものは、おもに西日本に多く分布していることが知られている。山田寺の創建に関しては先に述べたように、文献史料にくわしい。このことから、山田寺式軒瓦の出土する寺院跡の年代を考えるうえでの一つの定点として、六四一〜六四三年、つまり七世紀中葉を基準として寺院跡の年代を決めていることが多いが、山田寺の全面的な調査の結果、この瓦は伽藍完成時、つまり六八五年まで山田寺の伽藍で使用されていたことがわかり、細かい年代の決め手にはならないことがわかってきた。

最初の大官大寺　百済大寺

大官大寺

大官大寺は『日本書紀』では「おおきつかさのおおてら」と読むが、これはその呼び方からみて天皇家の寺で、大寺は後の奈良時代に造られた東大寺、西大寺などと同じく、他の寺院とくらべて破格の規模をもつ寺の意味である。国家の寺として初めて造られたのは、舒明天皇十一年（六三九）に建立の詔が出された百済大寺《くだらのおおてら》で、高市大寺を経て大官大寺となる。その後、平城京へ移り、大安寺となった。

百済大寺は、その後身である大安寺の『大安寺伽藍縁起《だいあんじがらんえんぎ》并《ならびに》流記資財帳《るきしざいちょう》』（天平十九年〈七四七〉、以下『大安寺資財帳』）に、百済川のほとりに建てられたが、間もなく九重塔と金堂の鴟尾《しび》が焼失したことが記され、のちに高市郡に移したとある。巨大な九重塔をもつ寺であり、長く奈良県西部の広陵町百済にあった寺とされてきた。しかし、桜井市の吉備池廃寺こそが、百済大寺であろうということが発掘調査によって明らかになったのである。その経緯をたどってみよう。

吉備池廃寺

一九九六年、桜井市の西部で、橿原市との境界近くある吉備池の護岸工事に先立つ発掘調査がおこなわれ、吉備池廃寺《きびいけはいじ》跡と名付けられた（図28）。この池の中から飛鳥時代の瓦が出土することは、以前から知られており、それを確認するための調査だった。奈良国立文化財研究所と桜井市教育委員会が調査をおこなったが、この遺跡に関する私の考えをまず述べておきたい。

奈良盆地に多い溜池には、条里に合った方形のものが多いが、なぜかこの池は南辺の東と西が貼り出した凹形をした奇妙なものだった（図29）。私がこの池から出土した瓦を初めて目にし、現地を訪ねたのは一九七九年四月のことである。発掘調査の一八年も前のことになる。地元にお住まいの森木氏が橿原考古学研究所に数点の瓦を持ってこられたのがきっかけだった。そこには単弁八弁の軒丸瓦とともに、法隆寺若草伽藍から出土する忍冬唐草文と同笵の軒平瓦が含まれていた（図31）。

この瓦は藤原京内でも出土していることは知られていたが、私は吉備池の採集品はこの組み合わせの一種類に限られているらしいことに興味を抱いた。また この軒平瓦は、若草伽藍で出土する二種類の瓦では新しい形式のもので、塔に葺《ふ》かれていたと推定されている。その制作時期は、皇極天皇二年（六四三）の斑鳩宮および斑鳩寺（若草伽藍）が蘇我氏によって襲撃された時期を下らず、またさほどさかのぼらない頃と考えられる。

森木氏に案内された池の波打ち際には、あまり多くはないものの、丸瓦や平瓦の破片が散布し、中には格子叩きを施した七世紀半ばの瓦も目立ち、限定された時期のものであろうとの印象を受けた。吉備池は、底が平らで浅い皿池と呼ばれているものだが、先に述べたように南側の東と西に小高い張り出し部があり、池はそれを避けるように造られ、瓦はその東の張り出し部の北側に集中していた。この張り出し部は、池の水に浸食され断面があらわれていたが、それをよく観察すると、交互に土を積み上げた版築のようにみえる。これを人工物とみれば、礎石建物の基壇の可能性が高い。さらに約五〇メートル西にある張り出し部も同じようなあり方をしている。普通には想像できない大規模なものだが、この二つの張り出し部を建物基壇とみて、私

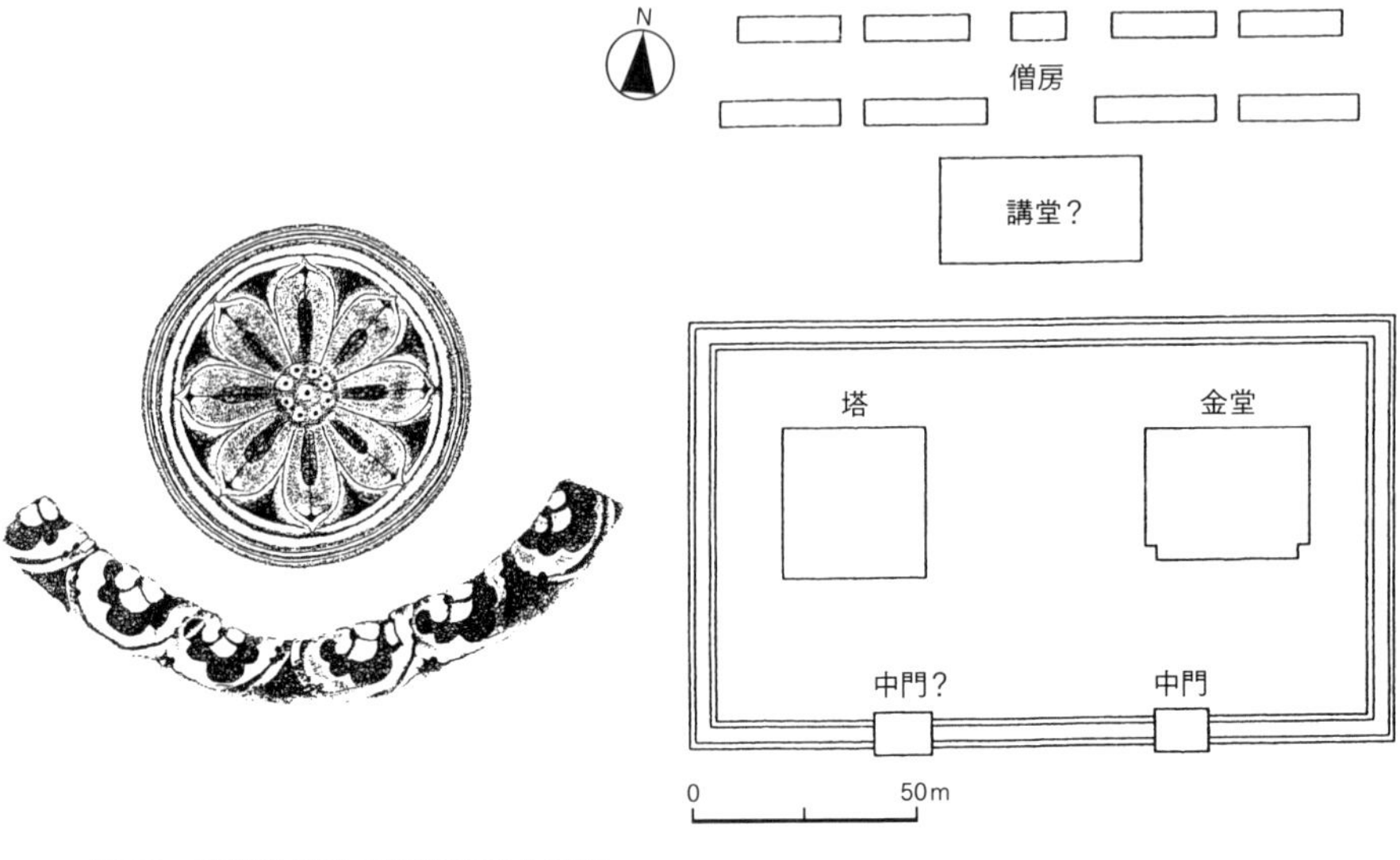

図28　吉備池廃寺の伽藍配置と軒瓦

は寺跡の可能性を考えたのである。

地名にも伝承にも痕跡はみられないが、ここから少し北に大臣藪《だいじんやぶ》という一画があり、高橋健自《けんじ》はここを吉備氏の氏寺と考え、また民間の研究者、保井芳太郎は『大和上代寺院志』（大和史学会、一九三二）に池から北三〇〇メートルの吉備集落の中にある蓮台寺の東の火葬場でも藤原宮式の瓦が出土していることを述べ、寺跡の可能性を指摘している。『大和上代寺院志』には高橋が所蔵する単弁八弁軒丸瓦と蓮台寺の軒丸瓦の写真が掲載されている。そういった資料から、私は吉備池廃寺を創建

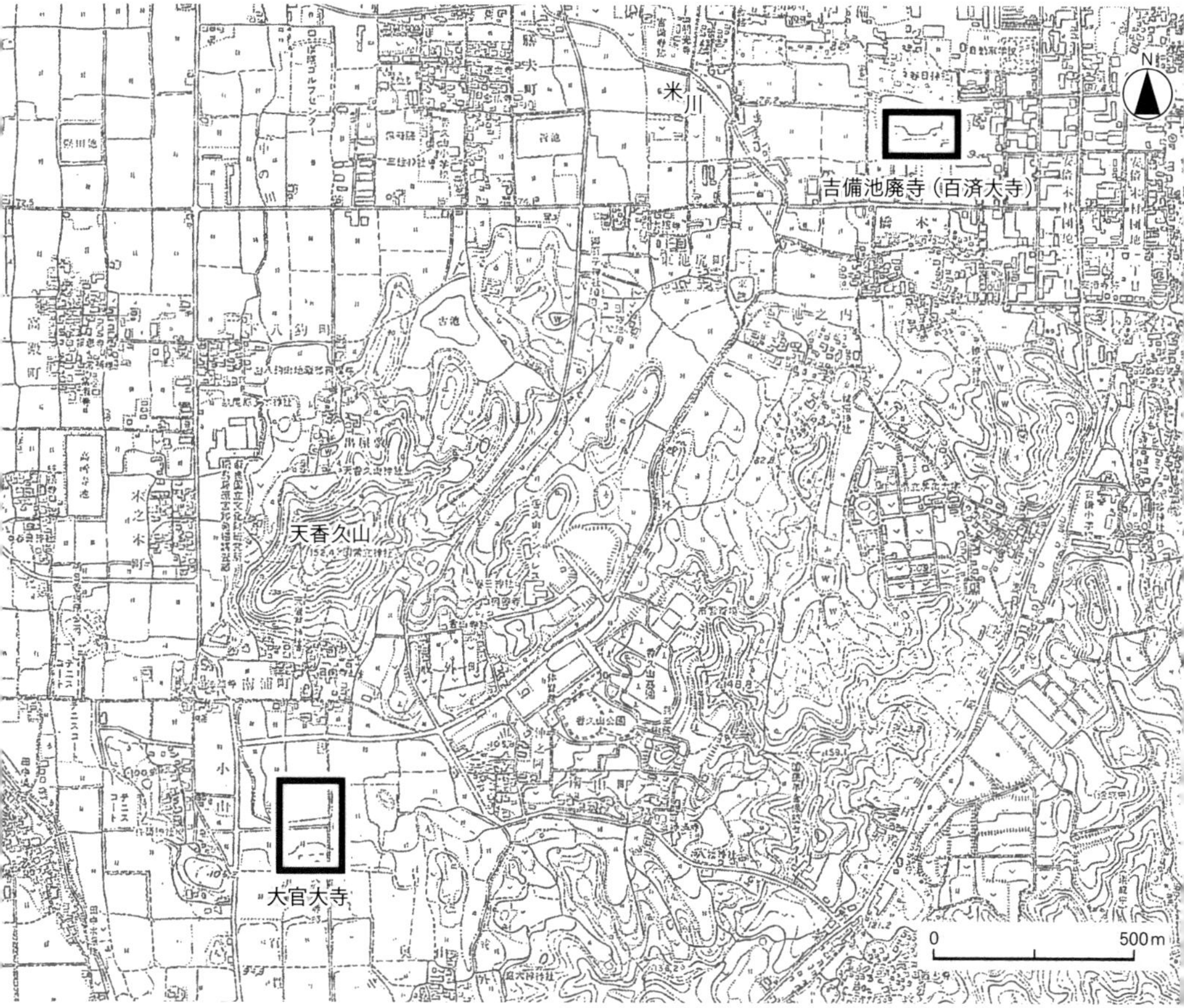

図29　吉備池廃寺と大官大寺

吉備寺とし、理由は明らかでないものの短期間に、大臣藪か蓮台寺のどちらかに移建したのではないだろうかと考えた。そして橿原考古学研究所の『考古学論攷』第六冊（一九八一）に「磐余の考古学的環境」という小文を発表した。

橋本冠名遺跡

この遺跡に強い関心を抱いていた私にチャンスがめぐってきたのは、一九八四年十一月のことだった。この吉備池の南の水田に、新しく工場を建てる計画が出されたのだ。もしかすると寺跡を実証できるかもしれない、との予測をもって調査に入った。遺跡は字名をとって「橋本冠名遺跡《はしもとかむりな》」と名付けた。吉備池の張り出し部分が寺院の建物遺構であれば、その南に隣接するこの地にも、なんらかの関連遺構が存在しているかもしれない。また私の発表した寺跡であるとの見解に異論を述べる人たちにもそれを示したい、という思いもあった。しかし、残念ながら確実な証拠を得るまでには至らなかったが、次のようないくつかの成果は得ることができた。

まず藤原京期の建物が一棟と、砂利混じりの道路状遺構を確認できた。当時はまだ藤原京域がここまでは広がっていることは知られていなかった時期だったので、その解釈に苦労したが、今にして思えば当然のことである。もう一つは、これもその後の吉備池廃寺の発掘成果と照らし合わせて、大きい意味をもつものだが、大型基壇の南約一〇〇メートルから南に幅約五〇メートルの間で東西方向の広い川跡を確認したことだった。

一方、吉備池出土の軒瓦は、別の大きな意味をもつようになった。それは翌年の一九八五年、天香具山の西の麓にある畝尾都多本《うねおつたもと》神社の南の発掘現場から大量の吉備池出土瓦と同笵の瓦が出土したのだ。そしてこの遺跡は、明確な遺構は存在しないものの木之本廃寺《きのもとはいじ》と名付けられ、舒明天皇によってその十一年（六三九）に建立された百済大寺の可能性があると考えられるようになった。そして吉備池の瓦が出土した地は瓦窯、それも重要な官窯としてとらえる見方が定着していった。

百済大寺と百済宮

一九九七年一月十九日、奈良国立文化財研究所と桜井市教育委員会による発掘中の吉備池の現地を訪ね、みごとな掘込地業《ほりこみじぎょう》と、一八年前に観察したのとほぼ同じ場所で、大きく鮮やかな版築土層を目の当たりにしたときは、言いようのない感動を覚えた。と同時にこの巨大な遺構は、かつて私が考えたような一豪族の氏寺などというものではないとも思った。その後幾度か現地を訪ね、観察をつづけてゆくなかで、私もまた多くの研究者と同じく、これは「百済大寺」そのものである可能性がもっとも高いとみる思いがしだいに強くなっていった。

その理由はいくつかあるが、先にも述べたが舒明天皇は十一年七月に百済川のほとりの東と西に百済宮と百済大寺を造る詔を出しているが、この地はいわゆる飛鳥から離れた磐余に含まれ、舒明天皇が国見の歌を詠んだ天香具山の北東部にあたる。これは蘇我氏とかかわりのない舒明天皇の出自からみてもありうることだ。まだ調査はおこなわれていないが、この吉備池廃寺の西側には舒明が晩年を過ごした百済宮が存在していた可能性がある。

舒明が、この地を選択したことにつながる史料を示しておこう。百年余り後ではあるが、天平宝字五年（七六二）十一月二十七日の日付のある『東大寺東南院文書』の中にある大和国十市郡荘券の内容である。

『日本書紀』履中天皇二年十一月条に作ったとある磐余池のほとりとみられる池上郷に、息長丹生真人広長《おきながにゅうのまひとひろなが》の土地があった。この土地を東大寺が救済施設としての布施屋を設けるために得たことが記されている。息長氏は言うまでもなく舒明天皇の父、押坂彦人大兄皇子の母方の氏族で、舒明の和風諡号は息長足日広額《おきながたらしひひろぬか》である。吉備池と磐余池推定地までは直線距離にしても数百メートルしかない、七世紀前半の段階にも息長氏、つまり舒明天皇に近い勢力がこの地にいた可能性がある。舒明が飛鳥盆地を離れてこの地を選んだ理由の一つかもしれない。

ちなみに舒明天皇の押坂陵《おしさかのみささぎ》は桜井市忍阪《おっさか》にあり、その地域も息長氏に近い忍坂《おしさか》（押坂）氏の大和における拠点の一つとみられている。

百済大寺を論じる際、いつも話題になるのが『大安寺資財帳』にみえる百済川であるが、私は橋本冠名遺跡の調査で検出した、今は機能していない東西方向の川跡が百済川ではないか、とみている。その位置からみて伽藍との関係は微妙であるが、もしかすると完成することなく移建したことの理由の一つにこの川の存在があったのかもしれない。そのほか伽藍配置についても興味深い問題があるが、これについては、大官大寺の項で触れよう。

今から四十年余り前、池田源太、吉永登、石野博信の先生方と、「磯城・磐余地方に存在する古代遺跡と文献学との関連研究」を進めている過程で出会った吉備池のほとりの遺跡は、紆余曲折の末、百済大寺跡の可能性が高い遺跡となったが、さらなる現地調査と、百済大寺の議論を深めると同時に、飛鳥に移建された高市大寺、大官大寺へと変遷する過程についても実証的な研究を進めていくことが必要だろう。

若草伽藍から百済大寺へのつながり

最後に述べておきたいのは、『大安寺資財帳』縁起の部分についてである。ここには田村皇子（舒明天皇）が臨終近い厩戸皇子（聖徳太子）を見舞ったときの会話の模様が記されている。少し長くなるが要約しよう。

推古天皇が田村皇子を召して、飽波葦垣宮《あくなみあしがきのみや》に厩戸皇子を訪ね、病状とともに、その願いを聞いてくるようにと言われた。田村皇子が述べた厩戸皇子からの返事は「私は天皇のおかげで思い残すことはありません。ただ熊凝村《くまごりむら》にある道場を過去の帝皇、将来の帝皇のために大寺として営んでほしいことを願うのみです」ということだったので、推古天皇はそれを了承した。

その後田村皇子は三日間にわたって個人的に飽波に通い、厩戸皇子の病状を尋ねた。上宮皇子（厩戸皇子）は田村皇子に「私はとてもうれしく財物を与えたいが、財物は長く保つことはできない。しかし三宝は長く伝えることができるので、熊凝寺をあなたに与えよう。ただし、三宝の法は永く伝えてほしい」と告げた。田村皇子は大いに喜んで再拝して「仰せのとおり皇祖および代々の天皇のために妻子を率いて守ることをお約束いたします」と答えた。こののち、推古天皇が崩御する日に田村皇子に対して、「私の病は重いので今汝に位を授けよう。上宮皇子とともに私の熊凝寺を授けるので、この寺を後世に伝えよ」と仰せられた。よって田村皇子は天皇となり、十一年春二月、百済川の辺に九重塔を建て、三百戸の封を入れた。その寺を百済大寺という……。

これは縁起であり、もちろんすべて事実であるとは考えられないが、時代が下って『日本三代実録』（一〇世紀初め成立）、『扶桑略記』には平群《へぐり》郡にある熊凝精舎（寺）を移したのが百済大寺であると記している。また鎌倉中期に成立した『聖徳太子伝私記』には、「平群郡の額田部郷にある額田寺《ぬかたでら》は熊凝寺であり、今の大安寺の本寺である」と記されている。少し複雑ではあるが、以下のとおりにまとめることができよう。

　額田寺の後身と考えられる額安寺《かくあんじ》は、大和郡山市の額田部町に現在も法灯を守っているが、飛鳥時代に隋、唐からの使者を迎える役割を担っていた額田部氏の氏寺とみられ、また推古天皇も即位前には額田部皇女と名のっていたように、この氏族とは深いつながりをもっていたとみられる。現在も額安寺の近くに、推古天皇を祭神とする推古神社が存在している。

　この寺および周辺の奈良時代の状況は、天平宝字年間（七五七〜七六五）に製作されたとみられる「額田寺伽藍並条里図」（国宝）によって知ることができる。この地は厩戸皇子の飽波葦垣宮からもさほど遠くはない。伽藍図には中門と正面の金堂が回廊によってつながり、その後方に講堂があり、塔は中門の南東部に三重塔として描かれている（図30）。一見するとこの配置は、百済大寺の後身の大官大寺に共通している。大官大寺の塔が回廊の内部にあるのに対して、額田寺の塔は回廊の外に位置している。この配置は時期差をあらわすもので、当然のことだが、大官大寺の形式から額田

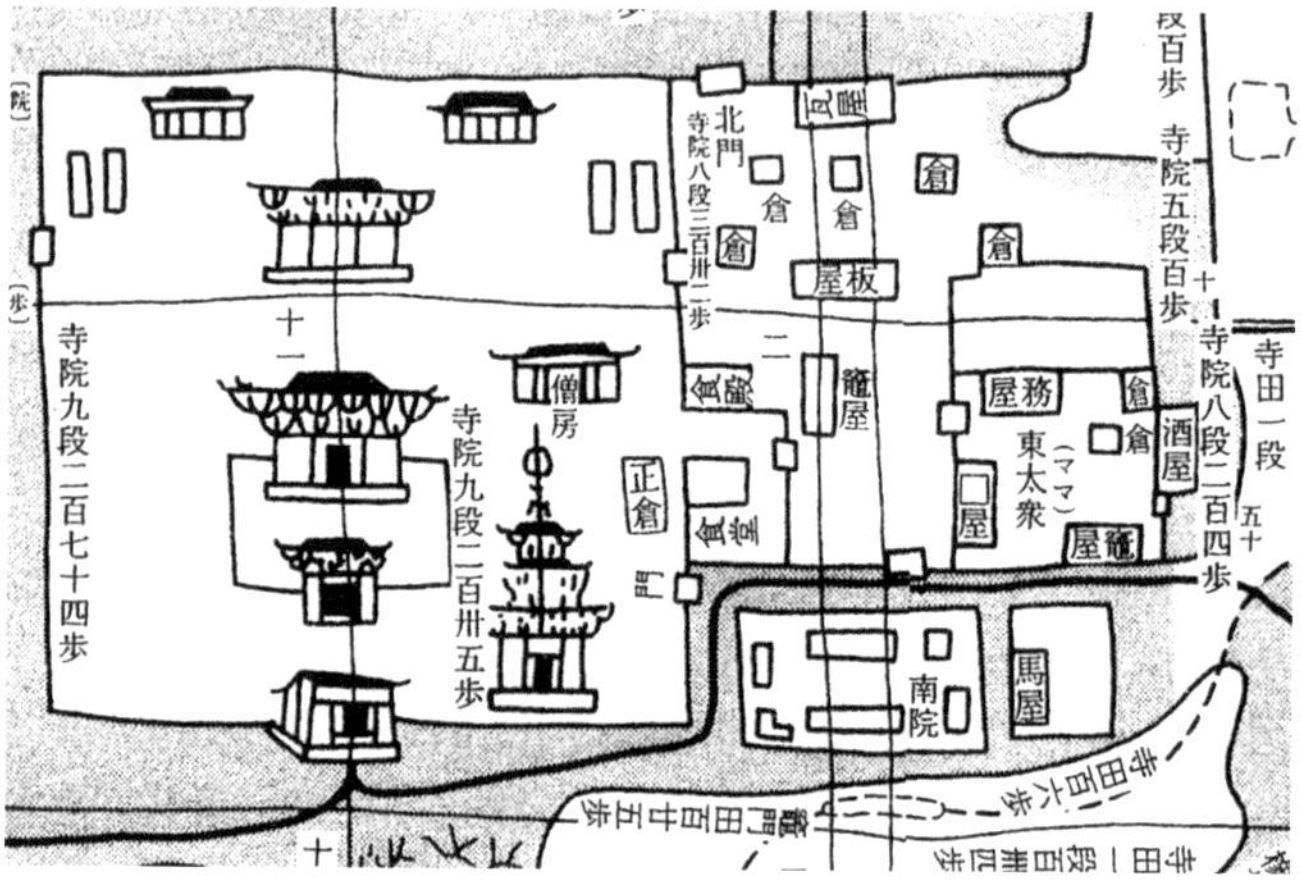

図30　「額田寺伽藍並条里図」にみえる伽藍配置

寺の形式へと変わっていったものである。

大官大寺は平城遷都後、大安寺へと姿を変え、塔も回廊の外に東西両塔をもつようになった。奈良時代の大安寺を代表するといってもよい僧侶に道慈《どうじ》がいる。第八回の遣唐使に加わり、唐の都長安の西明寺で三論を学び、仁王般若経を講ずる高僧百人の一人に選ばれた人物である。一五年の留学生活ののち、養老二年（七一八）に帰国し、奈良の仏教界に多大な影響を与えた道慈は、実は額田部氏の出身で、額田寺とも深いかかわりがあったとみられる。

これまでおもに文献を中心に考えてきたが、ここからは残された遺跡や遺物から考えてみよう。

現在の額安寺の境内には、額田寺の金堂の跡の上に建てられたとみられる本堂の他に、顕著な遺構はみられない。しかし、伽藍図を念頭において境内を歩くと、当初の姿を思い浮かべることができる。塔の跡の周辺は現在池になっているが、その中央にある小さな島には鎌倉時代の文応元年（一二六〇）銘のある宝篋印塔《ほうきょういんとう》が立っている。現在まで本格的な境内の発掘調査はおこなわれていないが、庫裏《くり》などを建築するに先立っておこなう小規模な調査は幾度かあり、私も三度ばかり発掘を経験している。古代の建物を確認できることはないが、整地土の中からは飛鳥時代、奈良時代、鎌倉時代の瓦や土器片がみつかり、まさに熊凝寺→額田寺→額安寺という変遷に対応するような遺物が出土するのである。大和の中世の集落や寺院が自衛手段として造った土塁や環濠の痕跡がこの寺にもあるが、土塁の西側に掘られた環濠の中から中世の土器に混じって一点の手彫りの忍冬唐草文軒平瓦の破片がみつかった（図31—2）。一九七八年の調査時だった。この手彫りの忍冬唐草文軒平瓦は、斑鳩の若草伽藍（斑鳩寺）から出土する第Ⅰ期とおなじ種類のもので、他の寺院で目にすることは、ほとんどない（図31—1）。若草伽藍にはこの文様をスタンプで押した、やや時期の下がる軒瓦も出土している（図31―3）。この瓦は第II期とされておりI期が金堂、II期が塔に用いられたとみられている。

額安寺から出土する飛鳥時代前期の軒丸瓦は、今のところ若草伽藍と共通するものは上記のもの以外確認されていないが、飛鳥時代後半の複弁八弁軒丸瓦、忍冬唐草軒平瓦は、いずれも斑鳩地域に分布している法隆寺式軒瓦と同じもので、この額安寺境内一帯も斑鳩文化圏と捉えてよいであろう。奈良時代になるとやはり大安寺式の軒瓦が目立ち、文献との間に矛盾はみられない。

また若草伽藍の忍冬唐草文軒平瓦の第II期の影響のもとに造られたとみられる瓦が、舒明天皇創建の百済大寺（吉備池廃寺）の軒平瓦の主要瓦として用いられているのである（図31―4）。

これらの事実をもとに復元すると以下のストーリーがみえてくるのである。まず厩戸皇子によって七世紀初頭に創建された若草伽藍（斑鳩寺）は、軒平瓦のなかでも、もっとも初期に位置付けられる手彫りの忍冬唐草文第I期の形式が用いられた。金堂の所用瓦とみられ、つづいて塔に使用されたのが第II期のスタンプを用いたもので、百済大寺の瓦はその進化形とみることができる。額安寺出土瓦は一点のみだが、若草伽藍の第I期の形式に通じるものである。このきわ

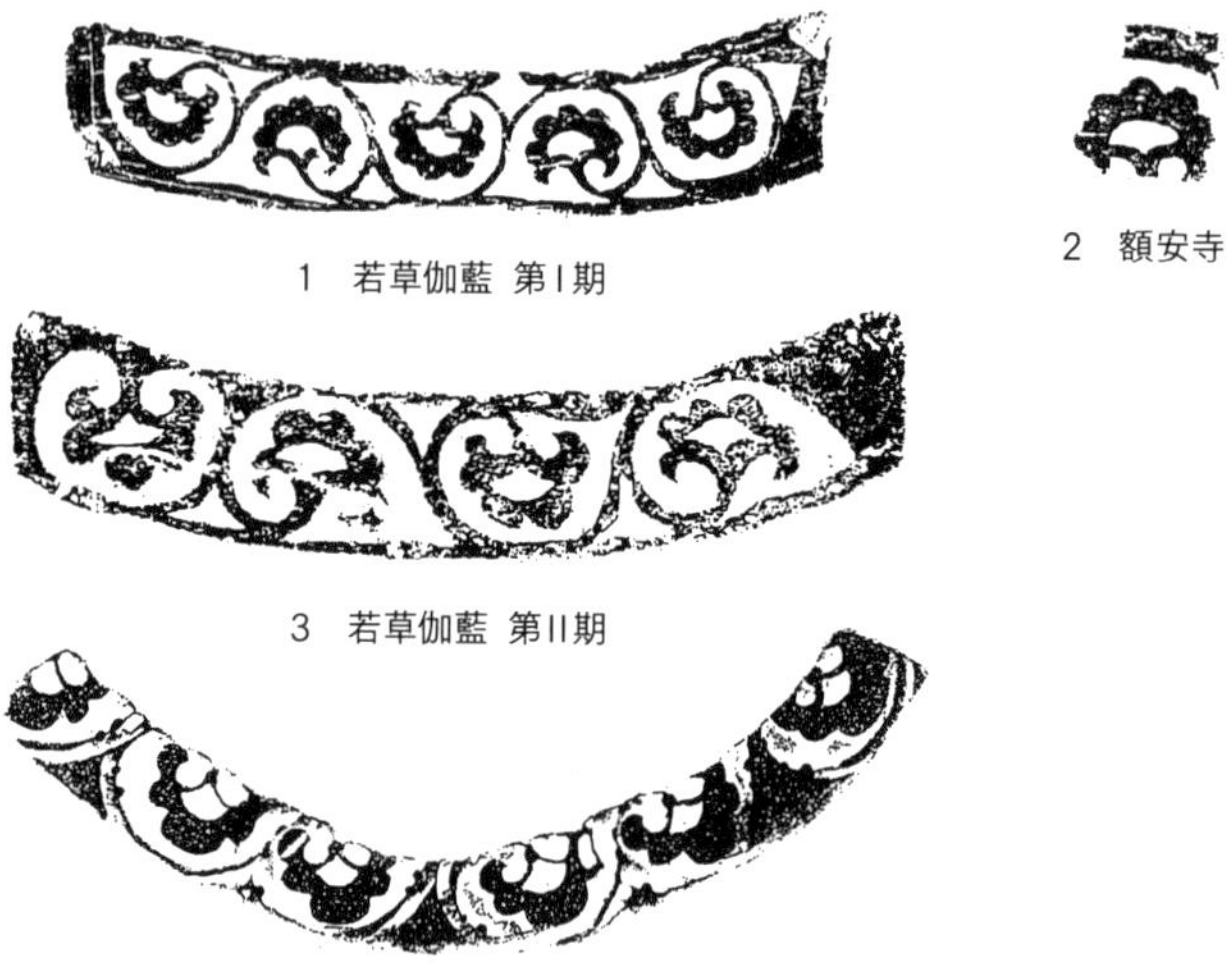

2　額安寺

1　若草伽藍 第I期

3　若草伽藍 第II期

4　吉備池廃寺

図31　忍冬唐草文軒平瓦

めて特徴的な瓦は、他ではほとんどみることはできず、三寺院のつながりが考えられる。つまり若草伽藍から額田寺（熊凝寺）、そして百済大寺へのつながりである。奈良時代の『大安寺資財帳』の記述も、遺構、遺物からみても矛盾はない。ちなみに現在の額安寺の山号は熊凝山である。

二つの大官大寺

文献から見た大官大寺

天香具山の南約五〇〇メートルのところに、大官大寺跡がある。あたり一面は、まだのどかな田園風景が残り、今も水田の中に塔跡と講堂跡と伝えられている大規模な基壇の高まりがみえる。先述したように国家の寺として初めて造られたのは、舒明天皇の百済大寺で、高市大寺を経て大官大寺となる。ここでもう少しその過程をたどってみよう。

舒明天皇の崩御後、皇極天皇は夫の遺志を継ぎ、百済大寺の再建を進めたようだが、この寺を完成させたかどうかはわからない。しかし、大化元年（六四五）に即位した孝徳天皇は、百済寺主の任命をおこなっていることから、造営はつづいていたと思われる。そして、天智天皇七年（六六八）には、丈六釈迦像が天皇によって寄進されている。

しかし、この四年後の六七二年に起こった壬申の乱に勝利した天武天皇は、翌二年（六七三）に飛鳥浄御原宮で即位すると、十二月十七日、美濃王《みののおおきみ》、紀臣訶多麻呂《きのおみかたまろ》を高市大寺《たけちのおおてら》の造寺司《ぞうじし》に任命しているのである。このことは、天武天皇がクーデター以後におこなった政策転換の一つとみてよいだろう。つまり大寺を百済から高市に移したのである。そのことは『大安寺資財帳』にも記されている。当初は百済大寺と同じく高市大寺も地名を冠していたようだが、天武六年（六七七）に「大官大寺」と改称している。

『日本書紀』には、天武天皇十一年（六八二）八月二十九日に百四十人余りがこの寺で出家したことが記され、『大安寺資財帳』『日本書紀』ともに、朱鳥元年（六八六）五月十四日には、天武天皇の病気平癒を願ってか、食封七〇〇戸、税三〇万束を納めるなど、天武の時代に大官大寺がとくに重要な寺院として存在していたことがわかる。持統天皇六年（六九二）には大官大寺に資財や奴婢を施入したこと、また寺主恵勢法師に命じて鐘を鋳造したことが記され、天武天皇亡き後も、寺格を誇っていたことがうかがえる。

ところが次の文武天皇になると、『続日本紀』『大安寺資財帳』には大安寺を造営したことが記されているのである。この大安寺とは大官大寺のことで、平城京への遷都とともに移ったこの寺を、奈良時代以降は大安寺と呼んだことから、『続日本紀』『大安寺資財帳』では、藤原京時代の大官大寺も大安寺と表現しているのだ。

文武天皇の即位後の大宝元年（七〇一）六月一日には大安寺で僧尼令が説かれ、大宝二年（七〇二）八月四日には、高橋朝臣笠間《たかはしのあそんかさま》を造大安寺司に任じていること、また『大安寺資財帳』には文武天皇時代に「九重塔を造り、丈六仏を造った」とあることなどから、この大安寺でも新たに大規模な造営が始まったことがうかがえる。

ここで私が「この大安寺」と強調したのは、実は残された文献の中に矛盾がみられるためである。先に述べたように、遷都とともに大官大寺も平城京に移された。奈良時代後期の優れた学者だった淡《おう》海三船《みのみふね》が記した『大安寺碑文』等には、和銅三年（七一〇）に移したとあるが、『続日本紀』にはまったく記載がなく、平安時代末に書かれたとみられる『扶桑略記』には、和銅四年（七一一）に大官大寺と藤原宮が焼亡したとあるのだ。しかし、『続日本紀』『大安寺資財帳』のどちらにもこの火災についての記録はない。

『続日本紀』の霊亀二年（七一六）五月条に、元興寺（飛鳥寺）を左京六条四坊に遷したことがみえるが、この場所はまさに平城京の大安寺の位置にあたっていること、また『続日本紀』の養老二年（七一八）に法興寺（飛鳥寺）を平城京に遷すとあることから、『続日本紀』の霊亀二年の元興寺を遷したという記載は誤記であり、この時に大安寺が移建されたとの見方が強かった。

藤原京の大官大寺の発掘調査

大官大寺跡の研究は江戸時代から始まっており、藤原京跡に残されている土壇や地名などからさまざまな見解が出されてきたが、ついに発掘調査によってその実態が明らかになった。調査は一九七三年から一九八二年までの一〇年間にわたって奈良国立文化財研究所によっておこなわれた。

発掘面積は実に一・七ヘクタールにおよび、寺域全体の約一七パーセントを占めた。寺院跡の発掘調査ではもっとも規模の大きい調査の一つといえる。

回廊に囲まれた中心伽藍の範囲にしても、南北一九七メートル、東西一四四メートルの規模を誇り、飛鳥の他の寺々にくらべて格段に大きく、その名のとおり大官《おおきつかさ》の大寺《おおてら》の往時の威容を彷彿させるに充分だった。

それまで私たちが目にしていた地上の二つの土壇は、長い間塔跡と講堂跡とみられていた。つまり金堂は塔の西に位置する法起寺式の伽藍配置が想定され、金堂の基壇は削平されてしまったのでは、との見方もあった。しかし、北にある大型土壇のさらに北から、同規模の建物跡が発掘調査によって確認されたことによって、今までみてきた大型基壇は金堂跡で、新たに知られたのが講堂跡であることがわかったのである。また塔の対称位置にあたる西側部分も発掘したが、なんら痕跡はなく、当初からそこには建物は存在していなかったこともわかった。

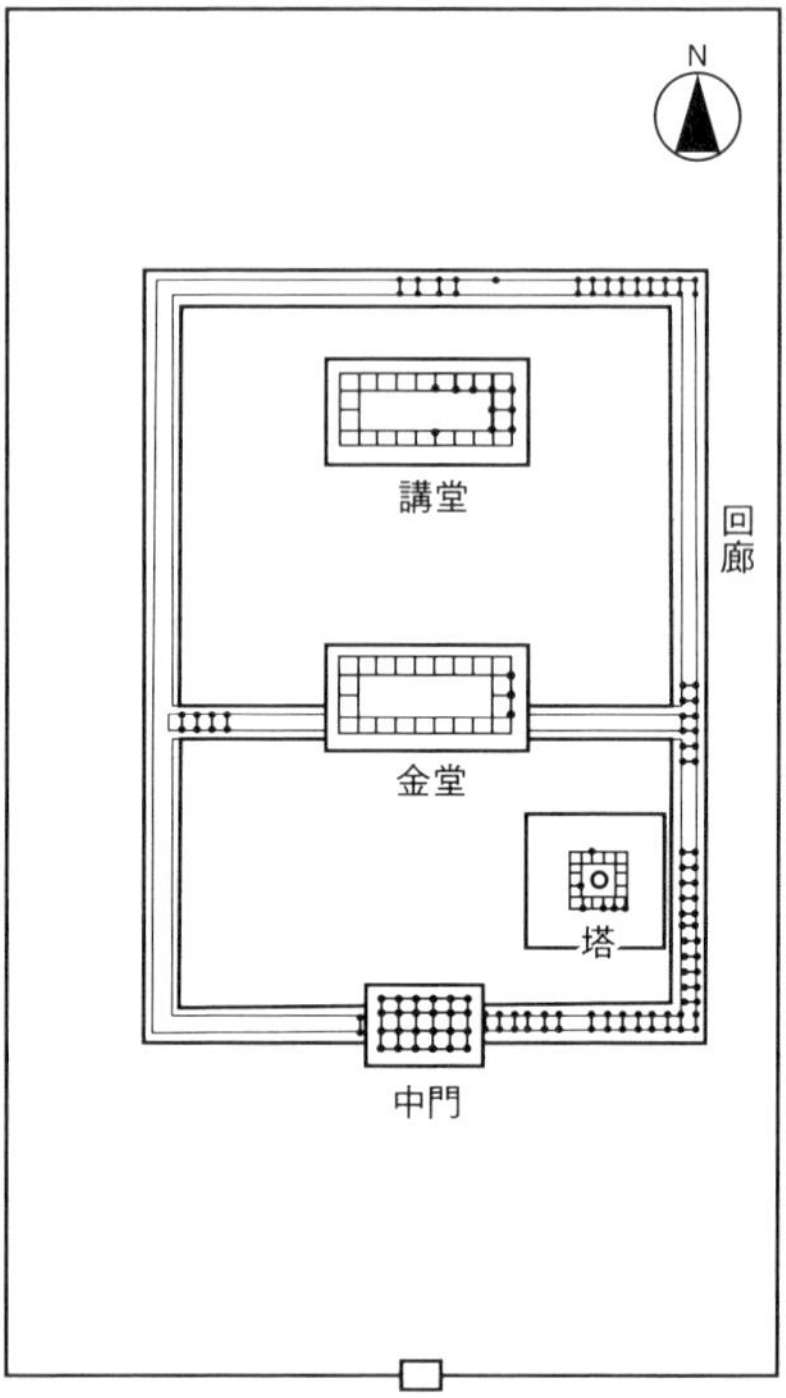

図32　藤原京の大官大寺の伽藍配置

藤原京の大官大寺の伽藍配置

その結果、大官大寺は中門、金堂、講堂が一直線に並び、金堂の東南部に塔を置く、一塔一金堂の配置であることが明らかになった（図32）。しかし、この伽藍は塔の西側の対称の位置にもう一基の塔を設ければ、薬師寺式伽藍配置になり、形式的にも落ち着いた形になる。これについては、当初から計画がなかったのでは、またはなんらかの事情で西塔を建造しなかったのでは、と見解の分かれるところだが真相はわからない。

金堂、講堂は九間（四六メートル）×四間（二一メートル）で四面に庇《ひさし》が付いている。法隆寺や山田寺などの飛鳥時代の寺の金堂の間口が一五メートルほどであることからも、この寺の規模の大きさがわかるだろう。基壇は凝灰岩を用いた豪壮なものだったが、講堂は金堂にくらべて一段低く造られていた。塔は初層の一辺が約一五メートルで、法隆寺の五重塔の二倍半、薬師寺の三重塔の二倍の規模で、復元すれば、記録に残されているような九重塔であったと思われる。

金堂、講堂の規模や構造は飛鳥時代のものよりも、むしろ平城京以降の南都の寺院と共通点をもっている。その一方で、中門は五間×三間で、中央の一間に単廊が取り付く点などは、飛鳥時代の要素をもっていた。

この大官大寺の建立時期は、建築的な特徴から、飛鳥時代から奈良時代への過渡期の姿がうかがえる。また、藤原京の都市計画と関連していること、金堂と講堂を除く主要な伽藍が未完成のまま焼失していることなども、発掘調査で明らかになった。

その焼失時期は、出土土器から奈良時代の初めと見られ、『扶桑略記』に記された、和銅四年（七一一）の大官大寺の焼亡記事を裏付けることになった。

発掘された塔跡は、建物は完成していたが、基壇を化粧する前に焼け落ち、中門、回廊は建設途中に工事のための足場とともに焼亡したことなどがくわしく知られた。

この寺に葺かれた屋根瓦（**図33**）は、大官大寺式と呼ばれる大型の瓦だが、それぞれ微妙に時期差が認められ、建物の造営順を追うことができる。その結果、金堂、講堂、塔、中門、回廊の順に葺かれたことがわかった。そこから講堂が塔よりも早く建設され、金堂とともに完

図33　大官大寺の軒瓦

成していたことが明らかになった。一般的には、講堂は塔より後に建設されるが、この事実は官の大寺として、政治的な機能をもっていたと思われるこの寺の特別な役割を示しているのかもしれない。

二つあった大官大寺

発掘調査の後半で、金堂基壇の築造状況を知るために、基壇内のトレンチ調査をおこなったところ、基壇の下層から思ってもいなかった七世紀後半の土器がみつかり、この寺院のなかで最初に建てられた金堂も、天武朝までさかのぼらないことが明らかになったのだ。

『日本書紀』や『大安寺資財帳』には天武天皇の時代に、飛鳥の筆頭寺院として登場し、数々の仏教行事をおこなった大官大寺の記事がみえるが、藤原京の大官大寺は、その大官大寺ではなく、これらの遺構は『続日本紀』『大安寺資財帳』記された文武天皇の時代に建立された金堂、九重塔に相当するものとみられる。つまり、大官大寺は二つ存在したのである。

平城京に移って大安寺となった伽藍には、天智天皇が百済大寺に納めた丈六仏像や天武・持統天皇が大官大寺に施入した経巻などが現存している。しかし文武天皇時代のものは残っていない。平城遷都時に大安寺に移された品々は、天武天皇時代の大官大寺（高市大寺）のものであって、当然のことながら焼失した文武天皇時代の大官大寺の品はないわけである。

この発掘調査によって、今までの疑問が解消されたものも多いが、新たにもっと大きな謎が生まれることになった。それは天武天皇時代に造られた大官大寺（高市大寺）はどこにあったのだろうか、ということである。多くの研究者が意見を出しているが、まだ確証は得られていない。日本が国家として誕生した天武天皇時代に、政策をおこなっていくうえで大きな支えとした仏教の中心寺院であった大官大寺（高市大寺）は、飛鳥のどこかの地中にまだ眠っているのかもしれないのだ。

初期密教と義淵　岡寺

飛鳥の小さな盆地の東方の丘の中腹に、朱色の鮮やかな塔がたたずんでいるが、これは近年再建された岡寺の三重塔である。石舞台古墳や島勾池《しまのまがりのいけ》跡の横の道を北に下り、古く落ち着いた飛鳥の町並みを少し進むと、右手に石造りの鳥居が現れる。そこをくぐり東の坂道を上りつめたところに岡寺はある。

飛鳥の古寺には先にも述べたように、地名を冠するものが多いが、同時に法号をもっている。岡寺の法号は龍蓋寺《りゅうがいじ》である。山門を入ると正面に清水をたたえた小さな池があるが、この寺の開基とされる義淵《ぎえん》僧正が、民を苦しめる龍を法力で封じ込め、大岩で蓋をしたという伝説がある。池の中央には、しめ縄をめぐらせた岩が頭をのぞかせているが、この下に龍が棲《す》んでいるのだろうか。

現在は西国三十三所観音霊場の第七番の寺として参拝客が絶えないが、本尊の如意輪観音像は像高四・八五メートルもある我が国最大の観音塑像で、奈良時代末期の作と言われている。

開基の義淵については『今昔物語集』第十一の「義淵僧正始めて龍蓋寺を造れること第三十八」に、次のような説話が残されている。

「今は昔、天智天皇の御代に義淵僧正という人がいた。俗姓は高市郡に住む阿刀氏だが、両親に子供がなく、長年観音に祈っていると、庭の柴垣の上で泣く高貴な子供を授かった。夫妻は大切に育てたが、そのことを聞いた天智天皇は、自分の養皇子として引き取った。長じた皇子は出家し、興福寺

（厩坂寺《うまやさかでら》）の僧となって、大宝三年（七〇三）には僧正になり、育った土地に伽藍を建て、如意輪観音像を祀った。今の龍蓋寺がそれであり、霊験があらたかである」というのが要約である。

もちろん物語であり、興福寺は山階寺《やましなでら》として藤原鎌足夫人の鏡大王《かがみのおおきみ》が夫の病気平癒を願って京都の山科で創建したのに始まる。やがて飛鳥に戻って厩坂寺となり、平城京への遷都とともに、現地（奈良）に移った寺である。

このように義淵は伝説的な出自をもつが、実在した僧で、東大寺の良弁《ろうべん》、入唐して活躍した玄昉《げんぼう》などの師としても知られる高僧である。しかし、史実と照らし合わせて見ると『今昔物語集』には矛盾がある。それは今も残る如意輪観音像は明らかに義淵の時代よりは新しいものであるし、現在の岡寺の境内からは七世紀終わりから八世紀初めの遺物がみつかっていない。しかし、義淵が龍蓋寺を創建したという史料は、平安時代の前期に成立した『諸寺縁起集』の中にもみえることから間違いないだろう。

それでは義淵が建てた伽藍、最初の岡寺はどこにあったのだろうか。そのことは戦前からも注意されていたことで、岡の集落から登ってくる途中の北側にある、八幡神を祀る治田《はるた》神社の

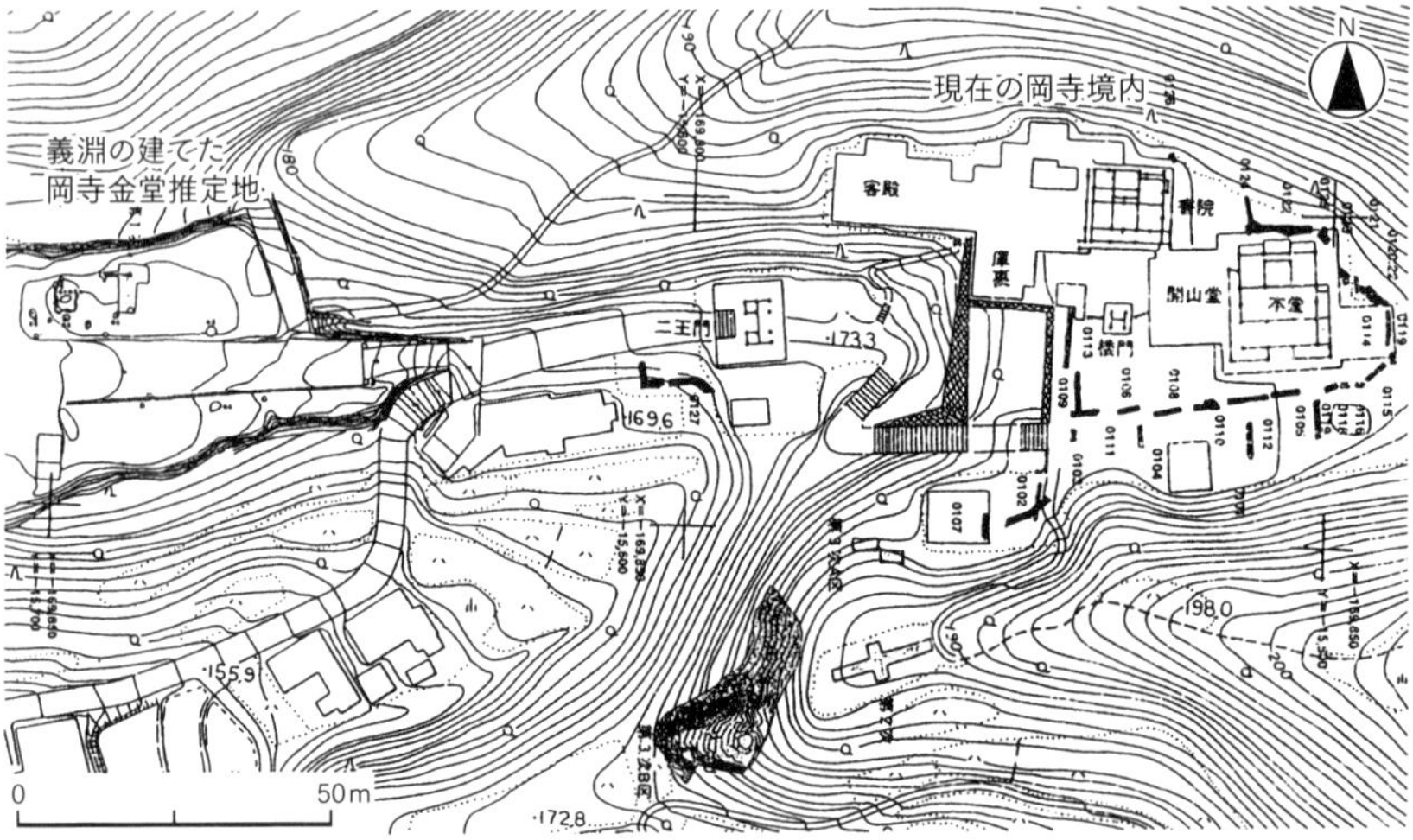

図34　岡寺の境内と調査区

境内地がその有力な候補地とされていたのだ。そこには加工した礎石や、七世紀末の軒瓦を含む瓦片が多くあったことを、保井芳太郎が名著『大和上代寺院志』にくわしく述べている。近年になって橿原考古学研究所が一部発掘調査をおこなった結果も、保井説を裏付けるものだった（図34）。

治田神社周辺からは、葡萄唐草文《ぶどうからくさもん》軒平瓦という珍しい瓦が出土している（図35）。この瓦は五弁複弁蓮華文軒丸瓦とセット関係にあり、その分布は南大和の山岳地帯、もしくは山麓の寺院の一部に限られている。モチーフになった葡萄唐草文は、もちろん遙かシルクロードの彼方から伝わった新しい文様である。高松塚古墳や法隆寺五重塔の心礎付近で出土した海獣《かいじゅう》葡萄《ぶどう》鏡は、唐からの舶載品だが、そこに刻まれた葡萄文とも共通している。この文様のなかでも、もっとも初源的な文様が治田神社付近から出土する瓦で、それが岡寺の瓦ということは、これら山岳寺院の性格を考えるうえでも重要な点であろう。

仏教が日本に伝わって一五〇年が経とうとしていたこの時代、仏教界でも新しい動きが活発になってきていた。天武天皇によって進められた造寺活動は、仏教を国を治める政治の支え、つまり鎮護国家の柱としようという考えに基づいていた。ちょうどその頃、都周辺の大寺院の僧たちが山林修行をするということが増えてきた。役行者《えんのぎょうじゃ》、行基《ぎょうき》といった人たちも、そのような社会情勢のなかから誕生してきたともいえるだろう。その中心にいたのが、義淵であったのではないかと私は考えている。吉野の龍門寺も義淵が開基とされ、五弁複弁蓮

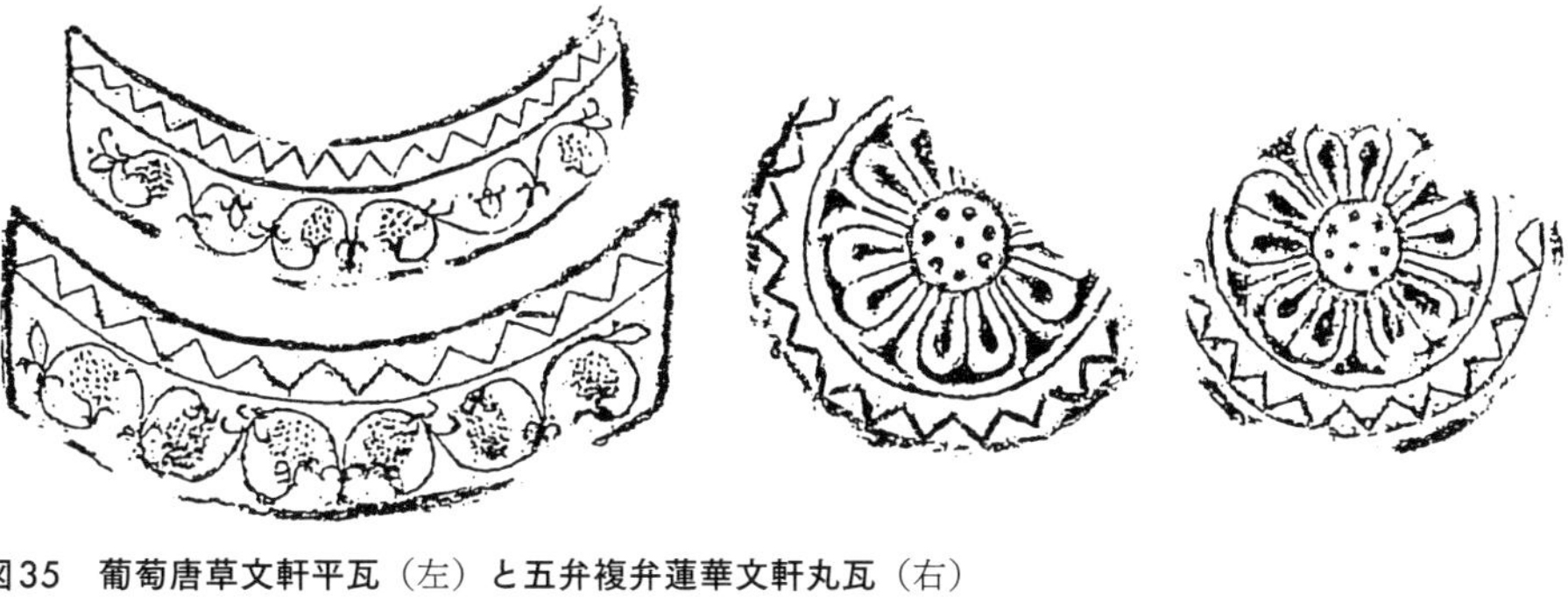

図35　葡萄唐草文軒平瓦（左）**と五弁複弁蓮華文軒丸瓦**（右）

華文の軒丸瓦が出土している。

インドでは五、六世紀からヒンドゥー教が盛んになり、仏教のヒンドゥー教化が進み、やがてそれを日本に伝えた空海によって、密教として大成するが、七世紀終わりから八世紀にかけて、もうすでに原初的な密教（雑密《ぞうみつ》）は伝わっていた可能性が高い。義淵の出生に関する物語に神秘性が付加されているのも、新しい仏教の胎動と関連するのかもしれない。

岡寺に参詣するきつい坂道の途中にある治田神社の一角で、一服しながらこのようなことに想いを馳せるのもよいのではないだろうか。

東漢氏の寺　檜隈寺

近鉄飛鳥駅から東にまっすぐそのまま進むと、高松塚古墳に向かうが、道は途中で右にカーブして南に向かっている。この道をさらに進むと阿部の集落に着くが、その手前左手の丘の中腹にあるのが、壁画古墳で知られるキトラ古墳である。

現在、この一帯はのどかな田園風景が広がっているが、古墳時代後期から飛鳥・奈良時代にかけては当時活躍した東漢直《やまとのあやのあたえ》氏の本拠地だった。『続日本紀』宝亀三年（七七二）四月条に「坂上大忌寸《さかのうえのおおいみき》苅田麻呂《かりたまろ》を大和国高市郡司に任じたが、彼の先祖は阿知使主《あちのおみ》で、一七県の人びとをともなって来朝し、高市郡檜前《ひのくま》村を賜ってここに住むことになった。現在郡内には、檜前忌寸および一七県の人以外は一〇人のうち一人か二人だ」と記されている。これは上表文に記されたことが元になっているため、幾分か誇張はあろうが、ここはまた「今来郡《いまきのこおり》」とも呼ばれ、深い知識や高度な技術をもった渡来系の人びとが多く住んだところだった。彼らは蘇我氏とともに飛鳥時代の文化を支えていた。ちなみに初代の征夷大将軍となった坂上田村麻呂もこの地を故郷としている。

この檜隈の小盆地の西の丘陵北端近くに、鎮守の森のように木々の目立つ一角がある。そこに祀られているのが阿智使主《あちのおみ》で、神社の名は於美阿志《おみあし》神社という式内社《しきないしゃ》である。式内社というのは、平安時代の延喜五年（九二七）にまとめられた『延喜式』の中に名前を記されている神社のことで、すでにこの時代に存在し、国家が官社と認めている神社のことをいう。

西に面した社殿の右手、つまり南側に平安時代末期の十三重の石塔が建っている。二上山系の凝灰岩で造られた石塔は現在十一重までしか残っていないが、約五メートルの高さをもつ大規模なもので、明治四十二年（一九〇九）に重要文化財に指定されている。社殿の横に仏塔が建っているということは、かつてここに寺院があったということである。実はこの石塔は、飛鳥時代の大きな塔跡の中心部分に再建されたものである。式内社の於美阿志神社が、いつの頃からこの地に移ったかはくわしくはわからないが、飛鳥時代から平安時代末期頃まではここには寺院があった。『日本書紀』の朱鳥元年（六八六）八月二十日条に、「檜隈寺、軽寺、大窪寺に三十年に限り、それぞれに百戸を給う」という記事があることから、この寺跡を檜隈寺とみて、朱鳥元年には存在していたとの見方がおおかたの見解である（一四六ページ**図49**参照）。

一九六九年にこの石塔の解体修理がおこなわれ、それにともなって地下の発掘調査も実施された。半地下式の心礎の上には中世の四耳壺《しじこ》が置かれ、その中には中国製の青白磁合子と、ガラス製の小容器を入れたものが安置されていた。四耳壺は石塔よりも時期が下るため、中世以降の石塔修理の際に再埋納されたものだろう。

少しくわしく状況を記述したのには理由がある。それは、この石塔から納入品が発見されたことから、塔の基壇の発掘調査がおこなわれることになり、私がその担当を命じられたからだ。橿原考古学研究所に勤務するようになってまだ三カ月の九月二十四日からで、もちろん一人での発掘調査の経験もなく、不安の毎日だった。しかし、石塔修理を担当していた奈良県文化財保存修理事務所の方々や時折訪ねてくれる先輩方の助言を得ながら、ほぼ一カ月で無事調査を終えることができた。

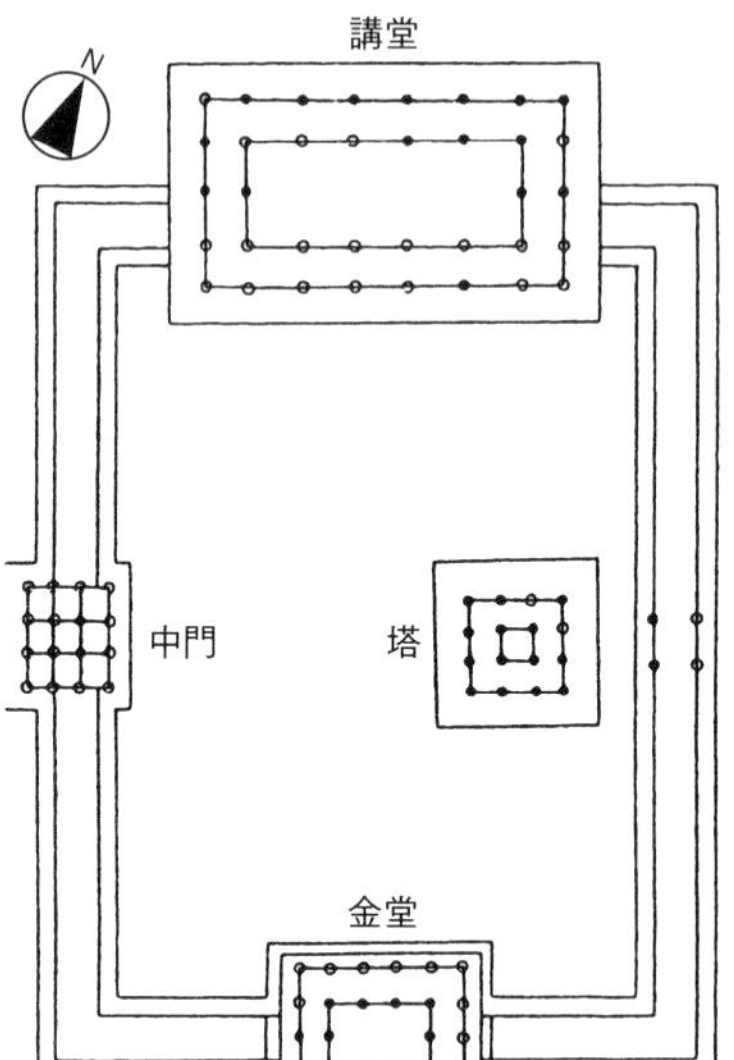

図36　檜隈寺の伽藍配置

檜隈寺の発掘調査は、この塔の調査をはじめとして金堂跡、講堂跡などが奈良国立文化財研究所によっておこなわれ、特別な伽藍配置をもった寺院であったことが、しだいに明らかになった。

現在も塔、金堂、講堂は基壇の高まりがよく残っており、発掘調査がおこなわれる前までは、南の金堂を中門とみて、塔の西に金堂を置く法起寺式伽藍配置と考えていたが、そうではなく西側に中門を配置した類例のない伽藍であった（図36）。現地を訪ねてみれば、なるほどと理解できるのは、この丘陵の東西幅が狭いことである。古代寺院は南面するのが通例で、この寺もそのような意図で造られているが、塔の位置をずらし、門を西側に置くという苦肉の策を講じたのだろうか。

今、講堂跡の上に立つと檜隈の小盆地一帯を見渡すことができ、東漢直一族がこの丘の上に氏族を守る寺を建てたのだろうということが伝わってくる場所でもある。

この寺跡の南北の高台では現在も発掘がおこなわれ、当時の建物が次々とあらわれ、今来郡の往時の姿が浮かびつつある。

国の仏教へ

三輪山の神から遠ざかり、飛鳥の地に移った政権を支えた蘇我氏は、百済からもたらされた仏教をめぐる物部氏や中臣氏などとの政争に勝利し、仏教の流布を積極的にすすめた。それは、もちろん信仰としての仏教だけではなく、多くの新しい技術や思想もともなっていたのである。

蘇我氏は仏教伝来から半世紀を経た五八八年に、飛鳥寺の大伽藍を建立した。そして蘇我氏のみではなく渡来系氏族をはじめ、飛鳥時代の有力豪族も競って寺院の建立を始めたのである。釈迦の舎利信仰から始まった仏教は、やがて仏像信仰へと変化してゆく。それは伽藍配置に具現され、飛鳥時代の寺院の変遷にもみられる。

有力豪族の氏寺の性格が強い飛鳥時代の寺院に大きな変化がみられたのは、蘇我氏系ではない舒明天皇が六三九年に詔を出した百済大寺の建立であった。第一回の遣唐使の帰国によって得た、国家によって建立された寺院が存在するという知識をもとにした、新しい寺院である。

そこには仏教儀礼とともに国家的な行事もおこなうことも含まれていた。やがてその姿勢は天武天皇に引き継がれ、高市大寺、大官大寺、さらに平城京への遷都後の大安寺へとつづいていったのである。

王たちの奥津城

飛鳥の終末期古墳

一年に何度かは、春や秋ののどかな飛鳥路を歴史好きの人たちと歩く機会がある。美しいレンゲ畑や黄金色に輝く稲田の周りに、なだらかな丘陵がつづくのが飛鳥の南郊の風景である。そんな中を歩いていると、「あの丘の上の高まりも古墳でしょう。飛鳥には古墳がいっぱいありますね」とか「高松塚のような古墳は、まだいくつも埋まっているのでしょう」といった意見や質問が必ず飛んでくる。

確かに高松塚古墳の壁画発見のあと、マルコ山古墳、キトラ古墳、束明神《つかみょうじん》古墳など、それぞれ特徴をもった終末期古墳の調査がつづいた。そのうえに古くから知られている中尾山古墳、牽牛子塚《けんごしづか》古墳、野口王墓《のぐちのおうのはか》古墳を加えれば、終末期古墳のオンパレードだ。

興味をもつ人たちが、いたる所で古墳の幻影を見ることも無理のないこととも思えるが、しかし、この一帯に分布するのは、古墳時代の最終末期（七世紀末～八世紀初め）のもの、つまり全国のほかの地域では、もうほとんど古墳が造られなくなった時期の古墳である。ひと昔前の六世紀には、狭い範囲に数十基から数百基の小型古墳が密集する群集墳が各地に造られていたことを思えば、この百年足らずの間の変化は大きかった。

七世紀に入ると、遣隋使や遣唐使の派遣などにみられるように、この国でも大陸の先進文化や制度を積極的にとり入れていった。その中心となったのが律令制度であった。法律や規則によって国をまとめ、統治していこうということである。今までは各地の有力豪族の合意によって多くのことは進められてきたが、これからはそうはいかない。土地も人びとも公のもの、つまり公地公民制度が推し進められていったのである。

七世紀後半になって急に古墳が少なくなることも、この制度と深いつながりがあると私はみている。なかでも、もっとも重要だったのが土地問題だった。古墳を築くということは、言い換えれば広い土地を使って埋葬し、永久にその土地を私有化することである。つまり、規模の大きい古墳や群集墳を造ることは、律令制度とは相反する行為だったのである。政府としては、まず土地を直接支配するために、あの手この手を使ってことを進めていった。

なかでも天武天皇亡き後、夫を継いで女帝になった持統天皇は、さらに徹底させたようだ。『日本書紀』によると、持統天皇五年（六九一）に、大三輪氏をはじめ十八氏の豪族に対して、先祖の墓記（墓に関する資料）を提出させている。これは土地の再編成をうかがわせる記事とみてよい。それより以前の持統天皇三年（六八九）には、豪族側からの抵抗を思わせる出来事もあった。ところは、大阪府南部の聖徳太子墓や推古天皇陵のある磯《し》長谷《ながだに》である。その一角に「采女竹良《うねめのちくら》塋域碑《えいいきひ》」という石碑が立てられたのだ。そこには「この地は先祖代々我が氏族の墓地として引き継いできたところなので、みだりに立ち入ることを禁ず」といった内容のことが刻まれていた。ここに、政府の強行する墓地政策に対する守旧派の姿の一端をみることができよう。

このように天武・持統朝で徹底的な墳墓統制がおこなわれた結果、一部の例外を除いて、七世紀の後半に古墳の築造は終末を迎えたのである。そのようななかで古墳が造りつづけられたのが、この飛鳥の西南の丘陵地帯だった。現在確認できる古墳は十基余りでそんなに多くはない。しかし天武天皇が即位してから、平城京へ遷都するまでの四〇年足らずの間に造られたこれらの古墳に眠る人は、歴史上に名を残す人びとである可能性が高い。

◆飛鳥時代前期の古墳

先に飛鳥時代の後半、つまり七世紀後半以降の古墳のあり方の全体像について述べたが、ここではさかのぼって飛鳥時代前半の古墳の具体的な姿をみてみよう。

政治的にみても、遺跡の観察からみても、飛鳥時代の百年余りを一つの時期として捉えることはむずかしい。そこで古代史研究者の多くは、飛鳥時代を前期と後期に分けて捉えるのが一般的である。その画期をいつに置くかは意見の分かれるところだが、六四五年に起きた乙巳《いっし》の変の翌春に、難波で孝徳天皇によって発布された大化改新の詔をもってその時期にあてることが多い。美術史の研究者は前期を飛鳥時代、後期を白鳳時代としている。

しかしながら私は、歴史的出来事や遺跡のあり方からみて、その画期を六七二年に起きた壬申の乱の翌年、飛鳥《あすか》浄御原宮《きよみはらのみや》で大海人皇子が天武天皇に即位した時期と考えている。考古学研究者の立場から実年代をあげることには幾分か躊躇する気持ちもあり、いちおう七世紀第3四半期頃においている。前半約八〇年、後半が四〇年足らずと大きな違いはあるが、あえてこの時期を画期として捉えている。そうすれば飛鳥時代がはっきりとみえてくると思うのである。まず飛鳥時代の前期の古墳からこの時代をみてゆこう。

三基の大型方墳　石舞台古墳・都塚古墳・塚本古墳

石舞台古墳

初めて飛鳥を訪ねた人たちが、必ず見学する遺跡の筆頭にあげられるのが、石舞台古墳だろう（図37）。飛鳥川に沿うように、南北に細長く伸びる飛鳥の盆地の奥まったところに、巨石を積み上げたような不思議な構築物がある。現在は周囲が公園として整備され、古墳の入り口にはゲートが設けられ、この巨石がただものでないことは誰の目にもわかる。ひと昔前まで水田の中ほどに鎮座するこの石造物は、人びとにさまざまな印象を与えていたようだ。石舞台という奇妙な名称も、そのようななかから生まれたらしい。

江戸時代の紀行文や地誌のなかにも、この古墳に触れたものは多く、嘉永六年（一八五三）に書かれた『西国三十三所名所図会』には「石舞台　島庄村の道の傍田圃の中にあり。すなわち岡に下る道の左に見ゆるなり。高さおよそ二間ばかり周りおよそ十間ばかり。大石を以て積みかさねしものなり」とあり、この当時にはもう古墳の封土は失われ、現在のように石室の巨石が露出していたようだ。ここには書かれていないが、地元には、昔月夜に狐がこの巨石を舞台に躍ったことから、石舞台と呼

図37　石舞台古墳と石室
上の写真の墳丘左側には破壊された古墳群がみえる。石室全長19.7 m。
玄室長7.7 m・幅3.3 m・高さ4.8 m。

ぶようになったとの伝承が残っている。

昭和八年（一九三三）と昭和十年（一九三五）におこなわれた石舞台古墳の発掘調査は、飛鳥の発掘史の冒頭を飾るだけではなく、日本の考古学史のなかでも画期的な調査として位置づけられるものである。京都帝国大学考古学教室の浜田耕作、同研究室の末永雅雄を中心におこなわれた調査の成果は、昭和十二年（一九三七）に出版された『大和島庄石舞台の巨石古墳』にくわしい。それによると横穴式石室の全長は一九・七メートルで、わが国でも有数の巨石墳であることがわかる。石室内は早くから盗掘されていたため、ほとんど何も残っていなかったが、凝灰岩の破片が出土したことから、刳抜《くりぬき》式《しき》家形石棺を納めていたこと、出土した須恵器などから七世紀前半に造られた古墳ということが明らかになった。石室内のもっとも大きい石は、玄室入り口の天井に置かれた見上げ石で重さは約七〇トンであった。

またこの調査では、土木工学的な構造研究からも新しい試みがおこなわれた。石室の築造過程の復元、古墳築造に要した労働者数、日数などについてもデータを記している。それによると、玄室および羨道の築造には石工が毎日三〇人から四〇人、他の労働者数百人とともに三、四カ月を必要とし、墳丘を含む全体の築造を終えるには、同様の労力で約一年が必要だろうと結論づけている。

この研究に関連して、石舞台古墳発掘調査五〇年の一九八四年二月に、奈良市郊外の山中においてNHK、橿原考古学研究所、飛鳥建設の左野勝司《さのかつじ》等で石舞台古墳の石室築造実験をおこなった。可能な限り古代に近い道具を使って、実物大の石室の一部を復元した結果は、熟練した技術を駆使すれば、当初予想していたよりは早く、少人数で運搬、加工できるのではないか、という結論がでた。

また石舞台古墳の第二次調査は、一九五四年から一九五八年にかけておこなわれた。周囲に空濠をめぐらせた一辺五一メートルの方墳で、墳丘周囲には貼り石をめぐらせ、外堤は南北八三メートル、東西八一メートルの大規模な古墳であることが確認された。なお、この空濠の中からは墳丘に用いたとみられる石材もみつかっている。

石舞台古墳の東南部を中心として飛鳥川沿いの細川谷には、細川谷古墳群と呼ばれる六世紀後半を中心とした、約二百基の横穴式石室で構成された群集墳がある。石舞台古墳の歴史的な位置づけを考えるとき、この古墳群との関係は重要である。従来、石舞台古墳はこの大群集墳の首長墓としてとらえる見方が主流だったが、これをくつがえす事態が起きた。

一九七五年、古墳を含む周囲の国営公園化に先立っておこなわれた発掘調査で、石舞台古墳を築造するときに破壊された小型の石室が七基もみつかったのだ。石舞台古墳の被葬者が細川谷古墳群を築いた集団の首長であれば、このような状況にはならないと考えられる。石舞台古墳は、新しい権力者としてこの地に入ってきた勢力の手で造られた古墳で、そこに眠るのは彼ら新興勢力の首長と考えるのが自然だろう。

また、六七ページでも触れたが、二〇〇六年に古墳の東外堤から東約八〇メートルの水田の中で一辺、深さともに一・八メートルの大型柱穴がみつかり、中央部には径三〇センチの柱痕も残っていた。大型柱穴は二つみつかっているが、周辺では掘立柱建物の跡も発掘されている。柱穴の時期は、出土した須恵器片からみて、七世紀前半の石舞台古墳と同じ時期ということになる。そこで思い出されるのは、『日本書紀』に記された檜隈陵の周囲に氏族が大柱を立てた記事だ。大柱をたてる行事は、七世紀前半までつづいていた可能性があり、石舞台古墳の築造にかかわる遺構と考えられる。

石舞台古墳の被葬者像

この石舞台古墳の主は誰かという議論は、最初の発掘調査以前から盛んだった。なかでも喜田貞吉《きたさだきち》は、推古天皇三十四年（六二六）に亡くなった蘇我馬子の桃原墓《ももはらのはか》説を提唱し、現在に至るまでもっとも有力な仮説となっている。

石舞台古墳を蘇我馬子の墓と仮定すると、『日本書紀』の舒明天皇即位前紀の記事は興味深い。その内容は、「馬子の墓造りのために、蘇我氏一族が墓所《はかどころ》を建て、そこに住まいしながら作業を進めていたが、馬子の弟で、時の大臣の蘇我蝦夷の叔父にあたる境部臣摩理勢《さかいべのおみまりせ》は、墓所の自分の廬《いおり》を壊して帰ってしまった。それを知った蝦夷は叱責するが、最終的に摩理勢は従わず、斑鳩にある厩戸皇子の皇子の一人、泊瀬王《はつせのみこ》の宮に入り、やがて蝦夷によって滅ぼされた」という内容である。ここに、推古天皇崩御後の同族内の権力闘争の様子を垣間見ることができる。石舞台古墳の東側で発掘した大型柱穴や掘立柱建物は、この事件に関連する遺構かもしれない。

また石舞台古墳の被葬者、おそらく蘇我馬子を中心とした一族は、細川谷古墳群の被葬者たちとは違った新興勢力としてこの地に入り、七世紀前半の政権の主導権を握ったと考えられる。

都塚古墳

石舞台古墳から南東に約一五〇メートル、細川谷から北にのびる丘陵の尾根上に築かれた古墳で、古くからよく知られていた（図38）。古墳では元旦に金鳥（鶏）が鳴くという伝説が地元に伝えられており、金鳥塚という名も残っている。江戸時代の明和九年（一七七二）に刊行された本居宣長の『菅笠日記《すがさのにっき》』には「みやこ塚」の名で記され、被葬者は用明天皇との伝承があると記している。この書には石舞台古墳には岩屋（石室）があるとしているが、この古墳については墳丘上に石材が見えていることしか書かれていないことから、横穴式石室はまだ埋もれたままだったのかもしれない。

明治二十六年（一八九三）に野淵《のぶち》龍潜《りょうせん》によってまとめられた『大和国古墳墓取調書』、大正二年（一九一三）刊行の『奈良県史蹟勝地調査会報告書　第一回』などには、横穴式石室や家形石棺のことについても記され、その後も地元の高市郡の志料や古墳誌などにも登場している。

発掘調査は、一九六七年に関西大学考古学研究室によっておこなわれ、これを第一次調査としている。横穴式石室内の調査で、凝灰岩製の刳抜式家形石棺の手前には、木棺が追葬されていたことなども明らかにされた。石室内からは土師器、須恵器、鉄製の刀子、鉄鏃、鉄釘、小札《こざね》などの断片が出土し、六世紀後半頃の築造であろうと推定された。

墳丘全体を知るために明日香村がおこなった二〇一一年と一二年の範囲確認調査（第二次、第三次調査）は、私たちが思いもよらなかった大きな成果をあげた。現状では墳丘は大きく削られているものの、一辺二八〜三〇メートルの方墳であったことは観察でき

図38　都塚古墳の墳丘と石室

たが、実は元の規模は東西約四一メートル、南北約四二メートル、高さ四・五メートル以上の大古墳だったのだ。それだけでなく墳丘の最下段には川原石で葺石が施され、その上は拳大から人頭大の石でほぼ垂直に二〜三段（〇・三〜〇・六メートル）積まれ、その上には幅一メートルの平坦面を造り、もとは四段以上あったらしい。最下段の平坦面は幅六メートルと広く、墳丘北側には幅一〜一・五メートルの空濠も確認されている。これは側面から見れば、まるで石積みのピラミッドのようである。古墳時代前期から墳丘を石材で覆う、積石塚という形態の古墳はみられるが、この都塚古墳はそれらとはまったく違う考えで築かれたとみてよい。

都塚古墳の被葬者像

都塚古墳の被葬者は、このような特異で大規模なうえに刳抜式家形石棺という棺に納められていることから、この時期の首長クラスの人物であることに異論はなかろう。この古墳の墳頂に立って西を見下ろすと、右眼下に石舞台古墳の全容、さらにその前方には蘇我馬子の邸宅と、庭園とみられる島《しまの》庄《しょう》遺跡と島勾池遺跡の全貌を望むことができる。この古墳の右下には飛鳥から多武峰《とうのみね》を越えて桜井に通ずる古道、左下には飛鳥から芋峠《いもとうげ》を経て吉野に向かう古道が今も存在している。都塚古墳はまさにその分岐点に築かれているのである。さらに視野を広げれば、飛鳥の狭小な盆地の東南部の出入り口に存在することは、深い意味があることを物語っているといえよう。

塚本古墳

都塚古墳の西南約八〇〇メートルには、現状ではあまり当初の姿をうかがうことはできないが、関西大学考古学研究室の調査によって三九×四〇メートルの方墳があることがわかった。塚本古墳《つかもと》である。その後、橿原考古学研究所による発掘調査もおこなわれ、多くは破壊されているものの、埋葬施設は両袖式の横穴式石室であることが報告されている。石室全長は一二・五メートルで、都塚古墳よりは一回り小型の石室であることがわかる（図39）。出土遺物は知られていないが、石室の構造、形態から石舞台古墳につづく時期の古墳とみられる。

飛鳥盆地東南部に築かれた三基の大型方墳のもつ意味

これら三基の古墳を築造年代順に並べれば、都塚古墳→石舞台古墳→塚本古墳となり、その時期は六世紀後半〜七世紀中葉の半世紀余りになろう。いずれも終末期の大型古墳の主流が方墳になる頃に重なり、飛鳥盆地の東南部では突出した古墳といえるだろう。この時期は飛鳥に大型方墳を盟主墳とする蘇我氏が進出した時期とも重なることから、その被葬者は石舞台古墳が先に述べた蘇我馬子、都塚古墳はその父親である蘇我稲目《いなめ》と考えるのが妥当だろう。そうすれば塚本古墳は誰であろうか。その具体的な姿はみえてこないが、眼下に

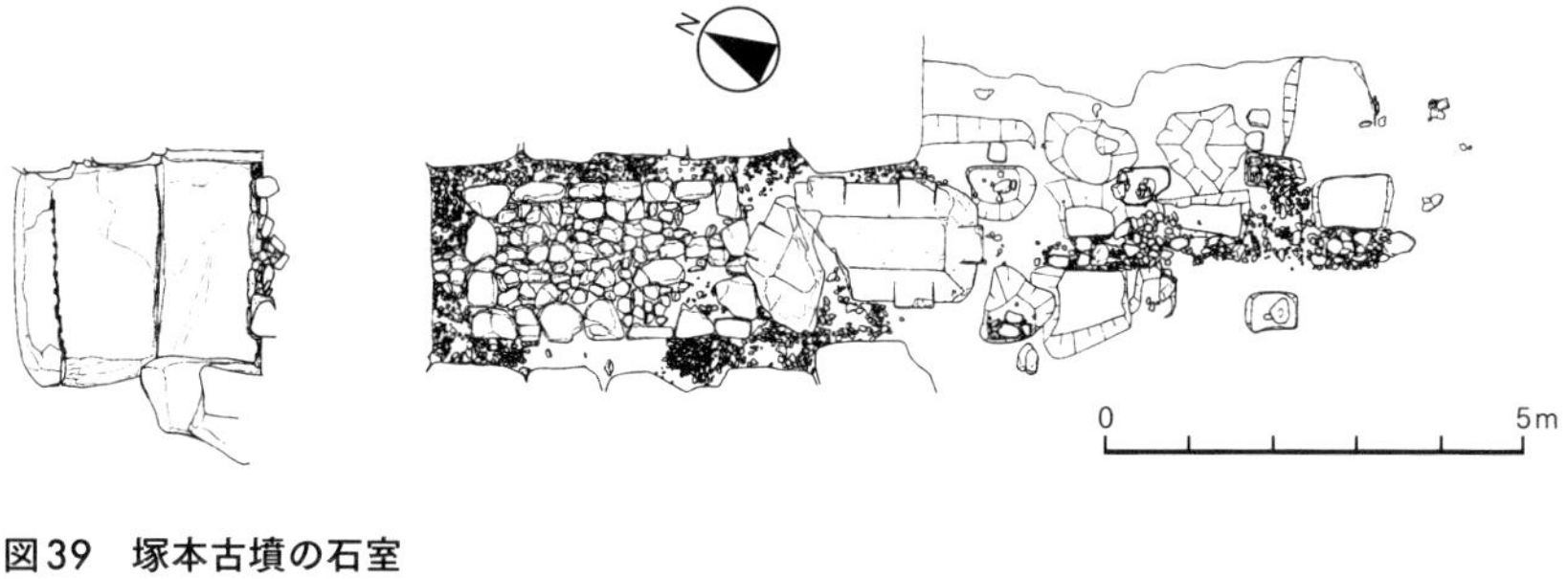

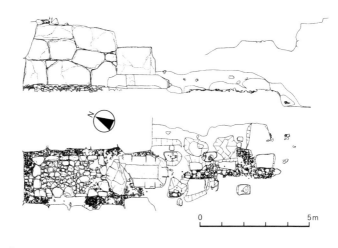

図39　塚本古墳の石室

石室全長12.5 m。玄室長4.35〜4.6 m・幅2.15〜2.55 m、羨道長8.15 m・幅1.90〜1.95 m。

は蘇我氏と深いつながりのある渡来系氏族が建立したと見られる坂田寺、さらには斉明天皇が難波宮から飛鳥に戻ったときの河辺行宮《かわべのかりみや》と考えられている飛鳥稲淵《あすかいなぶち》遺跡などが点在している。この吉野につづく狭い谷間の古代の姿がしのばれる地域でもある。

推古天皇の初葬地　植山古墳

双室墳の発見

飛鳥の各地でおこなわれる発掘調査は、いつも私たちに予想を超える成果や感動をもたらしてくれる。なかでも二〇〇〇年六月から翌年の三月にかけて実施された植山《うえやま》古墳の調査結果は、研究者の間に大きな衝撃を与えることになった。

古都保存法によって守られている明日香村に対して、すぐ西に接している橿原市は市街化が進み、市と村との境界線まで住宅開発がされ、今ではもうかつての面影はない。半世紀前に橿原考古学研究所に入った頃、このあたりをよく踏査したが、その当時は近鉄吉野線の岡寺駅近くまで東からの丘陵はつづき、橿原市とはいえ、そこもまた古代の飛鳥の姿をしのぶには充分な地域だった。今はまったく様子の変わってしまったところだが、わずかに甘樫丘《あまかしのおか》から西に向かってのびる丘陵の南西端部が陸の孤島のように残っていた。しかし、そこもまた開発の波にさらされることになり、事前の発掘調査が橿原市教育委員会によって始められた。

七世紀末の藤原京時期の遺構が一部重なっていることもあり、墳丘は改変されていたが、そこに地山を削り出し、周囲の谷から運んだ粘土などを積み上げた、大規模な古墳があることがわかったのだ。

その規模は東西約四〇メートル、南北約二七メートルで、長方形墳という特異な形態の古墳だった。

長方形の墳丘には、東西に並んで南に開口する二基の横穴式石室が築かれていた（図40）。最初に造られたのは東石室で、古墳築造と同時に、中軸線から少し東にずらして築いていることもわかった。一方西石室は、東石室完成後しばらくしてから、墳丘西側の上半部を壊して構築していることが、墳丘断面の土層の観察から明らかになった。

二つの石室の前後関係を、石室の形式と構造からもみてみよう。まず先に造られた東石室の主軸は墳丘の南北線に平行し、墳丘と石室が共通する理念で造られたことがわかる。積まれている石材は、植山古墳の南西の谷を隔てた越智丘《おちのおか》丘陵にある、貝吹山《かいぶきやま》周辺でとれる花崗岩である。横穴式石室の全長は約一三メートルで、石室の規模は、時期が近い藤ノ

図40　植山古墳

石室全長約13 m。東石室（右）：玄室長約6.5 m・幅3〜3.2 m・残存高3.1 m、羨道長約6.5 m・幅約1.9 m。西石室（左）：玄室長約5.2 m・幅約2.5 m・高さ約4.5 m、羨道長約7.8 m・幅約2〜2.3 m。

木古墳の石室とくらべてみると、全長では約一メートル短いものの、玄室の長さは五〇センチ、幅は約一メートルも大きい。つまり六世紀末の古墳としては数少ない大型古墳といえるのである。残念なことは、石室の天井部すべての石材と、壁面の一部が抜き取られていたことだった。この石室の平面の形や構築法、排水溝などの構造は、奈良県広陵町にある大型古墳の牧野《ばくや》古墳によく似ている。

もちろん玄室内は盗掘され、遺物のほとんどは持ち去られていたが、石室の中央部に家形石棺が残っていた。蓋は開けられ、半分は壊されていたものの、立派な状態の刳抜式家形石棺で、なんとその石材は熊本県の宇土半島で産出する、阿蘇溶結凝灰岩、通称阿蘇ピンク石と呼ばれているものだった。六世紀末の飛鳥地方の古墳に、遙か熊本から運ばれた石材が用いられていたのだ。

西石室は墳丘の主軸には平行せず、少し南東方向にずれている。石材は東石室とは違って、飛鳥川上流域で産出する花崗岩だった。石室の全長は約一三メートルだが、玄室の長さは東石室にくらべると、少し短い。石室内からは副葬された須恵器も出土している。

この石室には扉が設けられていたようで、台となる閾石《しきみいし》が玄室と羨道の間に残されていた。肝心の扉石は石室からは持ち出されたようで、この古墳近くの五条野町内の三カ所の神社で確認されている。追跡調査で、それぞれ神社の社殿の階段積み石に転用されているのが明らかになった。石棺は残っていないが、阿蘇溶結凝灰岩の破片が残っているので、東石室と同様の石棺が置かれていた可能性が高い。

植山古墳は、このように一つの墳丘に二石室がある「双室墳」と呼ばれるもので、六世紀の終わり頃から七世紀初めの限られた時代に造られた、特徴的な古墳の一つであることがわかった。また石室規模は、この時期の奈良県下の古墳のなかでも上位に位置づけられるもので、当然被葬者の問題が浮かびあがってきた。

植山古墳の被葬者

この古墳の調査が話題になっていたある日、私は現場を訪れ、その墳丘の上に立って西側に目をやったときの驚きを忘れることができない。その目と鼻の先にあの巨大な前方後円墳、五条野丸山古墳（三一八メートル）の全貌があらわれたのだ。

古墳時代後期（六世紀）としてはずば抜けた規模をもつ、この大古墳の被葬者については研究者の間でもさまざまな見解が出されているが、有力な候補者の一人が欽明天皇である。継体天皇と手白香皇女の間に生まれた欽明は、蘇我稲目を強力な後ろ盾として、六世紀の大王家の権力を確立した人物とみられる。崩御の年は欽明天皇三十二年（五七一）とされている。欽明天皇は蘇我稲目の娘である堅塩媛《きたしひめ》、小姉君《おあねぎみ》らをめとり、姉の堅塩媛は用明天皇や推古天皇を、妹の小姉君は崇峻天皇や厩戸皇子の母親の穴穂部間人《あなほべのはしひと》皇后などを生んだ。つまり六世紀半ばから七世紀前半までの大王は敏達を除き、すべて蘇我氏の系統を引いていることになる。『日本書紀』によれば推古の母親である堅塩媛は、推古二十年（六一二）に欽明の陵に追葬されたと記されている。

『日本書紀』には、推古天皇の崩御は三十六年（六二八）と記され、遺詔は「この頃は五穀が実らず、百姓は飢えている。私の陵を造り厚く葬ることはしないように。（息子である）竹田皇子《たけだのみこ》の陵に葬るように」とされている。そして陵は大野丘の上にあったのを、のちに科長《しなが》に改葬した、とある。大阪府南河内郡太子町にある推古陵（春日山田古墳）のほかに、改葬前の陵の存在は多くの研究者が認めていたが、その位置については確定的なものはなく、推古陵近くにある河内二子塚《かわちふたごづか》古墳にあてる説が有力だった。

コロンブスの卵ではないけれども、この植山古墳が発見されて改めて考えてみると『古事記』に推古天皇の陵の所在地は「大野岡上」と書かれており、大野の地名は、植山古墳のある丘陵の北に今も残っているではないか。先にも述べたように、推古天皇は欽明天皇の皇女の一人でもある。若くして亡くなった最愛の皇子とともに蘇我氏系の有力者の眠るこの地の、しかも母親（堅塩媛）を追葬した陵と思われる五条野丸山古墳の近くに葬られることに不自然さはない。先に亡くなった皇子の墓を築く際に自身の石室も計画し、西側に空白地を残していたのだろう。東石室の石棺が現存するのに対して、西石室の扉石が持ち出され、石棺がなくなっているのは、改葬の様子を物語っているとみるのが自然である。東石室は六世紀末、西石室は七世紀前半頃に築かれたという考古学からの検討結果とも矛盾しない。ちなみに竹田皇子の没年は五九〇年前後とされている。

推古天皇は遺詔のとおりに葬られたが、後に自身の思いとは違って、夫の敏達天皇、兄の用明天皇とともに磯長（科長）の陵墓地区に改葬されたのだろう。

南北にのびる、飛鳥と橿原地区を区分する甘樫丘陵の西側地区には横穴式石室をもつ方墳が目立つ。後で述べる小山田《こやまだ》古墳や菖蒲池《しょうぶいけ》古墳も含めて、この一帯は、六世紀後半から七世紀中頃にかけて政権の中枢で活躍した蘇我本宗家の葬地であったのではないか、と私は思っている。そこに最初に築かれたのが最後の大型前方後円墳の五条野丸山古墳だった。蘇我氏の血統ではないが、稲目とその子女たちを介して、その後の大王家の基盤を確立した欽明を、蘇我氏一族は始祖的なものとして捉えていたのではないだろうか。

みごとな切石横穴式石室　岩屋山古墳

近鉄飛鳥駅は飛鳥めぐりの出発基地である。春秋の行楽シーズンには、銀輪を連ねてくり出す若者や、リュックを背負って徒歩で出発する年配のグループでにぎわう。

私もここを出発点とする飛鳥遺跡探訪の機会は多い。そして、いつも最初に訪ねるのがこの岩屋山《いわややま》古墳である。近鉄吉野線の線路を越えて西に進み、民家の間の坂道を少し登って右手に視界が開けたところに、ぽっかりと開いた岩屋山古墳の石室の入り口が目に入ってくる。村の中にこのようなみごとな古墳があることに、初めての人は一様に歓声をあげるのだ。

まず国史跡に指定されている岩屋山古墳の概要を述べておこう（図41）。古墳の所在地は明日香村越《こし》。この地名から「越の岩屋山古墳」と呼ばれることも多い。真弓《まゆみ》丘陵の東端にある大型方墳で、昭和十年（一九三五）にはすでに梅原末治《すえじ》らによって精美な横穴式石室が紹介され、多くの研究者の知るところとなった。一九七八年に明日香村が中心となって整備にともなう墳丘と石室内の発掘調査がおこなわれている。それによると、墳丘は方形の二段築成で、一辺は五五メートル、高さは一二メートル、二段目の上には径一二メートルの円形の墳丘をのせている。そのことから上円下方墳との見方も可能であるし、この上円部は八角形だとの指摘もある。もし八角形であれば、後に述べる大王墓の可能性を考える研究者もいる。

石室は花崗岩を長方形に切り、さらに表面を平らに仕上げ積み上げた、いわゆる切石の横穴式石室である。石室の全長は一七・七六メートル、玄室の奥壁は二石で、側壁は左右それぞれ五石、天井は

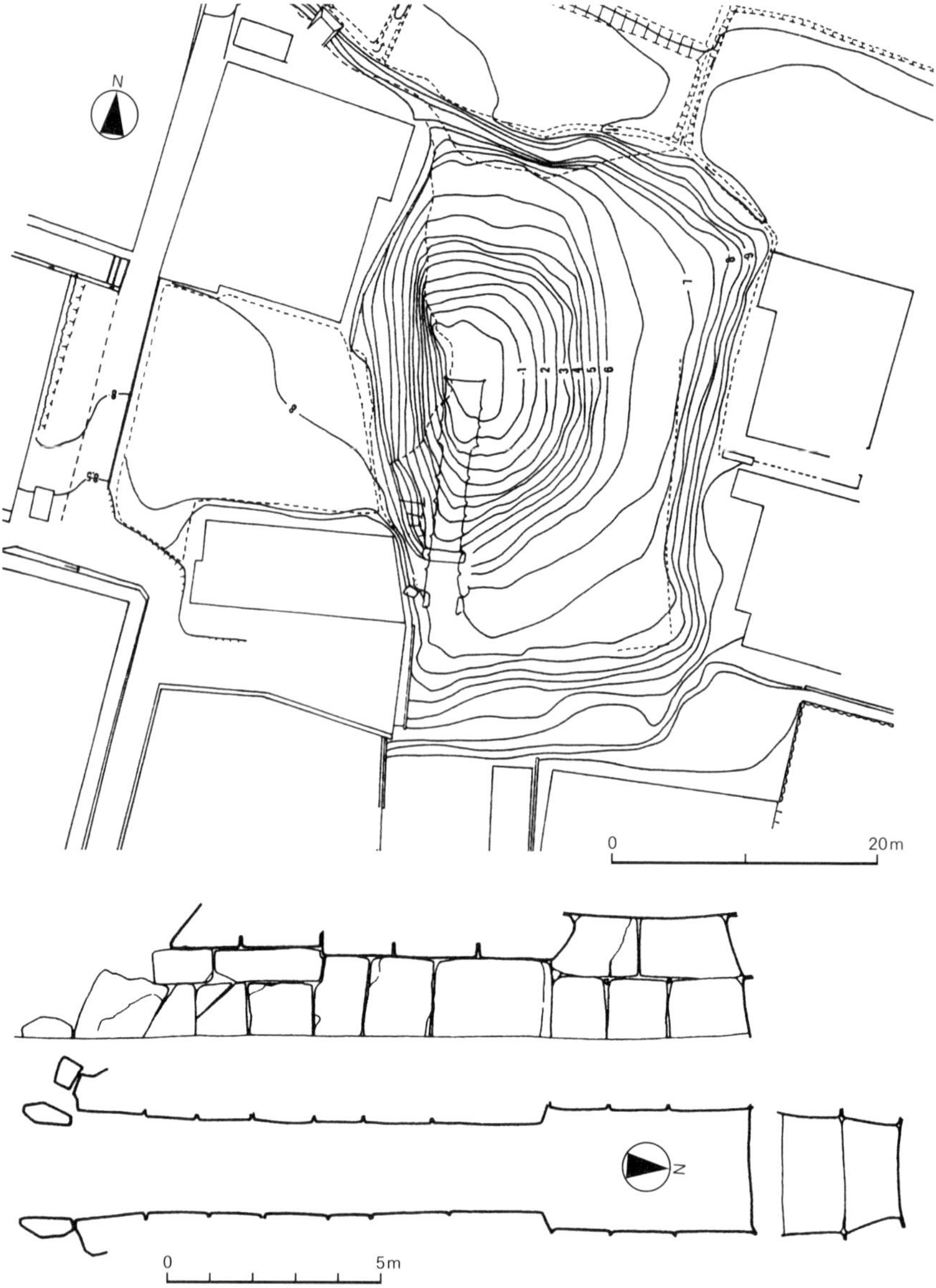

図41　岩屋山古墳の墳丘と横穴式石室
石室全長17.76 m。玄室長4.86 m・幅2.4 m・奥壁部高さ2.96 m、羨道長12.9 m・玄門部幅1.75 m。

巨大な一石からなっている。また石材と石材の間には漆喰《しっくい》を詰めるという手の込んだ仕様になっている。大和を中心に西は九州から東は関東まで、この石室と共通もしくは近似した特徴をもつ古墳があり、白石太一郎によって「岩屋山式横穴式石室」という名称も提示され、この古墳がその基準とされるようになって久しい。

石室を築造するための設計に用いられたのは高麗尺（三五・五センチ）のようで、使用尺度の推定できる数少ない古墳の一つでもある。実は奈良県桜井市東部の山中にムネサカ一号墳という大型円墳（径四五メートル）があるが、この古墳の横穴式石室が、その規模、構造、石材の数まで岩屋山古墳とほとんど同じなのである。使用されている石材は、岩屋山古墳ほど整美ではないこと、玄室の天井石が岩屋山古墳では一石であったのに対し、ここでは二石であることなど、細部では相違点はあるが、同じ企画で造られたに違いない。具体的にはムネサカ一号墳の石室の全長は高麗尺で五〇尺、玄室長一四尺、幅八尺の数値が復元できる。

岩屋山古墳と類似した古墳をもう一つあげておこう。それは岩屋山古墳から西北約一・三キロの橿原市南妙法寺町の丘陵上にある小谷《こたに》古墳である（図42）。残念ながら墳丘のほとんどは削られ、形や規模を知ることはむずかしいが、測量調査の結果一辺約三五メートル前後の方墳であった可能性がある。横穴式石室と家形石棺はほぼ完全な状態で残っている。玄室の壁面構成は岩屋山古墳とまったく同じで、羨道の前半部を省略した形になっている。石棺は岩屋山古墳には残っていないので比較できないが、小谷古墳は刳抜式の家形石棺で、蓋の縄掛突起《なわかけとっき》を表現しなくなった時期のものである。石室の構造も考慮すると岩屋山古墳よりやや新しいとみられる。棺身の長さは二三〇センチ、幅一一〇センチ、高さ八〇センチ。蓋の幅は一二六センチに対して、頂部の幅は六三センチで、ちょうど半分になっている。玄室の長さはおそらく岩屋山古墳より一尺ほど長くとり、羨道部は三分の二に縮めるという形をとっているが、その基本的な形態は岩屋山古墳に基づいている。

このような例は、大和盆地各地でいくつかみられるが、その分布状況からうかがえることは、けっ

図42　小谷古墳の墳丘と石室
石室全長11.5 m。玄室長5.05 m・幅2.8 m、羨道長6.45 m（現存長）・幅1.9 m。

して集中することはなく、前方後円墳時代以来つづくその土地の権力を握っていた人の墳墓形式として用いられたようにみえる。もちろん七世紀に入って、政権のなかの権力構造が大きく変化していることは考えられるから、一様には言えないが、そのような傾向は指摘できる。

つまりこの形式の古墳の分布状況は、岩屋山式石室に象徴される七世紀のヤマト政権の権力構造の様子を、具体的に示しているといってよいだろう。すなわち、みごとな切石を積み上げた岩屋山古墳の横穴式石室の系譜を引く古墳が、大和盆地の主要な地域だけでなく、西は九州から関東の一部まで分布していることは、これらの地域が七世紀のヤマト政権の権力構造に組み込まれていた可能性があることを示しているのである。

それではその基準となる岩屋山古墳の築造時期と、その被葬者像に迫ってみよう。

岩屋山古墳に葬られたのは誰か

前方後円墳が造られなくなる六世紀末から七世紀初頭には、それにかわるものとして、大型円墳と大型方墳が有力者の墓として採用されるようになる。この時期から古墳時代は終末期に入るが、長くつづいた前方後円墳の時代からの転換の背景には、社会的にも政治的にも大きな変化があったことは、文献の研究からも知られているところである。少し説明を加えると、今までの社会は複数の有力豪族による政治体制であったものが、この時期になって中央政権のなかでは新興勢力の蘇我氏が突出してくるのである。前方後円墳体制の崩壊とこの蘇我氏の台頭は一連のものとして捉えてよい。

七世紀初頭前後の大型古墳には、巨石を使用した横穴式石室墳が築かれるが、その多くは方墳で、その被葬者の候補には、先に紹介した石舞台古墳、都塚古墳、植山古墳のように蘇我氏に関係する人物があげられる場合が多い。そのようななかで、七世紀の半ばに桜井市段《だん》ノ塚《つか》古墳のような墳丘に八角形のプランをもつ古墳があらわれる。この段ノ塚古墳は、舒明天皇陵に治定《じじょう》されているが、後で述べる斉明、天智、天武、文武の陵はすべて八角形であった可能性が高い。この岩屋山古墳は、異論はあるが方形壇の上に築かれた円丘が八角形であったとすれば大王陵の可能性も考えられる。

一方、みごとな切石で構成された石室はどのように考えられるだろうか。石舞台古墳や植山古墳、桜井市の谷首《たにくび》古墳など自然石の巨石を用いた石室とは、さほど時期差はなく、別系統の石室であろうとの見方があり、切石の横穴式石室としては、もっとも早く造られた岩屋山古墳も七世紀第2四半期（六二五〜六五〇）頃に築かれたとも考えられる。岩屋山亜式とみられる平群町の西宮《にしのみや》古墳は、出土した須恵器などから七世紀第3四半期（六五一〜六七五）頃に築造されたと考えられることから、岩屋山古墳の時期はそれ以前の築造といえる。

このたぐいまれな横穴式石室に葬られたのは誰であろうか。そこであげられているのが舒明天皇の皇后で、重祚した斉明天皇（皇極天皇）陵ではないかという見解である。『日本書紀』天智六年（六六七）春二月二十七日条には、先に斉明と娘の間人を合葬した小市岡上陵《おちのおかのうえのみささぎ》の前に、この日大田《おおたの》皇女《ひめみこ》を葬っていること、高麗、百済、新羅の使人等が御路《おほぢ》で哀悼の意をあらわしたことなどが記されている。この御路については大路と解釈して、大和と紀伊を結ぶ「紀路」のことだろうとの見方がある。そうすれば岩屋山古墳の東裾はこの「紀路」に接し、葬儀に参列した人たちが哀悼した御路とみることに矛盾はない。次項で述べるように牽牛子《けんごし》塚古墳が、斉明陵である可能性が高くなっており、この岩屋山古墳を斉明の初葬地と考える人も多い。しかし問題は、岩屋山古墳の築造時期である。

斉明天皇は『日本書紀』には、七年（六六一）七月二十四日に、九州の朝倉宮で崩御し、その亡骸《なきがら》は十月七日に中大兄皇子とともに帰路についた。そして十一月七日に飛鳥川原で殯《もがり》をおこなったと記されている。斉明の初葬地についての記述はないが、斉明天皇四年（六五八）五月に八歳で亡くなった孫の建王《たけるのみこ》の殯宮を今来谷《いまきのたに》に建て、私の死後は必ず二人を合葬するようにと群臣に詔を下し、孫のために三つの歌を残している。斉明の初葬地は中大兄皇子の皇子でもある建王とともに、歌にも詠まれた「今木の小丘」の近くではないかと私は考えている。これらのことから考えると、岩屋山古墳とは年代的に齟齬があり、斉明の初葬地とするのは、むずかしい。

それではこの岩屋山古墳の被葬者は誰であるのか。この石室を規範とした古墳が大和のみならず、九州から関東の地域にまで点在しているという事実は重要である。大化二年（六四六）、孝徳天皇が難波で発布した薄葬令の是非については、先に述べた（三二ページ参照）。しかし、激動の七世紀中頃に、薄葬令とは矛盾するようにもみえるこの古墳の築造を可能にし、しかも地方勢力との絆が垣間見える人物とはいったい誰であろうか。今の私には答えることができない。

母と妹のために　牽牛子塚古墳・越塚御門古墳

牽牛子塚古墳

飛鳥の西の谷沿いには和歌山に向かう道、古代の「紀路」の名残をとどめる道が走っているが、その西側には真弓丘陵が南北につづいている。後で述べるマルコ山古墳も束明神古墳もこの一角にある。古墳時代終末期の古墳は、丘陵の南斜面に築く例が多いなか、牽牛子塚古墳は野口王墓古墳（天武・持統天皇陵）とともに、丘陵の頂上部に築かれているのが特徴の古墳といえる。一九七七年に環境整備にともなう発掘調査がおこなわれて、墳丘は直径一五メートル、高さは四メートルと報告されたが、墳形については、はっきりとした結論は出されなかった。しかし、墳形は見方によれば円形ではなく多角形である可能性を説く研究者も多かった。私もその一人で、古墳名の牽牛子はアサガオの別名の牽牛花《けんぎゅうか》に由来するとみられ、そうであれば古墳のもとの形は朝顔のような多角形であったとみてよさそうであった。

二〇〇九年から翌年にかけて墳丘の全体像も含めた本格的な発掘調査が、明日香村教育委員会によっておこなわれた。その結果、墳丘は対辺が約二二メートル、高さ四・五メートルの正八角形で、周囲を凝灰岩の巨石で囲んでいた(図43)。しかし、この古墳の最大の特徴は埋葬施設にある。凝灰岩の巨石を刳《く》り抜いた石槨は、中央部に幅五〇センチの間仕切りがあり、ほぼ同じ大きさの部屋を東西に二つ造り出している(図44)。また、ともに底に棺台を造り付けている。入り口は一つで、幅一・四五メート

図43　牽牛子塚古墳

ル、高さ一・一五メートル、厚さ三〇センチの凝灰岩製の扉が設けられている。その四隅近くに方形の孔がうがたれていることから、ここには扉金具をとり付けてあったようだ。さらにその外側は巨大な切石の閉塞石で閉じていたことが、現在少し傾いた状態で残る石材からうかがえる。石槨と扉石が凝灰岩であるのに対して、閉塞石のみは石英安山岩を用いている。この石の重さは一一トンを超える。もっとも驚くべきことは、山頂に築いた巨大な石槨の材料の凝灰岩が、西方の二上山から運ばれたことである。大変な労力を要したと考えられるが、そのことだけでもここに眠る被葬者の権威、権力が充分に想像できよう。

二体の埋葬を当初から計画していたことは、石槨の構造から明らかだが、出土した夾紵棺《きょうちょかん》（麻と漆《うるし》を交互に重ねて造った棺）の断片も、二棺分を思わせる約一〇〇個がいままでにみつかっている。断片の中には金銅製の飾り金具をとり付けた痕跡や、釘の穴の残るものもある。さらに七宝焼の亀甲形の飾り金具まで存在していたようで、どれも断片だが国の重要文化財に指定されているほどみごとなものだ。そのほかに各種の金銅製座金具、ガラス丸玉、小玉、粟玉《あわだま》などが出土している。小さい粟玉の中には白銀線で連結したものもあることから、玉枕が置かれていた可能性が指摘されている。被葬者に直接かかわるものとしては歯が

図44　牽牛子塚古墳の石槨
石槨奥行き2.1 m・幅1.2 m・高さ1.3 m。棺台長1.9 m・幅0.8 m、棺台の高さ10 cm。

一点出土しているが、青年期から壮年期（三〇歳代から四〇歳代）の女性の計測数値に近いとされている。では、この多大な労力を費やして造られた合葬墳に眠っている二人はだれなのだろうか。文献の解釈も加えて被葬者像に迫ってみよう。

想定されるのは、斉明天皇七年（六六一）七月二十四日、九州の朝倉宮で崩御し、同年の十一月七日に飛鳥川原で殯がおこなわれた斉明天皇である。斉明の埋葬については『日本書紀』には記載はなく、『扶桑略記』に「十一月に大和国高市郡越智大握間山陵に改葬」とあり、また室町時代初期の『帝王編年記』には「十一月に大和国越智岡上山陵に葬り奉る」とある。ところが斉明崩御から六年後の天智称制六年（六六七）二月二十二日になって、初めて『日本書紀』に「斉明天皇と間人皇女（斉明皇女・孝徳皇后）を小市岡上陵に合葬」との記事が登場する。間人大后（皇女）が薨去したのはこれより二年前で、『日本書紀』には天智称制四年（六六五）の二月二十五日条にみえる。

斉明陵の築造時期については、六六一年から六六七年の間であることは間違いないであろうが、私は斉明陵を牽牛子塚古墳と仮定して考えてみた場合、石槨の構造からみても計画的な合葬墓であることは明らかで、間人皇女薨去以降に斉明天皇とともに合葬する目的で新たに墓を築造し、ここに『日本書紀』の記事のように二人を葬ったとみるのが妥当と考えている。築造時期は間人皇女が薨去した六六五年から六六七年の間に限定できるが、これは死亡月日と合葬月日を考慮すると、間人皇女の三回忌を念頭に置いた作業と考えられる。

それから約三〇年後の文武天皇三年（六九九）の『続日本紀』十月十三日条に以下の記事がみえる。「天下の罪ある者を赦免する。（中略）越智、山科の二山陵を営造（修理）するためである」という詔で、つづいて十月二十日条には「衣縫王らと判官四人、主典二人、大工二人越智山陵に派遣した」と記されている。越智山陵は斉明陵、山科山陵は天智陵であることは言うまでもない。もしかすると、墳丘を八角形に整形することも含めて、この時期に多少の改造がなされた可能性は考えられる。

斉明陵は平安時代に成立した『延喜式』諸陵寮（天皇の陵墓についての記録）には「越智崗上陵。大和国高市郡にあり。兆域は東西五町。南北五町。陵戸五烟」とあり、現在は高市郡高取町車木字天王山の丘陵頂上部にあたる古墳状の高まりが、陵墓として治定されている。

江戸時代から、斉明陵は橿原市にある小谷古墳とこの車木天王山が有力な候補として併存していたが、江戸末期におこなった「文久の修復」の過程で、車木天王山に落ち着いたようである。

考古学的見地から小谷古墳、飛鳥にある岩屋山古墳、さらに牽牛子塚古墳が斉明陵の候補地としてあげられるようになって久しいが、まだどれも決定的な資料を得るにはいたっていなかった。しかし、今まで述べてきたこの古墳のいくつかの要素からみれば、牽牛子塚古墳が斉明・間人合葬陵である可能性がもっとも高いと私は考えていた。『延喜式』にみえる越智崗上陵の名称についても、牽牛子塚古墳のある一帯「越」は、柿本人麻呂の挽歌にある「越智野」の範囲内に入っているのでなんら矛盾はない。また終末期古墳には珍しい山頂に築かれた牽牛子塚古墳は、崗上陵にもふさわしい。

そこで新たに問題になるのは、間人皇女と合葬する前の斉明陵はどこか、ということである。原斉明陵として再びクローズアップされているのが、岩屋山古墳である。しかし、先の述べたように岩屋山古墳の年代とは合わないのである。

大田皇女を葬った越塚御門古墳

先の明日香村教育委員会による牽牛子塚古墳の調査の成果には驚かされたが、二〇〇九年十月半ばの大発見には思わず耳を疑った。それは調査担当者であった西光《さいこう》慎治が、古墳の南東約二〇メートルのところで、地上に頭を出している石に加工痕があることに注目し、その周辺を発掘したところ、新たな埋葬施設がみつかったのだ。越塚御門《こしつかごもん》古墳である（図45）。

『日本書紀』には先に述べたとおり、斉明天皇と間人皇女を小市岡上陵に合葬したことを記しているが、その後の記載には「この日に皇孫大田皇女を、陵の前の墓に葬す」とある。大田皇女とは天智天皇の皇女で斉明天皇の孫にあたる。さらに天武天皇の妃として大伯皇女と大津皇子を産み、若くして亡くなった薄幸の皇女である。のちの持統天皇の姉であり、もし彼女が永らえていれば、天武の皇后になったかもしれない人物である。謀反《むほん》の罪で命を落とす大津皇子事件を思うと、複雑な気持ちになる。

私たちは牽牛子塚古墳の調査現場をたびたび訪れ、大田皇女はどこに葬られているのだろうか、という議論をしたこともあった。もし彼女の墓がみつかれば斉明・間人合葬陵に間違いないと誰もが思っていた。その墓は横口式石槨を直葬したもので、遺物は残っていなかったが、七世紀中頃から後半にみられる形式のもので、彼女の没年は明らかではないが、斉明天皇とともに筑紫に向かい、途中で大伯皇女を出産したことが『日本書紀』にも記されていることから、斉明天皇七年（六六一）以降、それも弟の大津皇子が誕生した天智称制二年（六六三）以降であることは明らかである。この史料と

図45　越塚御門古墳

石槨の年代に矛盾はない。

そうすると牽牛子塚古墳が築かれるまでの三年以内に亡くなっていることになる。私は現地でこの石槨がどのように埋葬されているか、土層断面を観察したが、明らかに牽牛子塚古墳の墳丘の裾を掘り込んで造られていることがわかった。つまり、『日本書紀』に記されているとおりなのだ。

この古墳が明らかにされたことによる意義はすこぶる大きい。主なものをあげてみると、

（一）文献に記された三名の人物、それも古代史上重要な人物の墳墓がわかった。

（二）刳抜横口式石槨という埋葬施設の実年代がおさえられた。

（三）それによって他の石槨の編年作業が具体的におこなえるようになった。

などである。

古墳の終末期に強い関心をもちつづけている私にとって、この古墳の出現は驚きを越えて感動的といえるものだった。発掘現場に立ち、三人の埋葬施設を目の当たりしたときに思ったのは、この墓を造ったと思われる中大兄皇子のことだった。

『日本書紀』天智称制六年春二月条には、この古墳に三人を葬ったときに中大兄皇子（天智）が群臣に語った以下のことを記している。

「自分は斉明天皇の勅を承ってから、万民をあわれむために、石槨《いわき》の役《えだち》（石室、墳墓造営のための労役）は起こさない。願わくは永代にわたって手本にしてほしい」と。しかし客観的にみて、この時点でこのような大事業をおこなえるのは中大兄皇子しか考えられない。斉明の勅を聞いたのは中大兄皇子しかいないのだ。『日本書紀』の編纂時に加えられた一文ではないだろうか。『日本書紀』を読んでいると、田村皇子と山背大兄王の二人を枕元に呼んで伝えたという推古天皇の遺言の内容など、大き

な転換点を迎えたときなどの記事に、監修者の意図が垣間見えることがあるが、これもその一例だろう。しかし、この天智称制六年春二月条の墓の場所や位置など、大勢に影響のないことには事実が述べられていると思われる。

遠く一二キロも離れた二上山から、総量五〇〇トンを超える凝灰岩をこの山頂に運び、墓を築くことのできる人物は、天智をおいてほかにはない。兄妹以上の仲ともいわれた間人皇女が亡くなったとき、母とともに葬ることを考え、二つの石槨を造ったのだろう。そして薄幸な自身の長女の大田皇女を、祖母と叔母の懐に抱かれるような地に葬ったその想いがひしひしと伝わってくる。

天智が天下の百姓《おおみたから》の反対を押し切って、近江に遷都するのは、この墓が完成してわずか三週間後だった。

飛鳥の川原寺の創建年代は記録にないが、天智天皇（中大兄皇子）が母の菩提を弔うために建立したという見解が一般的だ。私は川原寺の創建もこの牽牛子塚古墳と並行した時期ではないかと考えている。つまり、母のために墓と寺を完成させた後、飛鳥と訣別したのではないか、と思うのだ。もちろん遷都は、緊迫した朝鮮半島の新羅や唐の攻撃を回避するための意味が大きいのは事実であろうが、このような状況のなかに、中大兄皇子の心境が垣間見えるような気がするのだ。

蘇我氏のたそがれ　小山田古墳・菖蒲池古墳

小山田古墳

明日香村と橿原市の境界には、まるで屏風のように甘樫丘陵が南北につづいている。この丘陵はいわば飛鳥の盆地を守る西の壁のような存在とも言えるが、その南端部に二つの大型古墳が築かれている。小山田《こやまだ》古墳と菖蒲池《しょうぶいけ》古墳である。まず小山田古墳からみていこう。この古墳の存在が世間に知られるようになったのは、二〇一五年一月十六日の全国紙の報道記事だった。

この古墳の全容は、地上から確認することはできない。かつて削平された墳丘は、奈良県立明日香養護学校の敷地になっている。橿原考古学研究所では、この養護学校の校舎の改築や工事にともなって事前の発掘調査をおこなっているが、二〇一四年の調査で巨大な方墳の濠とみられる遺構があらわれたのだ。古墳の北側に東西にのびる濠の両側には貼り石がめぐり（図46）、一辺が七〇メートルを超える巨大な古墳の一部であることが明らかになった。石舞台古墳を遙かにしのぐ規模である。その後、古墳の全体規模を確認するための調査が橿原考古学研究所によってつづけられ、現在も新しい資料を積み重ねながら解明をめざしている。全体像がみえてくるのにはまだ時間がかかると思われるが、ここでは私の見解を述べておこう。

まず、古墳の痕跡もみられないこの場所で調査がおこなわれるようになったきっかけは、一九七二年十二月に校内の工事中に木簡がみつかったことだった。その木簡には「旦波国多貴評……」と書かれていた。ここに書かれている「評」とは、大宝律令以降の郡にあたり、そのことから藤原京時代の荷札木簡であることがわかった。工事関係者から連絡をうけた当時、橿原考古学研究所員であった白石

図46　小山田古墳墳丘北側の濠

太一郎と私は現場に向かい、出土地点の土層図を作り、この地区に飛鳥時代後半の役所的機能をもった施設が存在したであろうことを指摘した。

その後、この校地内では工事に先立って小規模な発掘調査が必ずおこなわれるようになった。それから四三年後の第五次、第六次調査で、思いもよらない古墳が存在していたことがわかったのである。古墳の時期はわずかに残る墳丘の盛り土から出土した土器片、また瓦片などから七世紀中頃の築造ということがわかった。それでは、近くで出土した木簡とはどのような関係があるのだろうか。

実は古墳の北側でみつかった大規模な濠の中には、藤原京期、つまり七世紀後半以降の土器片が埋まっていたのだ。それはこの大型古墳は築造後間もなく破壊されたことを示しているのである。その後木簡を廃棄した溝が造られたのだろう。

翌二〇一五年には墳丘南面の中央部で、横穴式石室の羨道と排水溝の一部が発掘され、この古墳が横穴式石室を埋葬主体としたものであることが確認された。残念ながら石室の本体はまだ確認できていない。私はこの大規模な古墳は未完成であった可能性を考えている。そのことについては後で触れることにしよう。

横穴式石室の羨道と排水溝の存在から、現地に残る地形を考慮して復元すると、一辺約七〇メートルの大型方墳だとわかったのである。

これほどの規模の古墳であれば、周囲をとり巻く施設もあるのではないかと考えていると、一九九三年から二〇一一年にかけて、明日香村教育委員会がおこなった小規模な発掘調査の成果のなかに、この古墳と結びつくと思われる施設の一部がみつかったのだ。

なかでも、一九九三年に小山田古墳から一〇〇メートル以上東に離れた調査区で発見された南北方向の二〇メートルほどの貼石護岸遺構は、小山田古墳の広がりを考えるうえで見逃せないものだった。さらにその西側に南北につづく高まりの一帯は「川原堤添え」という字名を残し、建物を改築するときにおこなった発掘調査では、約九〇センチにわたって版築状に積み上げた土層があらわれ、布目平瓦片などが出土していた。

　そこで少し大胆ではあったが、私は小山田古墳の中軸線から貼石護岸石までの直線距離を地図上で計測した（**図47**）。その距離はほぼ一四二メートル。現状の地形から観察して小山田古墳の一辺は約七〇メートルとみられることから、おそらく使用している度地尺（土地を測るのに用いた物差し）は高麗尺だろうと想定し、いくつかの数値をあてはめてみると、一尺が三五・六センチという単位がもっとも適合する数値であることがわかった。あらためて中軸腺から東端の貼り石遺構までの距離を高麗尺にあてはめてみると、四〇〇尺（一四二・四メートル）の整数値になったのだ。そ

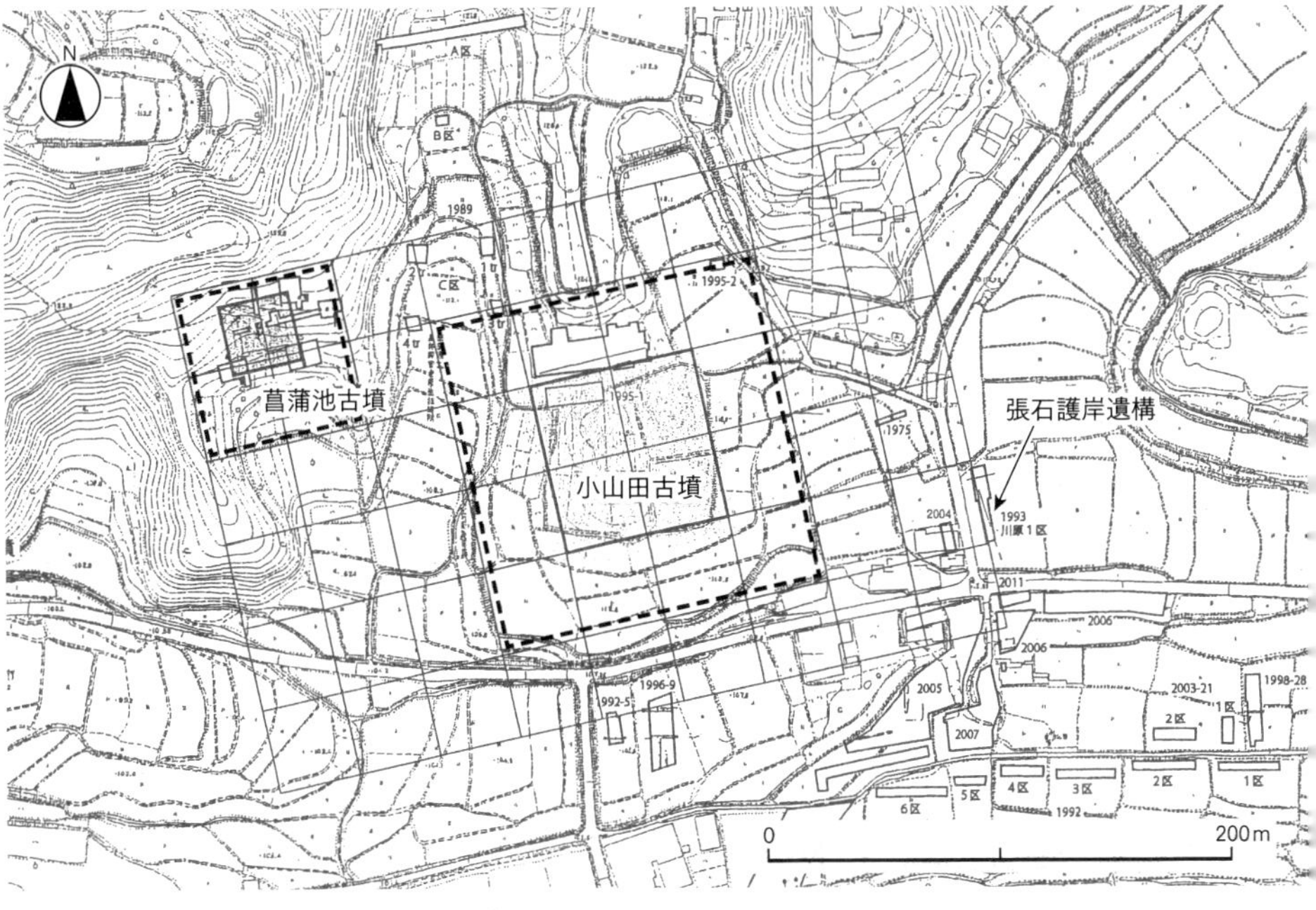

図47　小山田古墳と菖蒲池古墳の関係

こで古墳の中軸腺を基準にして一〇〇尺（三五・六メートル）の方眼を組み地形図に重ねてみたところ、古墳中軸腺から東に二〇〇尺、三〇〇尺のところには古墳の方位と平行して、水田の畦畔《けいはん》の痕跡が残っていることがわかった。版築土を残す「川原堤添え」地区は、ほぼ一〇〇尺の幅で南北に一段高い状態でつづいていることから、おそらく古墳の外堤にあたる部分になり、字名にもその名残があるのだろう。また想定墳丘の南面と東西の畦畔にも平行するラインが認められることから、前庭部の存在の可能性も含めると、墳丘基底部は二五〇尺（八九メートル）に及ぶ巨大なものであったと考えられる。

大阪府南河内郡河南町には、シショヨツカ古墳、塚廻《つかまわ》り古墳、アカハゲ古墳など、最下段の東西幅が六〇から八〇メートルに及ぶ終末期の大型方墳がみられるが、小山田古墳はそれらを遙かにしのぐものであったといってよいだろう。

なお、養護学校建設以前の地形図に残る方形の区画の方位は、ほぼ南北方向を指しており、小山田古墳の復元図とは少しずれているが、この痕跡は小山田古墳が人為的に破壊された後に造られた道路によって改変されたとみてよい。それは、一九九二年と九六年に墳丘の南を東西に走る県道橿原・多武峰線の南で、明日香村教育委員会がおこなった川原下ノ茶屋《かわらしものちゃや》遺跡の調査で検出した東西方向の道路遺構と、この地形図の方形区画が平行することからも明らかである。この道路の側溝からは飛鳥Ⅳ期（七世紀後半）の土器が出土することから、東にある川原寺や橘寺の整備にともなって造られた直線道路の可能性が高いとされている。この時期は、小山田古墳の北側の濠が埋没した時期とも符合している。

菖蒲池古墳

小山田古墳と小さい谷を隔てた西北の丘陵南斜面にある菖蒲池古墳は、墳丘は大きく変形し、元の姿を留めていないが、他に例のない二つの家形石棺が横穴式石室の玄室内に納められていることは古くから知られていた。大正十四年（一九二五）に上田三平によって石室内の調査がおこなわれているが、墳丘を含めた全体像は二〇一〇年に橿原市教育委員会が実施した調査で、外部施設も含めて形態、規模、築造時期などが解明された。

まず、立地からみてゆこう。菖蒲池古墳は、小山田古墳の西に平行する丘陵の南端のやや入りくんだところに造られているが、これは終末期古墳の立地としては風水思想にかなった絶好のもので、おそらく大きく人工の手が加えられているだろう。報告書によると、石敷きなどの付属施設も含めると、古墳の規模は東西六七～九〇メートル、南北は八二メートルに及び、その中央に築かれた墳丘は一辺約三〇メートルのほぼ正方形の方墳で、二段築成とみている。調査者は上段の墳丘裾が一辺一七・七メートル、下段は三〇メートルに復元しているが、私は上段が一七・八メートル（五〇尺）、下段の石敷きの両端を含めた幅、つまり南辺正面の幅は三五・六メートル（一〇〇尺）であろうと考えている。

古墳の墳丘の盛り土の中から出土した須恵器は、飛鳥Ⅰ～Ⅱ（七世紀第2四半期）の古段階のもので、この菖蒲池古墳の築造がその時期より古くはないことを示している。そして墳丘に手が加えられ、埋められた掘り割り内からは飛鳥Ⅱの新段階からⅢ～Ⅴ段階（七世紀後半）の須恵器が出土し、それ以降のものはない。このことから古墳は七世紀半ばに築かれ、後半の藤原京時代にはすでに多くの部分が壊され、さらにその時期の建物の一部も確認されている。ただ横穴式石室と中の二つの家形石棺（図48）は、ほぼ完全な形で残されており、石室の形態は岩屋山式石室に近い。石室の床の面は墳丘の第一段の高さに共通する七世紀でも古相を示しているが、石室は墳丘の中央に位置するという新しい要素をもっている。これらをもとにすれば、この石室の築造された時期は、七世紀半ばとみられ、墳丘の時期と一致する。

二つの家形石棺の規模はほぼ同じだが、入り口手前の石棺が複雑な要素をもっていることと、石棺内部に黒漆が塗られていること、奥の石棺内は赤漆が塗られていることに違いがある。古墳時代後期になると家形石棺と呼ばれる形式の石棺が登場するが、これは前代の長持形石棺の進化形とみられる。しかし、この菖蒲池古墳の二つの家形石棺は明らかに家の形を摸したもので、一般的な家形石棺とは似て非なるものである。私は中国の隋、唐代の大型墓の墓室にある家形石棺の影響ではないか、とみている。そしてあまり広くない石室内に豪華な石棺を二棺おさめていることに、強い違和感がある。

図48　菖蒲池古墳の石棺

今来双墓

小山田古墳の築造過程をみてゆくなかで、この地域には大規模な墓域が造られていることがわかってきたが、菖蒲池古墳との関係も明らかになってきた。菖蒲池古墳は発掘調査で基底部が明らかになったため、墳丘そのものの規模は一辺三〇メートルという報告書のとおりであろうが、石敷きを含めた外部施設を考慮すると、一辺二〇〇尺（七一・二メートル）の方形区画が想定できる。

一方、小山田古墳も、墳丘北側の丘陵切断部から南側の県道の北側に残る東西の畦畔までを南北とし、東側は想定墳丘の一〇〇尺東にある南北の畦畔までと、西側は谷のため顕著な痕跡は認められないが、少なくとも墳丘の南北の中軸線から南二〇〇尺のところでは、西側にも畦畔の痕跡は残っている。そのように考えれば、小山田古墳の墓域は一辺四〇〇尺（一四二・四メートル）四方となり、一辺の長さは菖蒲池古墳の二倍、面積では四倍になる。

しかし、問題はこの巨大な墓域をもつ古墳が、完成して機能を果たしていのだろうかという問題である。明らかなのは、どちらも早い時期に墳丘が大規模に削られ、近くに藤原京期の遺構があることだ。小山田古墳は石室の築造が開始されていたことは明らかだが、完成していたかどうかは、わからない。ただ墳丘の盛り土からの出土遺物と、墳丘北側の掘り割りの埋め土の遺物との間にさほどの時間差がないことは、この巨大な古墳が短期間に削平されたことを示している。それは二つの古墳に共通する。しかし、そのようななかで規模の小さい菖蒲池古墳の横穴式石室は残っており、二つの石棺が納められていることは何を意味しているのだろうか。

飛鳥の盆地の中央には歴代の飛鳥正宮が営まれていることはすでに述べたが、その周囲を囲む遺跡のあり方は、飛鳥時代の歴史を如実にあらわしていると、私は考えている。

飛鳥に最初に宮を営んだ推古天皇は、蘇我氏の地盤であった飛鳥盆地の北西部の豊浦、小墾田に宮を構えた。盆地の東南部、多武峰からは北の桜井方面へ、妹峠を越えれば南の吉野へ向かうという重要な出入り口近くには、蘇我馬子の嶋の邸宅と石舞台古墳、さらに都塚古墳がある。

蘇我蝦夷は甘樫丘近くに「上《かみ》の宮門《みかど》」と呼ばれた邸宅を構え、入鹿はそこからさほど離れていないところ「谷《はざま》の宮門《みかど》」を造り住んだと『日本書紀』皇極天皇三年（六四四）十一月条に記されている。

近年、この入鹿の宅と考えられる甘樫丘東麓《あまかしのおかとうろく》遺跡の発掘も進んでいる。飛鳥盆地と西の橿原とは甘樫丘、大野丘などの丘陵をはさんで、ずいぶん趣が違っているが、その丘陵の南端部に小山田古墳と菖蒲池古墳は築かれている。このような位置関係と、規模、時期、破壊された墳丘、例をみない石棺などを考えると、これらは『日本書紀』皇極天皇元年（六四二）の記事にある、蘇我蝦夷、入鹿親子が今来に築き、大陵と小陵と呼んだ「今来双墓《いまきのならびのはか》」の可能性が高いと私は考えている。

皇極天皇四年（六四五）の六月十二日に起きた乙巳の変で入鹿は殺害され、父親の蝦夷は翌十三日に上の宮門で自害した。『日本書紀』には「この日蝦夷と入鹿の屍を墓に葬ることを赦《ゆる》す」とある。墓の築造を開始してから三年目に思いもよらない事件が起き、二人は亡くなるが、この時まだ小山田古墳は完成していなかった可能性がある。そこで規模の小さい菖蒲池古墳に二人を葬ったのではないだろうか。どちらにも藤原京期の遺構が重なっていることも、石舞台古墳に封土がないことも、飛鳥盆地にあった宮と政権を否定する強い意志が、背景にあるのではないかとも考えている。

また江戸時代以来議論されている、双墓の所在地の「今来」について述べておかなければならない。『日本書紀』の欽明天皇七年（五四六）七月条に今来郡からの報告として、「五年の春、川原民直宮《かわらのたみのあたいみや》が、高殿にのぼってながめると、よい馬がいるのをみつけた」とあり、この川原民直宮は檜隈の里の人であるとつづいている。塚口義信は、この記事から小山田古墳の所在地である川原は今来郡に属していたことを指摘し、これら二基こそが「今来双墓」であろうと文献研究者としての立場で結論づけている。

小山田古墳の調査は今後もつづくが、現在のところ、今までの古墳の調査結果と地形観察からこの二基の古墳は、飛鳥時代前半期の政権の中枢に君臨した蘇我蝦夷、入鹿の墓所である可能性が高いだろう。

◆飛鳥時代後期の古墳

飛鳥時代は六世紀末（五九二年）から八世紀初頭（七一〇年）までの約一二〇年間を指している。いわゆる前方後円墳体制を中心とする古墳時代は六世紀末にほぼ終わりを遂げているが、その後も数は減少し、規模も小さくなるが古墳は造られている。そこで、矛盾は承知のうえで、この時代を古墳時代終末期、また墳墓を飛鳥時代の古墳と呼んでいる。

七世紀は国家としての日本が誕生した時期でもあり、そこには大きな転換点があった。その時期を壬申の乱というクーデターを起こし、政権を掌握した天武朝の始まった七世紀第3四半期の終わり頃と考えたい。終末期古墳の画期を大化甲申の詔にある薄葬令が発布された大化二年（六四六）を提唱する見解も多いが、この詔の実現性、実際の古墳のあり方からみても、私は天武朝と考えている。そこでこれからは、その限られた時期の数少ない古墳について述べよう。

藤原宮の中心線上にある古墳　野口王墓古墳

藤原京の南に分布する古墳（図49）のなかで、もっとも重要な位置にあるのが野口王墓古墳《のぐちのおうのはか》である。今は天武・持統天皇合葬陵に治定され、宮内庁の管理となっているが、この古墳の歴史をたどってみると、いろいろな興味深い事実が浮かび上がってくる。

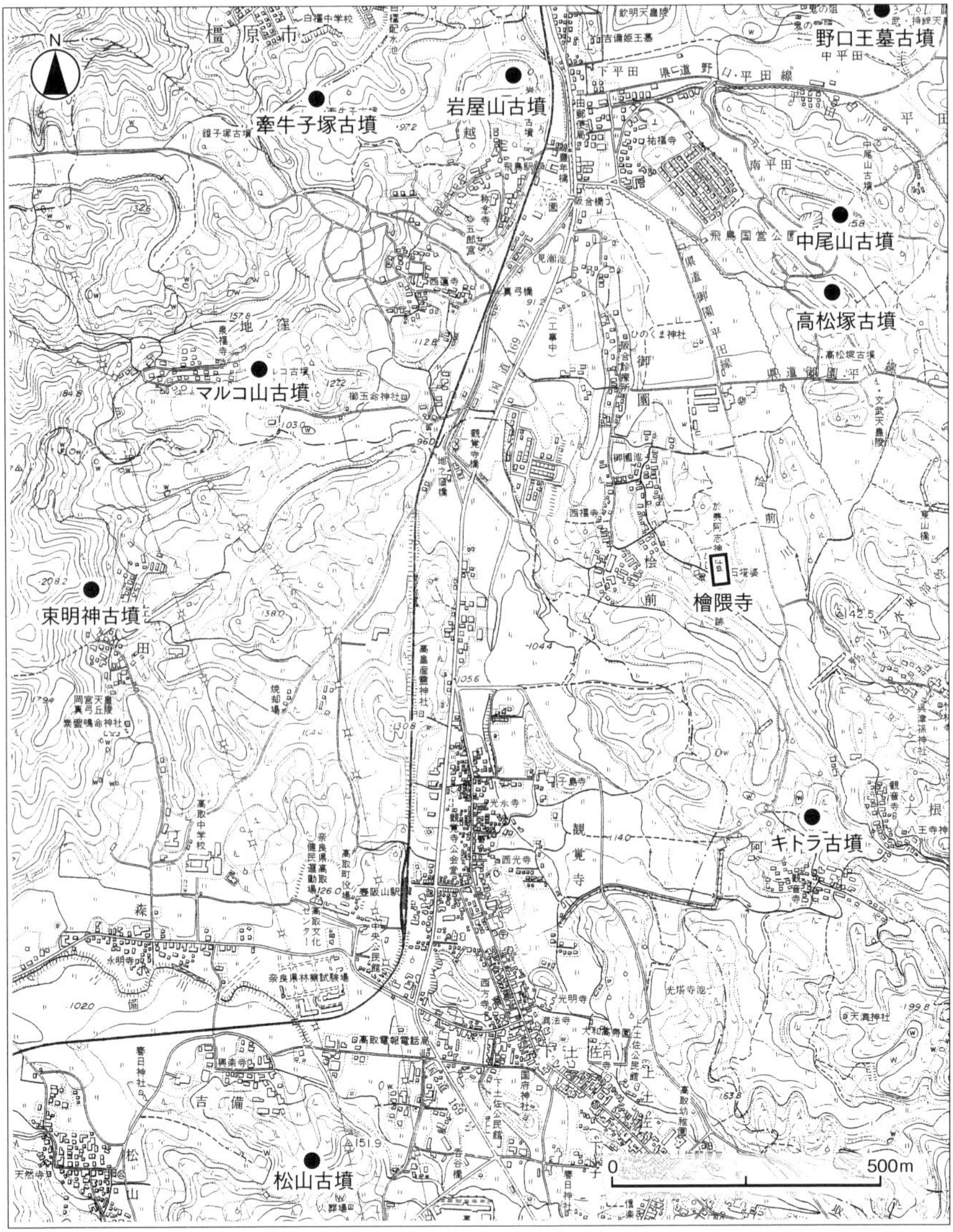

図49　飛鳥時代後期の古墳の分布（牽牛子塚古墳と岩屋山古墳は前期の古墳）

宮殿跡や寺院跡のある飛鳥の盆地から南西に向かってしばらく歩くと、南には低い丘陵と田園が広がるのどかな風景が展開してくるが、その中にひときわ高いこんもりとした木々の繁った丘が目に入ってくる（図50）。これが野口王墓古墳である。この古墳は実は持統天皇が政治をおこなった藤原宮の大極殿の中心、つまり都の中軸線上に位置していることでも研究者が注目している古墳だった。

丘の頂上に造られた古墳の規模は、現状では東西、南北約四〇メートルで円墳にみえるが、宮内庁が近年発表した資料によると、五段築成の八角形墳で、対辺が約三七メートル、高さ約七・七メートルの規模のようだ（図51）。なお墳丘の周りは凝灰岩の切石を使った葺石《ふきいし》が施されているが、それらの一部は外部からも観察できる。

この古墳は天武天皇の檜前大内陵《ひのくまのおおうちのみささぎ》に治定されているが、そこに至るまでには複雑な経緯を経ているのである。『日本書紀』には朱鳥元年（六八六）九月九日に天皇が崩御したのちの殯の様子がくわしく書かれている。殯の期間は実に二年二カ月におよび、持統二年（六八八）十一月十一日、大内陵に埋葬されたとある。大内陵については、『延喜式』の諸陵寮に、「檜前大内陵」とあり「大和国高市郡にあり。兆域は東西五町。南北四町」とその位置と範囲についてふれている。さらに『続日本紀』には大宝二年（七〇二）十二月二十二日に太上（持統）天皇崩御の記事がある。そしてその一年後、大宝三年（七〇三）の十二月十七日に飛鳥の丘で火葬され、亡くなってから一年と四日後の十二月二十六日に大内陵、つまり夫の天武天皇陵に合葬されたことがわかっている。このことは『続日本紀』『延喜式』ともにはっきりと記録されている。

しかし、大内陵がどこにあるかについては早い時期から混乱が生じていた。江戸時代の元禄期に奈良奉行所が諸陵を探索するまでは、この古墳は「不分明陵」、つまりよくわからないが、陵には違いなかろうとされ、一部では「武烈天皇陵」との説もあった。しかし奈良奉行所の役人は、この古墳の小字名が王墓であることを指摘し、天武天皇陵の可能性を訴え、元禄時代に初めて天武天皇陵に決定した。しかし、幕末の安政の陵墓治定時には再び変更され、今度は文武天皇陵になったのだ。江戸時代の間だけでも、このような混乱があったのである。

　また当時の知識人たちは、天武天皇と持統上皇は合葬されていることを知っていたことから、複数の棺があるだろうと解釈した。そこで近くにある横穴式石室内に二つの石棺のある巨大前方後円墳（全長三一八メートル）の五条野丸山古墳を二人の合葬墓と見立てたようだ。つまり、幕末頃にはこの前方後円墳が天武天皇陵になったわけである。

　しかし明治十四年（一八八一）、京都の栂尾高山寺《とがのおこうざんじ》で『阿不幾《あおきの》山陵記《さんりょうき》』という文書が発見されてから事態は一変した。そこには鎌倉時代の文暦二年（一二三五）に起きた野口王墓の盗掘事件の見聞が記録されていたのである。見聞記を読むと『日本書紀』『続日本紀』に書かれている天武天皇、持統上皇の埋葬の様子と一致することから、この古墳が二人の合葬墓であることに間違いないであろうということになり、ただちに改定され、

図50　野口王墓古墳

そして現在に至っている。

『阿不幾山陵記』には、この古墳は八角形で五段に築成され石垣をめぐらせていると書かれているが、最近の宮内庁の発表とも一致している。また、石室内部についても書かれていて、大理石の切石を使用した石室は玄室と羨道部からなり、その間は観音開きの扉で仕切られている。扉には蓮華、返り花文様の金具が大小六個付く、とても丁寧な構造である。玄室の規模も他の終末期古墳にくらべると極端に大きく、長さは換算すれば四・二から四・五メートル、幅は三メートル、高さは二・一メートルと記録されている。天井石は一枚で、床も含めて石室内は全面に朱が塗られているようだ。天武天皇は、麻と漆を交互に重ねて塗り固めた夾紵《きょうちょ》棺に納められていた。棺の大きさは長さ二・一メートル、幅七五センチ、高さ六〇センチで蓋は木製、金銅製の棺台の上に置かれている。そばには持統上皇の遺骨を納めた金銅製の骨蔵器も並べ置かれていたと記述されている。

遺物は棺、骨蔵器のほかに銀製の兵庫鎖、玉で飾った石製の帯、金の玉を飾った枕、銅の糸で連ねた琥珀《こはく》の念珠、赤い衣のようなもの、さらに遺骨が残っていた。

歌人として著名な藤原定家もわざわざ都から飛鳥まで出向い

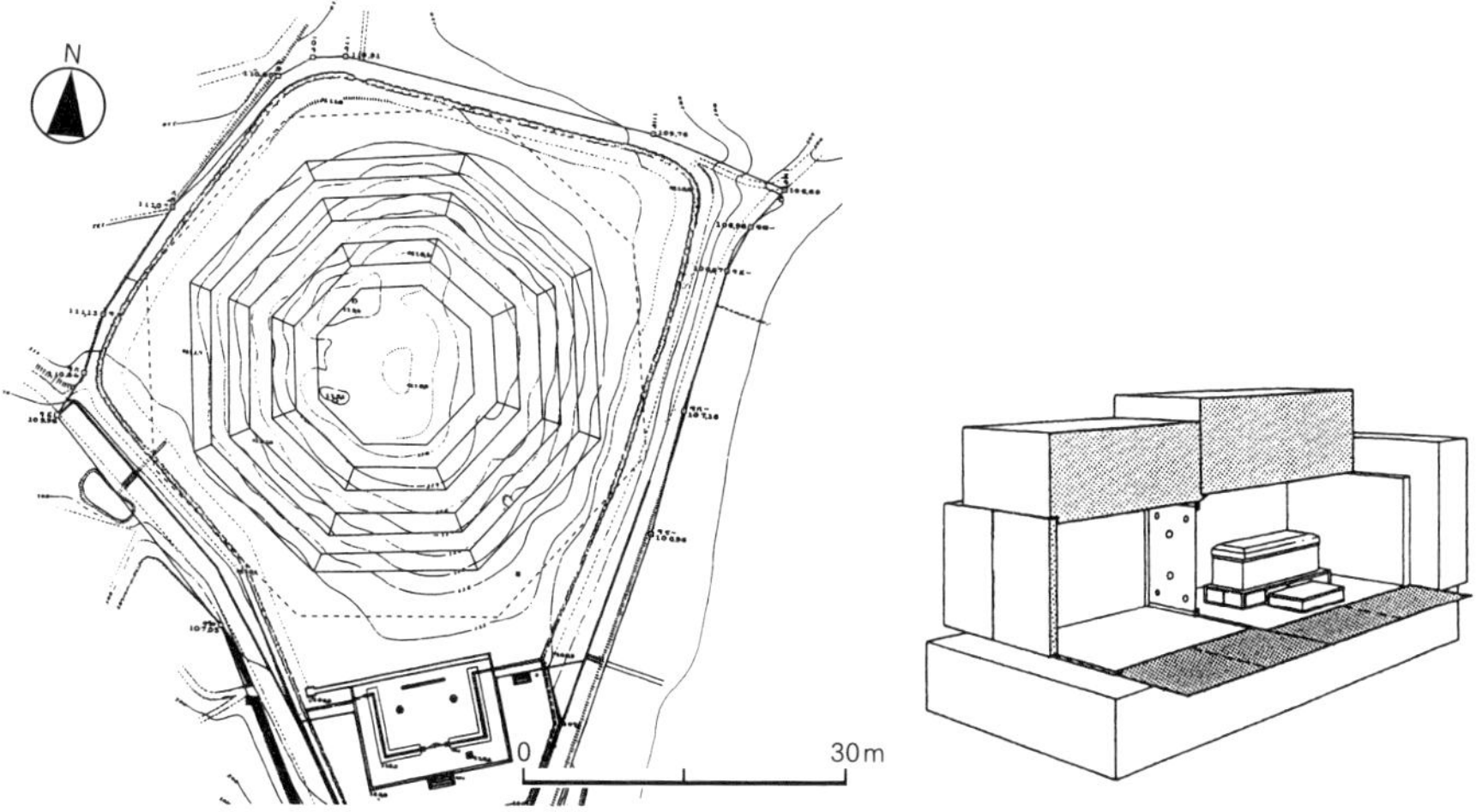

図51　野口王墓古墳の墳丘と石室

ていたようで、彼の著作『名月記』の中にもその様子が記されている。そこには持統上皇の火葬骨を納めていた銀製の箱が道端に捨てられていたと書かれているが、このことから金銅製の外容器の中に、銀製の箱が納まる二重構造のものであった可能性もうかがえる。

数多くの古代の陵墓のなかで、多くの古代史や考古学の研究者がこの野口王墓を天武・持統陵とみているのは、以上の理由によっている。そして、これから述べる他の終末期古墳の被葬者の問題も、この解釈のうえになりたっていることを了解していただきたい。

天武・持統陵と漢の高祖の長陵

天武天皇の皇后でのちに即位した持統天皇は、夫の遺志を継いで中国にならって法律に基づいた国づくり、つまり律令国家の完成をめざした。わが国で初めての宮殿と街が一体となった都、藤原京の造営がその象徴といえよう。

私は、この都造りと、都の南西部に広がる終末期後期の古墳群との関連性に強い関心をもっている。古墳群の分布範囲が、藤原京の大極殿の南延長線上に位置する天武・持統陵を起点として、そこから南西部に岸俊男説の藤原京と同じ面積に広がることから、この一帯を「来世の都」とみることはできないか、との考えを示したこともあった。しかし、近年の発掘調査で藤原京の範囲が大幅に広がることが確認され、その平面プランが前漢末に書かれたとされる『周礼』に描かれた理想的な都を再現したのではないか、という説（五二ページ参照）があらわれるなかで、都と一体である葬地について改めて考える必要を感じるようになった。

そして、天武・持統陵と藤原京の関係を考えてゆく過程で、前漢（紀元前二〇六年から紀元後八年）

の長安城と北方の咸陽原に広がる皇帝陵との関連性に注目するようになった。実は前漢を興した高祖劉邦《りゅうほう》を葬った長陵《ちょうりょう》は、長安城から北にのばした中軸線上に位置しているのだ。さらに子の二代恵帝の安陵《あんりょう》は長安城の西延長線上、孫の四代景帝の陽陵《ようりょう》は東延長線上近くに築かれている（図52）。

　この位置関係は、中国古代の廟内で始祖を中央に、二代、四代を右側に、三代、五代の位牌を左側に置くという昭穆制《しょうぼくせい》度《ど》を地上に置き換えたのでは、という見方がある。

　藤原京西南古墳群に目を移してみると、西端のほぼ中央部に束明神《つかみょうじん》古墳、東端にあたる天武陵の南には中尾山《なかおやま》古墳が位置している。それぞれ被葬者を草壁皇子、文武天皇に比定する見解を支持すれば、ともに天武の子と孫にあたる。しかし、現時点では天武天皇陵の東側でこの時期の古墳は確認されていないこともあり、始祖を中心に配置する昭穆制とは違っている。しかし、その理念は一部とり入れられているのではないか、という気がしないでもない。

　さらに持統上皇は火葬され、遺言によって天武陵に合葬されているが、当初の計画では天武陵の西側に並ぶ位置に計画されていたのではないか、という見解が二十数年前に藤井利章から出されている。事実、厳密にいえば藤原宮大極殿の中軸線は、天武陵の墳丘西裾、持統陵の予想計画地との間を

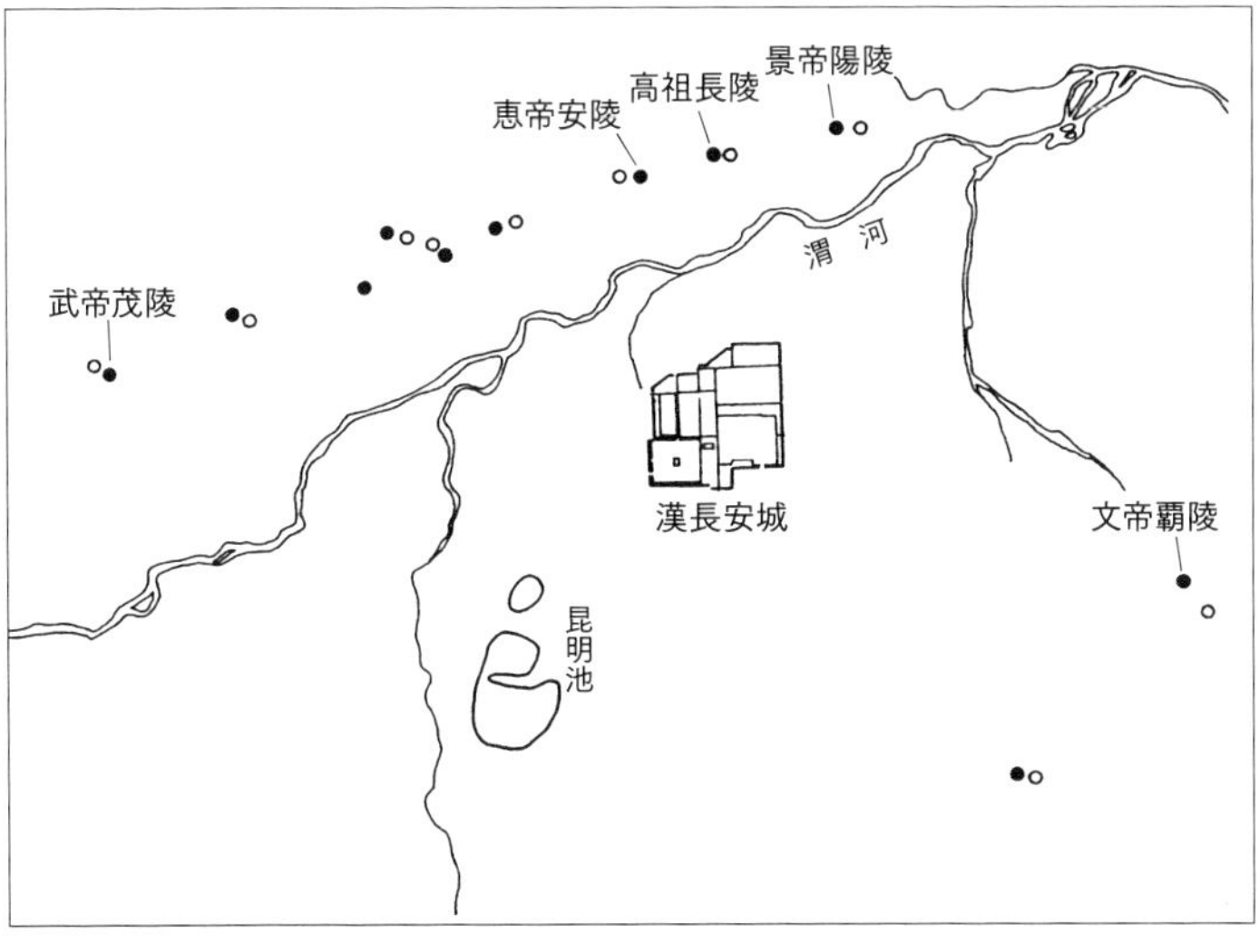

図52　中国前漢代の皇帝・皇后陵の位置

通っているのだ。
ふたたび中国の前漢の皇帝陵に話を戻そう。前漢時代の皇帝陵は、皇后をもたなかった成帝の延陵《えんりょう》以外はすべて皇后陵を近くに設けるが、皇帝も皇后もそれぞれ単独に厚い塀に囲まれた陵園をもち、その中に墳丘を築いている。しかし、劉邦の皇后であった呂后《りょこう》陵だけが、劉邦の長陵の陵園の中に並んで築かれているのである（図53）。そのうえ、一般の皇后陵の規模は皇帝陵より小規模であるのに対して、呂后のそれは劉邦とほぼ同規模に造られている。この状況については、呂后が高祖劉邦の崩御後一五年間にわたって政治の権力を握っていたことと関係があるのではないか、という見解がある。持統女帝の計画当初の陵も、呂后と彼女の生前の事績の共通点を考えてみれば、偶然とは思えない。ただ持統は、火葬ののち遺言によって天武と合葬され、計画は変更となったようだ。

天武天皇が漢の高祖に強い関心を寄せていたことは、いくつかの面で指摘できる。まず近江朝廷に反旗を翻し勝利をおさめた壬申の乱では、兵の衣装に赤色を用いたと『日本書紀』に記されていることは先にも述べたが、これは『漢書』「高帝紀」にある、高祖が「常に戦いに際して軍旗に赤色を用いた」ことに由来することは間違いないだろう。天武天皇はみずからを項羽に反旗を翻し勝利し、大

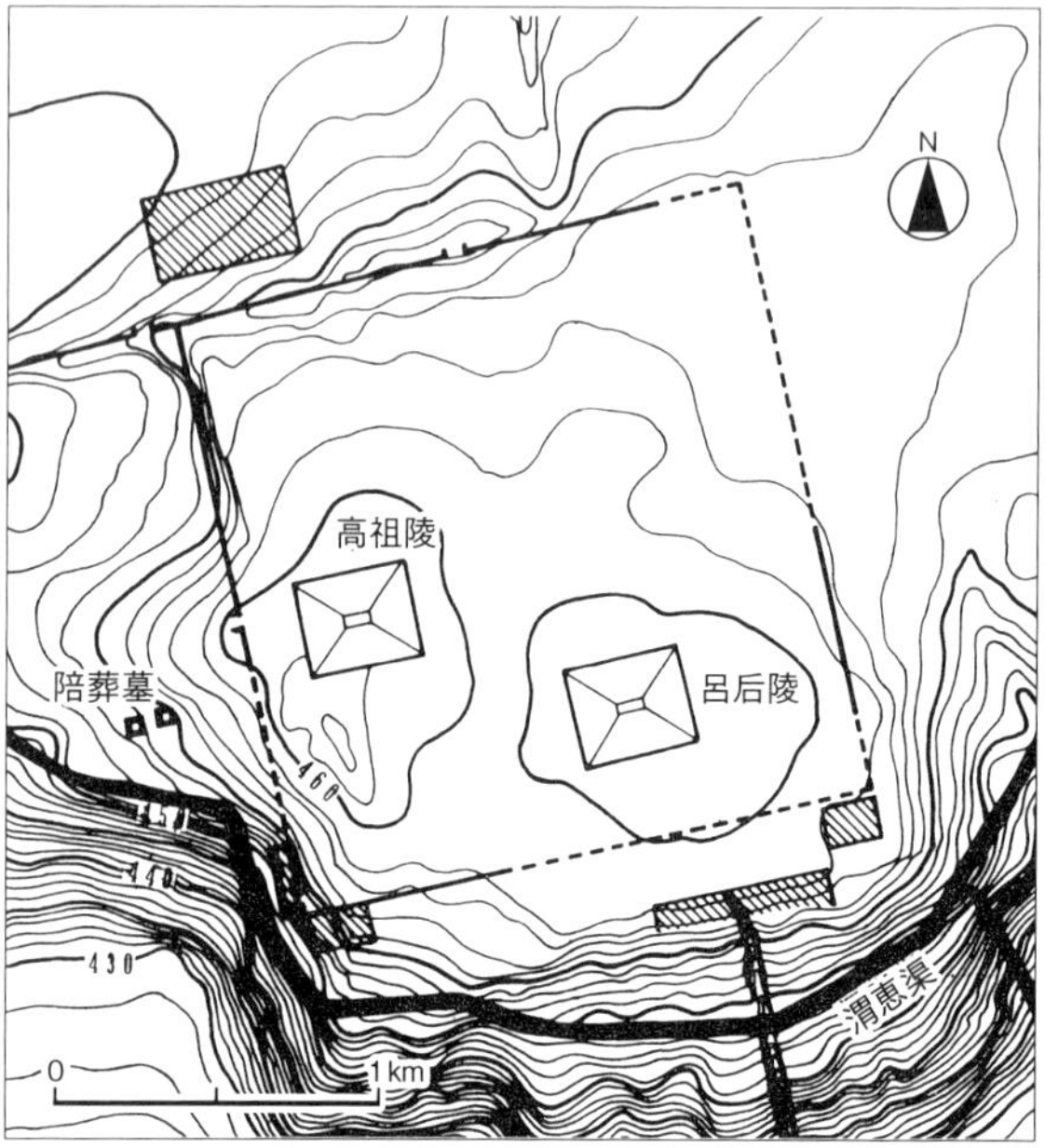

図53　長陵

帝国を打ち立てた高祖劉邦に自身をなぞらえたのだろう。

天武天皇の活躍した七世紀後半は、百済問題のもつれから日中関係も思わしくなく、遣唐使も途絶えていた。律令国家完成の大志をもつ天武にとっての目標は、同時代の唐ではなく、あくまでも漢帝国の覇者であった高祖劉邦の事績にならうことだったのではないかと考えられる。藤原京の建設も、『周礼』にある理想的な都とともに、劉邦が即位後すぐに建設にとりかかり、劉邦以後の一〇人の前漢の皇帝すべてが住んだ未央宮《みおうきゅう》のことが天武の脳裏にはあっただろう。死後の世界の住まいである陵墓についても、規模の差はあるもののその理念を受け継いでいたのではないだろうか。

時代が下って、唐時代の六三五年に高祖李淵《りえん》が崩御したとき、息子の太祖李世民《りせいみん》は「山陵は漢の長陵の故事による」と詔を下し、父親の陵を漢の高祖劉邦になぞらえようとしたが、高官の反対にあい、やむなく後漢の光武帝の原陵に準じたという出来事があった。後世の中国においても常に意識された漢の高祖を、クーデターによって政権を打ち立てた覇者、天武と持統が理想のモデルとしないはずはないと、私は思うのである。

草壁皇子の墓　東明神古墳

飛鳥の南に分布する終末期古墳のなかで、野口王墓古墳は天武・持統合葬陵、中尾山古墳は文武天皇陵の可能性が強いという見方に対して研究者の間ではあまり異論はなかった。そのようななかで、一九八四年と一九八六年の二度にわたって発掘された束明神古墳についても、発掘当初から被葬者の名がとりざたされていた。その人物とは、天武と持統の間に生まれた草壁皇子《くさかべのみこ》である。この古墳の調査のいきさつから、成果も含めて被葬者像に迫ってみたい。

一九七五年頃から束明神古墳を終末期古墳と認識し、調査の必要性を説いていたのは、橿原考古学研究所の河上邦彦だった。しかし河上は私の一年前に中国へ留学していたこともあり、本格的な調査を開始したのは帰国から二年後の一九八四年だった。古墳は高市郡高取町佐田の集落から西にのびた、丘陵の東南斜面を大きく切り取って平らにした部分に築かれていた。周囲に凝灰岩のかけらが多く見られ、河上は高松塚古墳やマルコ山古墳の例から終末期古墳の石室の石材と考えたようだ。

現在は古墳の前には春日神社が建ち、そばには「束明神」と刻んだ嘉永四年（一八五一）銘の石灯籠が立っている。またこの古墳にまつわる地元に残る興味深い伝承も河上の関心を呼んだようだ。その内容とは、「幕末に近い頃、岡宮天皇（草壁皇子）の御陵を定めるために、中央から役人が来ることになった。佐田の村には草壁皇子の墓と伝える塚があり、古くから祀られていて、石造りの玉垣がめぐらせてあった。しかし、この塚が正式に草壁皇子の墓として認められると、塚の下方にある佐田村が強制移住させられるかもしれないという噂《うわさ》が流れた。不安になった村人は、塚の周りの玉垣を取り壊し、塚を掘って石材を抜き取り、内部を破壊した。調査にやって来た役人は、石室を探すために鉄の棒で突いたが石に当たることはなかった。結局、村人の努力は実って、岡宮天皇陵は、塚（束明神古墳）の南約三〇〇メートルの地点とされた」というものだ。

発掘調査を担当した河上は、幕末の文久年間の御陵墓修復を約一〇年さかのぼる嘉永年間に、こうした陵墓調査がおこなわれたことは充分考えられるとし、さらに墓前に立つ石灯籠は、草壁皇子の墓を破壊したという村人の自責の念から、供養のために立てたと解釈し、村人の伝承を事実であろうとした。

この古墳の記者発表の前に、橿原考古学研究所では古墳名をどうするべきかという議論がおこなわれた。その時二つの意見が出されたが、一つは字名を取って「オヒラ古墳」、もう一つは伝承を重んじて「束明神古墳」という案だった。「オヒラ」はおそらく山腹を広く削ったところ、「大平《おおひら》」のなまったものであろうし、これも捨てがたかったが、結局は伝承に軍配があがった。「塚」をあえて「束」としたところに託された、地元の人たちの深い思いも汲みとろうということになった。

このように他の古墳ではみられないような多くの状況証拠があるなかで、実際の古墳はどうなのだろうか。

伝承のとおり、古墳は人の手によって壊されてはいたが、調査の結果以下のようなことが明らかになった。墳丘は三段築成で、対辺が約三〇メートルの八角形の可能性がある。埋葬施設は南面する横口式石槨で**（図54）**、石材は縦、横ともに約五〇センチ、厚さが約二五センチの凝灰岩の切石を東西両壁は五段目まで垂直に積み、六段目からは約六〇度の角度で内傾させて積み上げ、一〇段まであったと考えられる。南壁には一メートル四方の入り口があったようだ。凝灰岩切石を利用した石槨が集中する飛鳥周辺でも、ほかにまったく例のない構造をもつ古墳だった。

石槨内は幾度かの盗掘に遭い、遺物はほとんど

図54　束明神古墳
石槨長3.12 m・幅2.06 m・復元高約2.5 m。

残っていなかったが、漆塗り木棺の表面に塗ったとみられる多量の漆膜片、金銅製円形金具一点、鉄釘約五〇本、歯牙四本が出土した。

この遺物には、被葬者を判断できるような直接的な資料はほとんどない。しかし、古墳の立地、八角形の墳丘、類例のない石槨構造と規模などを考慮すると天皇陵に匹敵する要素を備えているといっていいだろう。歯牙の調査からは成人女性の平均値に近い、という見解が出されているが、多量の鉄釘から判断しても、複数の棺があった可能性があり、主埋葬者を決定づける資料とはいえない。

一つ興味深いことは、草壁皇子が亡くなる三年前に崩御した父親の天武天皇の陵と考えている野口王墓古墳の、八角形の墳丘裾に積まれた凝灰岩の石材と、束明神古墳の石槨材の大きさや材質が、ともに同じであるということである。同じ石工集団によって築かれた可能性があるが、他に例がないことを考えれば被葬者間のつながりも考えられるのではないだろうか。

『万葉集』には草壁皇子の薨去に際して詠まれた挽歌二三首の中に、檀乃岡《まゆみのおか》、佐太乃岡《さたのおか》を歌い込んだ六首がある。また『続日本紀』には称徳天皇（草壁皇子の曾孫）が紀伊への行幸の途中、天平神護景雲元年（七六五）十月十五日に檀山陵《まゆみのみささぎ》（草壁皇子墓）を通過する時、官人たちに詔を下し、騎馬の者は下馬させ、儀仗兵には旗や幟を巻かせた、とある。檀乃岡は現在の真弓丘陵、佐太乃岡は高取町佐田とみてよい。

草壁皇子の墓の所在地を記したこのような文献を、現実の束明神古墳の位置と重ね合わせてもまったく矛盾はない。あくまで可能性の問題ではあるが、束明神古墳の被葬者の候補としては、皇太子のまま薨去した草壁皇子が最有力という指摘は、私も支持したいと思っている。

人物像と四神を描いた石槨　高松塚古墳

壁画の発見

高松塚古墳の調査からもう五〇年になるが、当時のことは今も鮮やかに記憶している。一九七二年三月下旬、橿原考古学研究所に入って三年目を迎えようとしていた私は、その年は奈良県庁内の遺跡調査室に出向していた。なにげなく手にした受話器の向こうから、少し興奮ぎみだがしっかりとした口調で、高松塚古墳で石室が確認され、そこには正倉院に伝わる樹下美人図のような絵が描かれているという連絡だった。一瞬その様子は頭に浮かんでこなかったが、やがて暗い石室の壁面に、ふくよかな面影の天平美人の姿がイメージされてきた。

調査は慎重にかつ迅速に進めなければならないことから、このニュースはしばらく伏せておくことになった。小雨の降る現地を訪ねたとき、あたりはピーンと張りつめた緊張感が漂い、黙々と作業を進める調査員の姿に改めてただならぬ様子を感じた。

鎌倉時代に空けられた盗掘の穴から薄暗い内部を観察すると、想像していたよりもずっと小さい男女の群像、青龍、白虎、玄武などの四神が目に入ってきた。しかしそれらは千三百年近い時空を感じさせない鮮やかな色彩を放っていた。

当時中国では世界の耳目を集めた文化大革命が進められていた。「造反有理」のスローガンのもと、次々と改変がおこなわれていくなかで、注目すべき発掘がつづいた。一九六〇年に西安の西北郊外にある唐の高宗・則天武后を葬る乾陵《けんりょう》の陪葬墓群の中から孫の永泰《えいたい》公主墓が調査され、みごとな壁画墓であることは知られていたが、さらに一九七一年から七二年にかけては李賢《りけん》（章懐《しょうかい》太子・高宗と則天武后の子）墓、李重潤《りじゅうじゅん》（懿徳《いとく》太子・永泰公主の兄）墓と相次いで色鮮やかな壁画墓が明らかにされている時でもあった。

一方、朝鮮半島でも、かつての高句麗地域に多く分布する壁画墓の研究が進められていた。考古学のニュースが社会面をにぎわすきっかけをつくった高松塚古墳ではあったが、学問的にも日本考古学の研究者に広く国外に視野を広げる必要性を強く教えてくれた古墳でもあった。

高松塚の壁画が発見された年の後半に、奈良国立博物館で画期的な研究会が開催されたのである。なんと文化大革命さなかの中国、国交のなかった北朝鮮、さらに韓国からの研究者を迎えて、日本の研究者も交えた四カ国の考古学、歴史学者の集まりがもたれたのだ。非公開だったため、参加者は多くはなかったが、末永雅雄の鞄持ちとして会場に入ることのできた私は、そこで各国の研究者の激論を目の当たりにして、学問の厳しさとすばらしさを体感し、さらに文化は政治を超えることができるのだということを確信するようになった。

被葬者は誰か

高松塚古墳が話題になって、古代史ファンだけでなく多くの人たちが関心をもったのは、いったい被葬者は誰なのだろうということだった。壁画発見当初から多くの研究者によって、皇族、上流貴族の具体名がそれぞれの研究視点から出されていたが、どれも決定的なものではなかった。

そのようななか、調査を指揮していた末永雅雄が一歩踏み込んだ見解を発表したのだ。実は末永は、石橋を二度叩いて渡るほど慎重で、私たちにも常々考古学者が安易に被葬者の問題を口にすべきではない、と指導していた。そんなことから、最初は私もそこに葬られている人物についての具体的な考察（実名）は、考古学者にとっては好ましくないと基本的には考えていた。

しかし、古代の武器、武具の研究者として学会をリードしていた末永が、高松塚古墳から出土した銀装の刀装具と正倉院宝物のなかに含まれている装飾大刀《たち》を比較し「積極的ではないが、被葬者の立場にかかわるのではないか」との意見を出したのである。少し説明を加えると、装飾大刀は儀式のときに佩《は》くもので、その人物の身分を正確にあらわす品でもある。正倉院宝物の飾り大刀のなかで、もっとも立派なものは、金銀鈿荘大刀《きんぎんでんそうたち》であって、銀装大刀はそれに次ぐものである。ということはこの大刀を持つ高松塚の被葬者は最高権力者、つまり皇位にある人、もしくはそれを継ぐような人物とは考えられない、と言ったのだ。もちろん具体的な人名をあげたわけではなく、被葬者像が絞れる可能性を述べだけだが、慎重な末永の意見ということで大きな反響を呼んだ。

後年、藤ノ木古墳の調査が終わり、発掘調査報告書を出版し、担当者としての責任を終えた頃から少しずつ私の考えは変わってきた。たとえそれが結果的には間違っていても、与えられた資料で可能な限り被葬者像にまで迫ることが必要なのではないかと思うようになったのだ。そんなこともあり、『斑鳩に眠る二人の貴公子　藤ノ木古墳』では藤ノ木古墳の被葬者として穴穂部《あなほべ》と宅部《やかべ》の二皇子がもっともふさわしいのではないかとした。飛鳥の終末期古墳に眠る人たちも、多くは歴史上に名を残している人物に相違なく、さまざまな角度から追究することが飛鳥時代の歴史を解明するためには必要だと考えている。しかし、私たちはミステリー作家ではない。資料を厳密に解釈し客観的に迫らなければ、なんの意味もない。

被葬者を考えるうえでもっとも重要なのは、古墳という他の時代にはみられない大きな墓の規模や、特別な形をもつ墳丘、それに加えて埋葬施設や棺、副葬品などの要素を総合的に検討しなければならないと考えている。ともすれば棺内の立派な副葬品に目を奪われてしまいそうになるが、それでは本質を見失ってしまうことになる。前方後円墳という特異な形をした大型古墳の出現によって、三世紀の中頃に古墳時代は始まり、全国に広がっていったが、前方後円墳の築造が終わった七世紀以降も、古墳の形と規模は、もっとも大切な要素であった。

飛鳥の終末期後半の古墳は八角形墳と円墳に分かれるが、興味深いことは八角形墳の規模は大きく、丘陵の頂きに築かれているのに対して、円墳は小規模で丘陵斜面に築かれるという特徴をもっていることである。さらに埋葬施設をみると、八角形墳（野口王墓古墳、中尾山古墳、牽牛子塚古墳、束明神古墳）のすべてにおいて、それぞれ形が異なった個性的な施設であるのに対し、その他の高松塚古墳、マルコ山古墳、キトラ古墳などは同じ形式の横口式石槨を使っていることである。これらのことは棺にもみられ、乾漆棺《かんしつかん》と漆塗棺《うるしぬりかん》との差となってあらわれている。この二つのタイプは、規制を超えた制約のない立場のもの（乾漆棺）と、規制の枠組みのなかのもの（漆塗棺）との違いを物語っていると私は考える。当然その違いは副葬品にもあらわれている。では、高松塚古墳はどうであろうか。

まず、墳丘は直径二三メートルの円墳で（図55）、石槨の内側に塗られた漆喰《しっくい》の上には、朱雀《すざく》を欠いた四神図（青龍《せいりゅう》、白虎《びゃっこ》、玄武《げんぶ》）、日月、星宿などが極彩色で描かれていた。内部は盗掘を受け、副葬品の多くは持ち出されていたが、先に述べた銀装大刀の装具のほか銅鏡、棺金具、多量のガラス玉などが出土した。さらに石槨内中央には、ほとんど形を留めていなかったものの、漆塗木棺が中央に安置され、被葬者の遺骨の一部も残っており、その鑑定結果から身長一六三センチ前後の熟年男性ということが明らかになった。

高松塚古墳は周知のとおり、その後の壁画の劣化の問題で解体保存されることになった。それに対する私の思いはあるが、ここでは触れないでおこう。その過程で墳丘のくわしい調査がおこなわれ、墳丘内から七世紀末から八世紀初頭の須恵器の破片がみつかったのである。このことは古墳の築造が、七世紀末をさかのぼらないことを示している。築造時期を知るもう一つの資料は、副葬品の海獣《かいじゅう》葡萄《ぶどう》鏡《きょう》だ。実はこの鏡と同じ型で作ったとみられる鏡が中国でみつかっているのである。幸いなことに西安で出土した墓には墓誌があり、被葬者は独狐思貞という六九八年に亡くなった人物ということも判明している。当時、朝鮮半島の情勢をめぐって、唐とわが国の関係は良好ではなく、天智天皇八年（六六九）の第七回の遣唐使の派遣以来、長らく中断している状態だった。

第八回の遣使を再開したのは、文武天皇が大宝律令を制定した翌年の大宝二年（七〇二）のことだった。実に三三年もの間、正式な国交はおこなわれていなかったのである。この遣唐使の一行が帰国したのは二年後の慶雲元年（七〇四）のことで、この鏡がもたらされたのもその時期とみるのが妥当だろうと私は考えている。したがって古墳の築造はそれ以降とみてよい。下限は平城遷都の和銅三年（七一〇）をあまり下らない時期とすれば、七一〇年代といえよう。

高松塚古墳は、文武天皇陵と考えられる中尾山古墳のすぐ南の丘陵

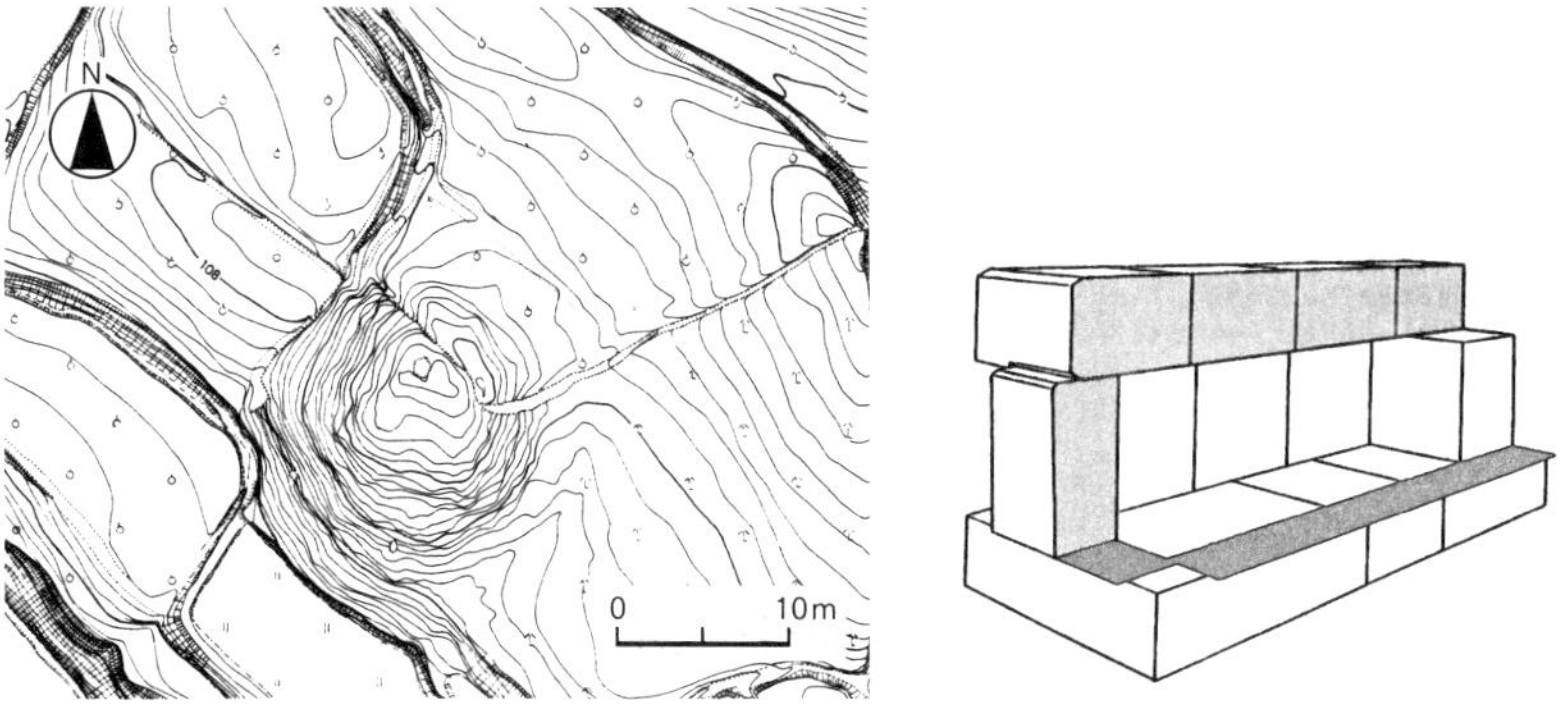

図55　高松塚古墳の墳丘と石槨
石槨内長265.5 cm・幅103.5 cm・高さ113.4 cm。

上に位置している。興味深いことには、『延喜式』によると文武天皇陵の兆域（墓域）は方三町（約三三〇メートル）と記されており、高松塚古墳はその中に入ってしまうことになる。文武天皇の崩御は七〇六年なので、それ以降に兆域内に墓を築くことはありえないことになる。そうすれば高松塚古墳の被葬者は、七〇四年から七〇六年のきわめて限られた期間に没した人物のなかから探せばよいことになる。

『続日本紀』に記録された死亡記事にあたってみると、数人の候補者がいることがわかった。先ず正四位下の豊国女王《とよくに》が慶雲二年（七〇五）三月七日に、天武天皇の第九子として活躍した三品（皇族の位）忍壁皇子《おさかべのみこ》が同年の五月七日に、大納言正三位紀朝臣麻呂《きのあそんまろ》が同年七月十九日に、大友皇子と十市皇女の間に生まれた葛野王《かどのおう》が同年十二月二十日に、翌慶雲三年（七〇六）六月二十四日には与射女王《よさ》と合わせて五名が亡くなっているのである。

高松塚古墳の被葬者の人骨鑑定では、熟年男性との結果が出されていることから、豊国女王と与射女王は除外できる。そうすると残るは三人の男性のみだ。しかし、葛野王は三十七歳の若さで亡くなっていることから、この人物もあてはまらない。紀朝臣麻呂は『懐風藻《かいふうそう》』（奈良時代の漢詩集）に「年四十七（一本に三十五）で正三位大納言」とあり、薨去の時は大納言在任五年と記されており、五十歳過ぎで亡くなったとみられ、熟年男性の条件にはかなっている。忍壁皇子は生年が不明のため、没年齢はわからないが、葛野王よりは年長であることは明らかで、被葬者の条件に近い。

被葬者の没年齢および位階からみれば、忍壁皇子と紀朝臣麻呂の二人に絞られてくるが、私は高松塚古墳に多くの共通点を持つマルコ山古墳の被葬者を考慮したとき、忍壁皇子の可能性がより高いのではないかと考えている。

忍壁皇子とは壬申の乱のときには父の大海人皇子（天武天皇）と行動をともにし、後に川嶋皇子《かわしまのみこ》とともに帝紀、上古諸事をまとめた際の中心的な存在となった人で、さらに天武の長男であった高市皇子《たけちのみこ》亡き後は、天武の皇子の代表的存在として活躍し、持統上皇崩御後間もなくの大宝三年（七〇三）正月、知太政官事（後の太政大臣）となって、草創期の律令政治に貢献した人物である。

高松塚古墳の被葬者については、壁画発見当初から多くの候補者があげられた。この忍壁皇子も古代史研究者の直木孝次郎などが有力候補者として語っていた一人だが、考古学的手法で迫ってみたところでも、このような結論になったということである。ただし「文献に残された人物名のなかから考えると」という大前提のうえでの結論である。

壁画のない古墳　マルコ山古墳

高松塚古墳の壁画発見とその後の調査が一段落した頃、飛鳥で第二の壁画古墳か、と噂されていたマルコ山古墳の発掘調査がおこなわれた（図56）。外見から観察できる立地や規模からみても、高松塚古墳と共通する部分の多い終末期古墳だった。

発掘調査は高松塚古墳の発掘から五年後の、一九七七年三月、四月の確認調査を経て、翌年の二月から三月にわたっておこなわれた。調査主任は、もちろん高松塚古墳で活躍した網干善教《あぼしよしのり》関西大学教授。その時点で多くの人が飛鳥美人の再来を期待していたことは、マスコミのフィーバーぶりからも充分うかがえた。明日香村が組織したマルコ山古墳学術調査委員会のメンバーには、奈良国立文化財研究所、橿原考古学研究所の職員も含まれていた。

確認調査の時点で、墳丘は版築技法を用いていること、さらに凝灰岩や漆喰の断片を検出したことなどから、本調査では石槨にたどりつくまでには高松塚古墳のように時間はかからなかったようだ。この調査ではじめて「ＮＨＫが開発した特殊カメラで内部を撮影」というニュースが流され、後のキトラ古墳や藤ノ木古墳の調査の先駆けでもあった。またその翌日の紙面には「飛鳥美人はほほえまず」の記事も大きく舞っていた。

その後、マスコミによる加熱取材はおさまり、石槨内の調査が慎重に進められた。内部は高松塚古墳と同様に全面に漆喰が塗られていたが、壁画はその痕跡も認められなかった。つまり初めから描いていなかったのだ。石槨の規模は高松塚古墳よりやや大きい。この古墳は、かつて盗掘の被害にあい、墓室内は荒らされ、棺片も散乱した状態だった。その完全な復元はむずかしいが、杉板を銅釘で組み合わせる蓋と身からなるもので、杉板の厚さは一・六センチ。外面には麻布五枚を漆で張り合わせ、さらに黒漆で仕上げた丁寧な作りのものだった。棺の附属品では二四本以上の銅釘、金銅製六花形飾金具などがあり、被葬者に副《そ》えた品としては、金銅製大刀の金具が各種残っていた。

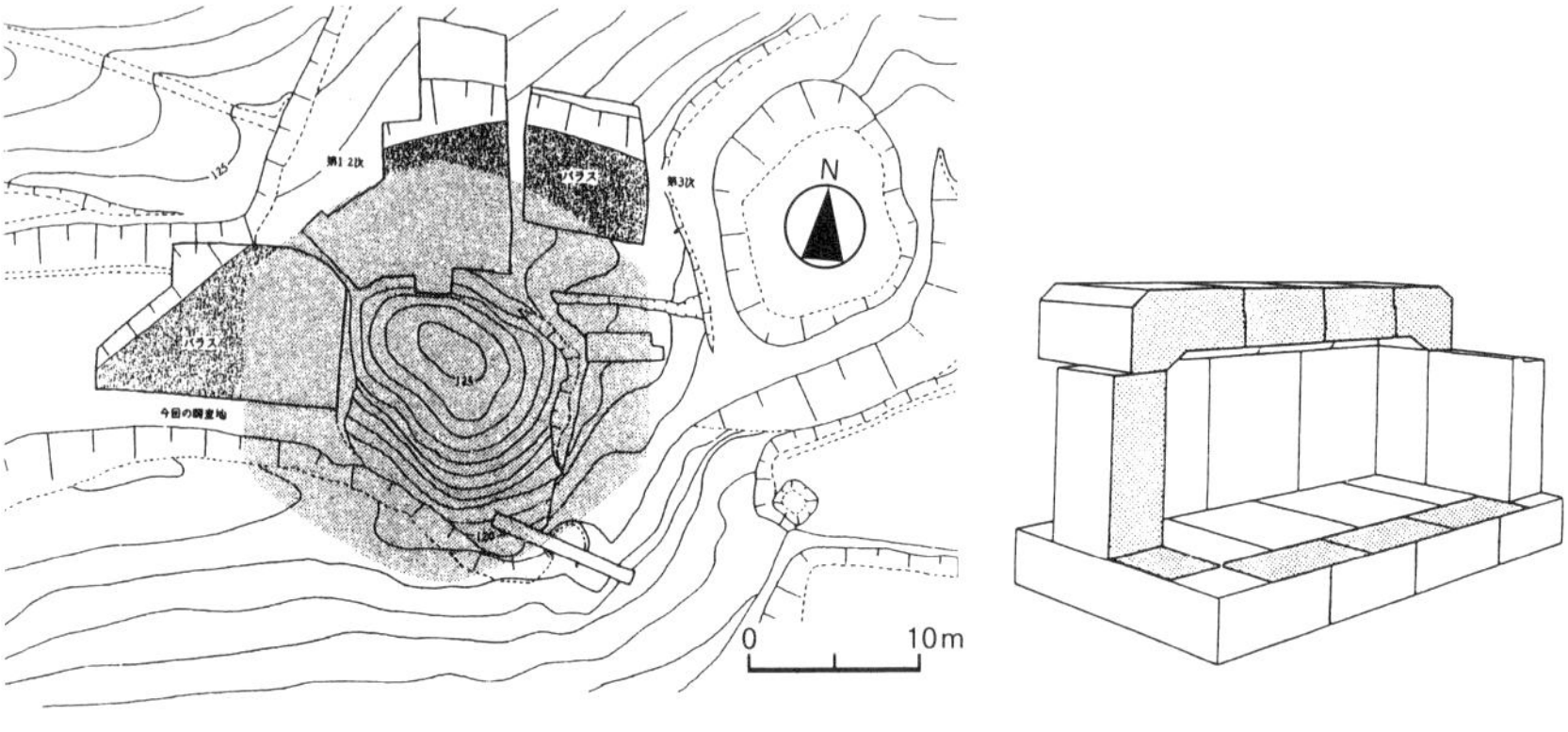

図56　マルコ山古墳（六角形墳）
石槨内長271.9 cm・幅128.5 cm・高さ143.3 cm。

マルコ山古墳の被葬者像

被葬者の遺骨は墓室内に散乱し、埋葬状態を復元することは困難なようだが、三十歳代の男性一体と推定されている。なお、二〇〇四年に明日香村が実施した墳丘調査で、この古墳は一辺が一二メートルの六角形墳だったことが確認された。

これらのデータをもとに、周囲の終末期古墳との比較、さらに残された文献も考慮して被葬者像に迫ってみよう。

先に考えた高松塚古墳の被葬者を絞ってゆく過程で、もう一人の人物が浮かび上がってきた。このマルコ山古墳の被葬者である。この古墳には壁画はなく、墳形も六角形で、石槨の天井部分に、高松塚古墳よりも家形に近い刳り込みがあることなどの違いはあるが、総体的にみて、古墳の立地、規模、構造などに共通点が多い。しかし、大刀の装身具は、高松塚古墳のそれが銀装であるのに対して、この古墳のものは金銅装という大きな相違点がある。私は壁画の有無、石槨の天井の構造、墳丘の違いは時期差をあらわしていると考えている。つまりマルコ山古墳のほうが少し古い要素をもっているのである。そして大刀の装具の違いは政権内での身分の差を示しているとみてよい。

天武天皇の崩御（朱鳥元年〈六八六〉）以降の可能性のある人物をあげてみよう。まず、持統三年（六八九）四月に亡くなった草壁皇子、そして文武三年（六九九）七月になくなった弓削皇子《ゆげのみこ》があげられる。草壁皇子の墓については束明神古墳と考えられることから除外すると、天武天皇の第六子の弓削皇子かとなるが、この皇子についての葬地を知りうる文献史料はない。

このほか、大津皇子（朱鳥元年没）、高市皇子（持統十年〈六九六〉没）と天武天皇の有力な皇子たちが亡くなっているが、この二人の葬地は飛鳥にはない、謀反の罪を問われた大津皇子は二上山、母親が宗像君《むなかたのきみ》という地方豪族出身の高市皇子は、広瀬郡三立岡《みたてのおか》に葬られたらしい。

この措置には持統天皇の意志が強く働いているのではないかと思う。ところがその逆の意味で興味深い人物がいる。川嶋皇子である。天智天皇の皇子でありながら、天武朝には天武の皇子と肩を並べる活躍をした。有名な天武八年（六七九）の「吉野会盟《よしののかいめい》」にも、天武の皇子以外で参加し、また忍壁皇子とともに『日本書紀』編纂などの事業にもあたっていた。大津皇子とはとくに親交があったが、朱鳥元年（六八六）の皇子の変にあたっては、謀逆を政府（持統）に密告したため、朝廷においては評価されたが、友人たちからは批判されたようだ。彼の立場を考えると、持統朝のなかではこれしか生きる道がなかったのかもしれない。

川嶋皇子が亡くなったのは持統五年（六九一）九月。『懐風藻』によれば、没年は三十五歳。『万葉集』巻二の一九四と一九五の歌は、川嶋皇子を葬るときに妃の泊瀬部皇女《はつせべのひめみこ》（忍壁皇子の妹）に献じた柿本人麻呂の挽歌で、そのなかに越智野《おちの》に葬るという記載がある。マルコ山古墳のあるところは、まさに越智野にあたり、古墳から出土した男性遺骨の年齢とも矛盾しない。マルコ山古墳の被葬者についてあえて名前をあげるとすれば、この川嶋皇子が有力候補ということはできるだろう。

もうひとつの壁画古墳　キトラ古墳

高松塚古墳の調査から一一年後の一九八三年十一月、高松塚古墳の南約一・三キロの丘陵南斜面で新たな終末期古墳のキトラ古墳が発見され（図57）、明日香村主体の調査委員会では、ファイバースコープを盗掘穴から挿入し、石槨内部の撮影に成功したのだ。映像はＮＨＫテレビで放映され、大きな話題を呼んだ。奥壁には蛇と亀が絡み合った姿をあらわした「玄武」が描かれ、高松塚古墳と同様の壁画古墳であることがわかったのである。

この調査の五年前のマルコ山古墳の調査では、壁画が描かれていないことが確認されていたので、飛鳥では二例目の壁画古墳ということになる。ファイバースコープはさらに、側壁面の壁画がどのようなものであるかを確認するための撮影を始めたその時、カメラ器機が故障を起こし再び石槨内を見ることはできなかった。

私が中国留学から帰国して間もなくの頃で、マスコミに大きくとりあげられたその日、当時橿原考古学研究所の岸俊男所長を案内して現地に向かった。飛鳥の西南部にある阿部の集落の手前、丘の中ほどに小さな古墳はあったが、辺りは見学の人たちでごった返していた。古墳は集落につづく道のそばにあるため、このままでは発掘調査は不可能で、少なくとも迂回路が必要だろうと思った。また高松塚古墳の調査の教訓からも、充分な施設を整えてから始めるべきだろうとも思った。

それから一五年後の一九九八年三月、第二次調査がおこなわれ、超小型カメラを用いた石槨内の撮影で、「青龍」「白虎」「天文図」などの壁画が確認された。二〇〇〇年には国の特別史跡に指定され、キトラ古墳の重要性が実感されるとともに、発掘調査への期待も高まってきた。

第三次調査は二〇〇一年三月におこなわれ、デジタルカメラで「朱雀」を確認、第四次調査は同年の十二月に「天文図」のくわしい撮影がおこなわれた。引きつづいて翌年の一月には、高松塚古墳にはなかった十二支の寅とみられる獣頭人身像まで明らかになった。これまでの調査は、すべて古墳の外からカメラを挿入しておこなったもので、おもに内部のデータを収集することに重きが置かれていた。つまり一連の調査は、発掘調査をおこなうための万全な体制を整えるためのものだった。

二〇〇二年六月、古墳の覆屋の建設が始まり、それにともなう調査で墓道がみつかった。これは高松塚古墳、マルコ山古墳でも確認済みのもので、終末期古墳の築造、埋葬過程を知る資料がさらに増えたのである。

本格的な発掘調査が始まったのは二〇〇四年二月、実に壁画が発見されてから二一年が経っていた。石槨内の調査は慎重をきわめ、まるで宇宙服のような装備に身を固めて出入りする調査員の姿をテレビを通して、多くの人たちも目にした。内部の漆喰壁の保存状態は悪く、そのため壁画も危機に瀕していたようで、さらに次々と発生するカビ対策にも追われるようになった。大きく盗掘を受けてはいたが、石槨の床面からは人骨や刀装具の一部が発見され、被葬者を考える資料がわずかながらも残っていた。その後、保存修復のため壁画は部分的に少しずつ取り外され、「白虎」「玄武」の一般公開もおこなわれた。

万全の施設を用意したにもかかわらず、多量のカビの発生などをはじめいくつかの問題が生じたわけは、第二次調査から始まった度重なる撮影調査と、発掘までの六年間という時間にあるのではないかと考えている。さまざまな理由が重なってのことだろうが、主な原因は万全を期すための過程のなかにあった

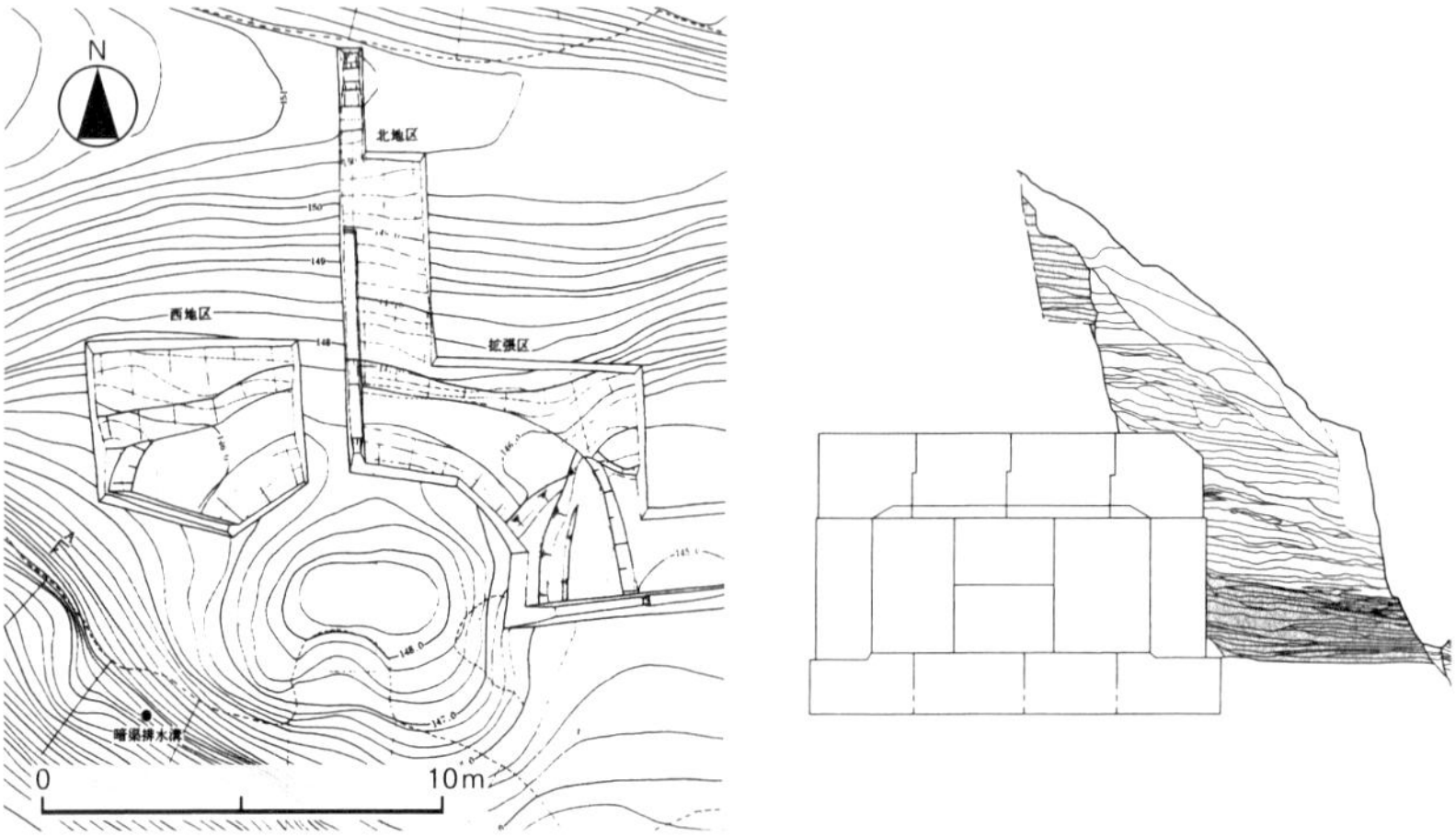

図57　キトラ古墳の墳丘と石槨
石槨内長 240 cm・幅104 cm・高さ114 cm。

ような気がする。高松塚古墳もキトラ古墳も、ともに中世に盗掘の被害にあっている。ということは、その時点で人の出入りはあったのだ。おそらく盗掘穴をきちんと埋め戻しなどはしなかっただろう。自然に埋まったと考えられるが、少なくとも現代の私たちが最初に目にする時まで、極彩色の壁画は残っていたのである。発掘調査は遺跡の破壊であることは論をまたないが、その対策は現代の科学をもってしてもむずかしいことを思い知らされた気がする。外部から見ている私たちよりも、当事者たちの苦悩は大変なものだっただろうが、科学に対する過信を少しでも反省するきっかけになってほしいとも願っている。

キトラ古墳の被葬者を考える

キトラ古墳の被葬者を考えるにあたって幸いなことは、すでに高松塚古墳、マルコ山古墳といった古墳の調査例があったことで、それらと比較しながらの検討が可能なことだ。この三基の古墳には、丘陵南斜面に築かれていること、埋葬施設は横口式石槨、棺は漆塗りの木棺、わずかに残る副葬品のなかに、いずれも金属製の大刀装具がみられることなど、多くの共通点がある。このことは換言すれば、一定の規制のもとに築かれた古墳ともいえそうで、被葬者として政治的、社会的に近しい人物を想定してよいのではないかと考えている。ただそのなかで、マルコ山古墳を除く二基は他に例を見ない美しい壁画が描かれているという特徴がある。私は三基の横口式石槨は天井部分に刳り込みのあるものから、平らになっていく構造の変化から、マルコ山古墳、キトラ古墳、高松塚古墳への変遷を想定している。そして壁画の有無は築造の時期差と考えたい。

大刀の装具は高松塚古墳が銀装であるのに対し、マルコ山古墳はやや小ぶりの金銅装、キトラ古墳からは鉄地に金象嵌のある鞘飾りが出土している。このなかに最高位の人物が持つ「金銀鈿荘大刀」が含まれていないことは、墳丘や埋葬施設など他の要素と比較しても矛盾はない。さらに三基からは被葬者の遺骨も出土しているが、高松塚古墳は熟年男性、マルコ山古墳の被葬者は三十歳代の男性、キトラ古墳の被葬者は四十歳から七十歳の男性が推定されている。私はこの年齢幅が気になって、もう少し若い可能性はないかと調査を担当した片山一道《かずみち》に直接質問したところ、その可能性はなく、むしろ熟年以上、老年に近いだろうとの答えが返ってきた。

先に検討したように、これらのデータをもとに文献にみえる葬送記事と対比してみると、高松塚古墳は忍壁皇子（七〇五年没）、マルコ山古墳は川嶋皇子（六九一年没）の墓の可能性が高いと思われるが、それではキトラ古墳はどうであろうか。

報告された情報と先の二基の古墳との比較のうえで、おおよその見通しはできよう。まず石槨の形態は形式学的にみても、両古墳の間に置くことに問題はない。壁画は高松塚古墳にはない朱雀が南壁に描かれ、他の四神も躍動感にあふれ、力強さを感じる。男女の人物群像はないが、獣面で人身の十二支像を四面の壁画の下方に描いている。天井の星座は赤道、黄道を表現した精緻なもので、高松塚古墳とは大きく異なっている。壁画のルーツについてはさまざまな見解が出され、今後も研究は深まっていくであろうが、諸要素と時代背景を考慮すると、以下のような見通しが立ってくる。

百済文化の影響のもとに生まれた横口式石槨に、先に壁画を描いたのはキトラ古墳だった。百済の滅亡以降、壬申の乱を経て、唐との直接的な関係を絶たざるを得なかった天武・持統朝政権は、遣新羅使を介して大陸文化を導入したが、同時に百済の亡命者や高句麗移民も積極的に受け入れた。そういった時代背景をもって、朝鮮半島の壁画古墳の諸要素がキトラ古墳の壁画を生み出したのだろう。

大宝四年（七〇四）に帰国した第八回の遣唐使の果たした功績は数多いが、高松塚古墳に描かれた人物像を加えた構図もまた、海獣葡萄鏡とともに新たに唐から導入した文化要素だった。

この観点に立てば、キトラ古墳の築造はきわめて限られた期間、最大に見積もってもマルコ山古墳（六九一年）から高松塚古墳（七〇五年）の築造までの一五年間となる。残された記録では文武二年（六九八）に没した田中朝臣足麻呂《たなかのあそんたりまろ》から、大宝三年（七〇三）の阿倍朝臣御主人《あべのあそんみうし》までの五年間に亡くなった一八人のうち、火葬された僧道昭と持統上皇を除く一六人が候補となる。

さらに死亡記事はないものの、葬儀に際して天皇から品物を賜ったことが記され、間接的に死が確認できる一一人を加えると、実に二七人の候補者になる。しかし、マルコ山古墳、高松塚古墳の被葬者候補を考慮すると、もう少し限定はできよう。皇族に限れば天武の皇子の弓削皇子、上位の豪族を入れれば大宝元年（七〇一）一月の大伴宿禰《おおとものすくね》御行《みゆき》、七月の丹治比真人嶋《たじひのまひとしま》、大宝三年（七〇三）の阿倍朝臣御主人、さらに百済の義慈王の王子として来日し、持統七年（六九三）に亡くなった百済王善光《くだらおうぜんこう》などがあげられる。

マルコ山古墳、高松塚古墳との比較のうえで、もっとも可能性が高いと考えられる弓削皇子は亡くなった年齢が三十歳前後とみられるため、出土人骨年齢を重視すれば、五十歳を超えていたことが明らかな百済王善光、阿倍御主人などが有力な候補者といえよう。

文武天皇の墓　中尾山古墳

高松塚古墳のある丘陵から谷を隔てた北に、同じように東西にのびる尾根のなかほどのもっとも高い部分に築かれているのが中尾山古墳である（図58）。初夏は新緑、秋は紅葉の美しい木立に囲まれているためあまり目立たないが、木の葉の落ちた冬枯れの日には直径約三〇メートルの円墳状の高まりが、周囲からくっきりと浮かびあがって見える、古くから知られている古墳である。

江戸時代の元禄十年（一六九七）に奈良町奉行与力、玉井与左衛門によって記された検分記録が残っているが、それによるとこの古墳は「中尾塚」と呼ばれ、その時点で盗掘にあっていたらしく、長さ四尺、横三尺の石材が露出していたようだ。

最初の考古学的な調査は、奈良県史蹟勝地調査会の手でおこなわれ、大正三年（一九一四）に「中尾山ノ古墳」として報告されている。古墳は石で覆われていることから、地元では「中尾ノ石塚」とも呼んでいたようだ。大きい石材で囲まれた石室は小さく、火葬骨を納めた墳墓との見解をとっている。そして『大和志』（幕府によって享保年間〈一七一六～一七三六〉に編纂された地誌『五畿内志《ごきないし》』のうちの一冊）の「檜前安古岡ノ上陵　平田村ノ西ニ在リ。俗ニ中尾石塚墓ト呼ブハコレナルベシ」の記載を引用し、また『延喜式』に記載された東西三町、南北三町の兆域（墓域）からみても、この中尾山ノ古墳が文武天皇陵の檜隈《ひのくま》安《あ》古岡上《このおかのえ》ノ陵《みささぎ》の可能性が高いことを述べている。その後、昭和二年（一九二七）に国指定史跡に指定されている。

この古墳の北に位置する野口王墓古墳は、先に述べたように天武・持統陵の可能性が高いことを示す文書がみつかった後、早い段階で陵墓の指定変更がおこなわれている。しかし、この中尾山に対してはそのような動きはなかった。

それからほぼ半世紀が経った一九七四年から翌年にかけて、史跡の環境整備にともなってこの古墳の大規模な発掘調査がおこなわれた。また二〇二〇年にも大がかりな再発掘がおこなわれ、新たな事実があきらかになった。二度にわたる調査の成果をまとめておこう。

　墳丘は八角形で、伝承のとおり全面を葺石で覆っていた。三段築成で一、二段は基壇状の石積みで、最上段の三段目は版築で突き固めた盛り土になっており、最下段の対辺の距離は一九・八メートル。墳丘の外側にはさらに三重の石敷きがめぐり、その対辺の距離は三二・五メートルで現在高は約四メートル。

　墳丘中央にある埋葬施設は小規模な石室で、最近の調査で横口式石槨であることが明らかになった。用いられた石材は凝灰岩や花崗岩で、それぞれが巨大な石材から精巧に加工されていた。石槨の内部は東西九〇センチ、南北九〇センチ、高さは八七センチと、ほぼ正方形である。内部は丁寧に磨きあげられ、天井部には水銀朱の痕跡もあった。もちろんこの中には遺体をそのまま埋葬することはできない。底石には一辺六〇センチ、深さ一センチの彫り込みがあり、そこに骨蔵器が置かれていたとみられる。大きさから考えて火葬骨を納めた古墳とみてよい。しかし、残念ながら現在その骨蔵器の行方はわからない。かつて明日香村の小墾田宮《おはりだのみや》跡ではないかともいわれた、古宮土壇《ふるみやどだん》から出土したと伝えられる金銅製のやや大型の壺が現在も宮内庁に所蔵されている。その金銅壺が中尾山古墳の骨蔵器ではないかとの説もあったが、今回の調査で現在観察できる石槨の

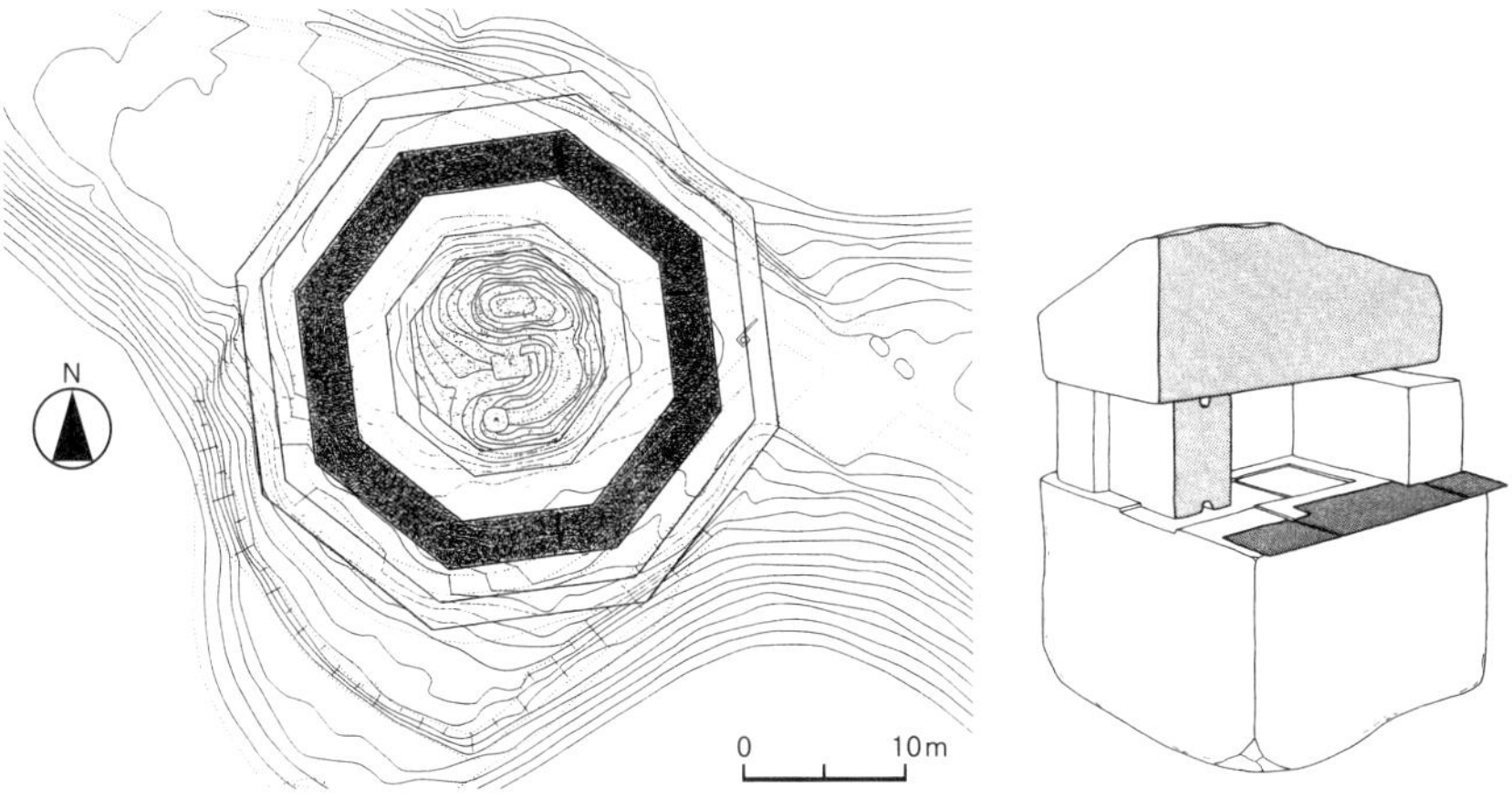

図58　中尾山古墳の墳丘と石槨

隙間からこの大きさの壺をとり出すことは不可能であることがわかった。

石槨の南部分の閉塞石の南側には幅三・二メートル、深さ一・二メートルの墓道が設けられており、埋葬後に版築によって埋め戻されていた。さらに墓道の下には暗渠の排水溝も設けてあった。石槨の構造は異なるが、終末期の横口式石槨と同様の築造方法である。出土品として興味深いのが、墳丘の頂部に置かれていたのが転げ落ちたような出土状態の二点の石造物だった。凝灰岩製の沓形《くつがた》製品と呼ばれている、高さ六七センチ、奥行き九五センチ、幅は手前が四六センチ、奥が二五センチのもの。平面は五角形だが先端部の角度が一三四度になり、八角形の隅角の角度と一致する。同じような例はまだ知られていないが、おそらく八角形墳の頂上部の先端に、ちょうど寺院の大棟の両端を飾る鴟尾《しび》のような役割をもたせるために置かれたものだろう。

石で覆われた三段の墳丘の先端は特異な石造物で荘厳され、火葬骨を納めたとみられる精美な石槨の中に眠っていた人物はいったい誰なのだろうか。『大和志』では、早くから文武天皇陵の可能性があげられていた。草壁皇子の皇子であった文武天皇は、慶雲四年（七〇七）六月十五日崩御したが、五カ月後の十一月十二日に飛鳥岡で火葬され、二十日に安古山陵《あこのみささぎ》に葬られた。祖母にあたる持統上皇が五年前の大宝二年（七〇二）に亡くなり、火葬されてはいたが、現職の天皇としては史上最初の火葬例であり、厳かな葬儀とともに他に例のない墓を営んだとしても不思議ではなかろう。大宝律令の制定、また完成はしなかったが、大官大寺の造営も、祖父、祖母がめざした律令国家日本をも実現した文武天皇は、わずか二四年の生涯だった。この中尾山古墳の傍らに立つと、新しく生まれた日本の未来を彼はどのように考えていたのだろうと思うことしきりである。

最後にこの安古の地名について少しふれておこう。天武天皇と額田王《ぬかたのおおきみ》との間に生まれ、壬申の乱で自害した大友皇子の妃であった十市皇女《とおちのひめみこ》は、数奇な運命ののち、天武七年（六七八）四月七日に亡くなり、赤穂に葬られたことが『日本書紀』にみえるが、この「赤穂」と「安古」は同じ場所でよいだろうと私は見ている。飛鳥の西、後の藤原京の西南部の丘陵地帯には終末期の古墳が点在しているが、この中尾山古墳の近くに文武の叔母にあたる十市皇女が眠っている可能性は高い。

さまざまな検討の結果、この中尾山古墳を文武天皇陵とする考古学、古代史研究者は多い。最近少しずつ前進しているようだが、まだまだ陵墓についてはさまざまな規定があり、私たちは陵墓に立ち入ることさえむずかしい。しかしこの中尾山古墳、さらに牽牛子塚古墳は国指定史跡であるので発掘調査ができたのだ。大阪府高槻市の今城塚《いましろづか》古墳も、多くの研究者が継体天皇陵の可能性が高いと考えている古墳で、同じように陵墓の指定から外れていたため調査をおこなえた例である。調査することによって大規模な埴輪群などから、六世紀前半の大王の姿の一部を垣間見ることができた。

日本の古代国家がどのように成立していったのかを知ることは、ひいては現代の私たちの生き方にもかかわってくる問題でもある。発掘調査は必要最小限にとどめるべきだと私は考えているが、もう少し自由に研究ができる環境になることを願っている。

飛鳥の古墳が意味するもの

六世紀後半まで長くつづいた前方後円墳の時代が終わり、古墳時代は終末期に入った。飛鳥時代とこの古墳時代の終末期はみごとに一致する。前方後円墳の時代を古墳時代という見方からすれば、飛鳥時代は古墳時代ではない。日本史の一般的な時代区分からいえば、弥生時代、古墳時代、飛鳥時代、奈良時代とつづいている。それを承知のうえで飛鳥時代を古墳時代の終末期と呼ばざるをえないところに、私は飛鳥時代の大きな意味が見いだせると思っている。

蘇我氏が台頭するのと軌を一にして大型方墳が出現することに私は注目している。都塚古墳、石舞台古墳、赤坂天王山古墳、春日向山古墳（用明陵）、山田高塚古墳（推古陵）、小山田古墳、菖蒲池古墳、塚廻り古墳など六世紀後半から七世紀前半にかけて、飛鳥周辺や河内の磯長谷、河南町などに残る大型方墳はいずれも蘇我氏との深いつながりがみられる。用明、推古など蘇我氏出自の天皇陵にも採用されている。それに対して舒明、斉明、天智、天武、文武陵はいずれも八角形墳を採用している。この形式の最初は舒明陵とされるが、この古墳に関しては、後の改修の可能性も考慮に入れておかなければならないだろう。しかし飛鳥時代の古墳の形式の大きな転換期もやはり、寺院と同じく舒明期であろうことの意味は大きい。

蘇我氏の台頭によっていわゆる前方後円墳の時代は終わりを告げ、半世紀あまりのちに再び大王家が復活する時代が飛鳥時代の後半期にあたると考えられる。

斑鳩

N
斑鳩京の痕跡
古墳
瓦塚1号墳
瓦塚2号墳
瓦塚3号墳
法起寺（岡本宮）
法輪寺
仏塚古墳
斑鳩宮
中宮寺（中宮）
法隆寺西院
法隆寺東院
春日古墳
御坊山2号墳
御坊山3号墳
藤ノ木古墳
御坊山1号墳
若草伽藍（斑鳩寺）
上宮遺跡
（葦垣宮）
富雄川
斑鳩大塚古墳
0
500m

図59　斑鳩の遺跡

律令国家前夜　廐戸皇子の斑鳩京

古代の斑鳩

奈良盆地の地図を開いてみれば、飛鳥と斑鳩《いかるが》がまったく違った対照的な環境にあることがわかる。歴史、とくに古代史を考える場合は、この地理的環境が現代にもまして重要な意味をもってくる。この二つの地域には、それが顕著に当てはまるといえよう。

奈良盆地の東南部の三方を山に囲まれた小さな盆地である飛鳥に対して、斑鳩は奈良盆地の西に南北に連なる矢田丘陵の南端にあって、南には豊かな平野が広がっている。さらに、盆地の中を流れる河川がすべて斑鳩の南にある川合で合流し、大和川となり大阪湾に注ぐ。この水運によって、斑鳩は物資の集積地としても重要な位置を占めていた。また陸路においても、難波からの山越えの竜田道《たつたみち》が斑鳩を通り、さらに盆地の中央部を横切り東国へとつづいている（図60）。

斑鳩のこのような地理的な優位性は、中国大陸や朝鮮半島との交流が盛んになった古墳時代中期

（五世紀）以降重要視されるようになった。とくに飛鳥時代に隋、唐、朝鮮半島の国々（高句麗、百済、新羅、伽耶諸国）との外交が活発におこなわれるようになって、さらに重要性が高まったと考えられる。

これまで斑鳩といえば、厩戸皇子《うまやとのみこ》（聖徳太子）が蘇我馬子たちとの政治的意見の相違などから一歩後退し、法隆寺を建立し仏教に帰依したところという見方が大勢をしめていた。しかし、一九八五年の藤《ふじ》ノ木《き》古墳の第一次調査できらびやかな金銅製の馬具が出土し、さらに三年後の家形石棺の開棺調査で、豪華な装身具を身に付けた二人の被葬者の様子が明らかになり、それまでの見解とは違った斑鳩観が研究者の間にも芽生えてきた。

そのもっとも大きい理由として、厩戸皇子が斑鳩に移り住んだのは、藤ノ木古墳が築造された時期より後だとみられていることにある。『日本書紀』には推古天皇九年（六〇一）「春二月に皇太子（厩戸皇子）が初めて斑鳩宮の造営を開始された」とあり、同十三年（六〇五）に「冬十月に皇太子が斑鳩宮に

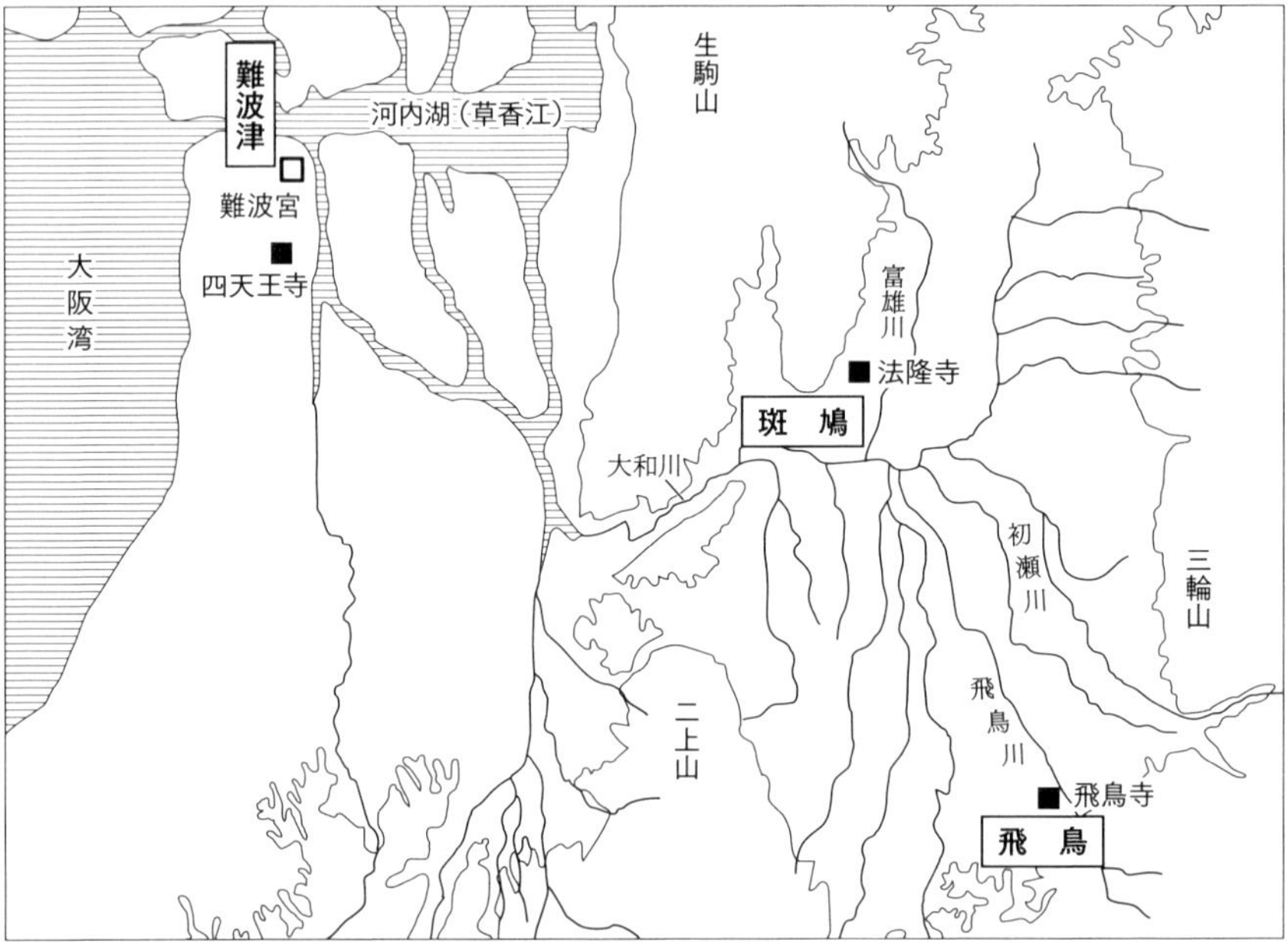

図60　飛鳥と斑鳩

住まわれた」と記されている。

藤ノ木古墳の築造時期は、その実年代を提示することはできないが、出土遺物、とくに土器の型式から六世紀の第4四半期（五七五～六〇〇年）とみてよい。また、そのきらびやかな出土遺物からみても厩戸皇子が斑鳩に居を移したときには、斑鳩はすでに大陸の文化をとり入れた先進的な地であり、皇子はここに新たな構想を抱いて積極的に進出したのだろうという見解が示されるようになった。私もその一人である。もちろん厩戸皇子はこの藤ノ木古墳に葬られている人物をよく知っていただろう。

古代史学者のなかには聖徳太子は実在せず、『日本書紀』編纂時以降につくり上げられた人物だと考える人もいる。確かに『日本書紀』の中に「聖徳太子」という名はみられないが、用明天皇と穴穂《あなほ》部間人《べのはしひと》皇后との間に生まれた厩戸皇子の存在を否定することはできないし、のちに聖徳太子と呼ばれるようになったことも否定できない。奈良時代の初めには、すでに「太子信仰」の萌芽のようなものはみられることから、ヴェールに包まれた人物ともいえるが、後継者の山背大兄王《やましろのおおえのおう》の行動や、王に対する蘇我入鹿たちの過剰な反応などを考慮すれば、聖徳太子と呼ばれるようになった厩戸皇子の実像がみえてくると思っている。

厩戸皇子の斑鳩への転居には、閉ざされた狭い飛鳥の地から、交通の要衝であり、また大陸への門戸にも近いこの地へ積極的に進出しようという強い意志が感じられる。斑鳩から西には龍田、生駒の山並みがつづいているが、その山を越えると河内国である。そして奈良県側の王寺町、大阪府側の藤井寺市、羽曳野市の大和川周辺には渡来系の有力氏族が数多く住んでいたことが、発掘調査や文献史料からわかっている。

中国でおこなわれていた律令政治をめざしていた厩戸皇子にとって、この斑鳩は、先進文化の知識を得るためにも、もっとも適したところだったといえよう。この地域に残る遺跡や寺院、さらに古墳を通して、七世紀前半を中心としたわずかな時代ではあったが、律令国家成立前夜ともいうべき時代の斑鳩を考えてみたい。

斑鳩宮の発見

厩戸皇子の斑鳩宮

斑鳩地域の地図を念入りに眺めていると、少し違和感がある。それは現在、奈良盆地のほとんどの地域でみられる南北条里とは違う、北から西に二〇度ほど振れるいわゆる斜行条里の痕跡が、法隆寺の周辺に断片的にみられるからである（図59）。そして、この方位をもつ道路が飛鳥から斑鳩まで断片的に残り、一般に「筋違道《すじかいみち》」とか「太子道《たいしみち》」と呼ばれ（図61）、聖徳太子が通ったという伝承を残し、その道筋には太子にまつわる具体的な話も多く伝わっている。

近年の発掘調査では、この斜行道路に並行する掘立柱建物なども確認されている。明らかに現行条里に先行するもので、これから述べる斑鳩宮の存在が大きく注目されるのである。『日本書紀』にも記されているが、斑鳩には厩戸皇子の一族である上宮王家の宮がいくつか存在していたようである。これまでの発掘調査の成果と文献を手がかりにその姿に迫ってみよう。

『日本書紀』には、推古天皇九年（六〇一）春二月、皇太子（厩戸皇子）は、初めて宮を斑鳩に建てたとあり、十三年（六〇五）に斑鳩宮に移ったという記載がある。その後、推古天皇三十年（六二二）の二月二十二日に亡くなるまでの二〇年近くを基本的にこの宮で過ごしたと思われる。

この斑鳩の地は、もと物部氏の支配領域であったと思われる。物部氏の本貫地は大阪府八尾市の一帯であるが、奈良盆地の東の天理市の石上《いそのかみ》にも基盤をもち、斑鳩は物部氏の二つの拠点の間を結ぶ地にあることからも、六世紀の物部氏が権勢を誇っていた時代には彼らの所領地であったであろう。用明二年（五八七）には蘇我馬子と物部守屋との権力闘争、いわゆる丁未《ていび》の乱があり、物部氏は敗れるが、七世紀後半に蘇我氏の勢力が衰えるのと軌を一にするように、石上氏として再び政権の中枢部に

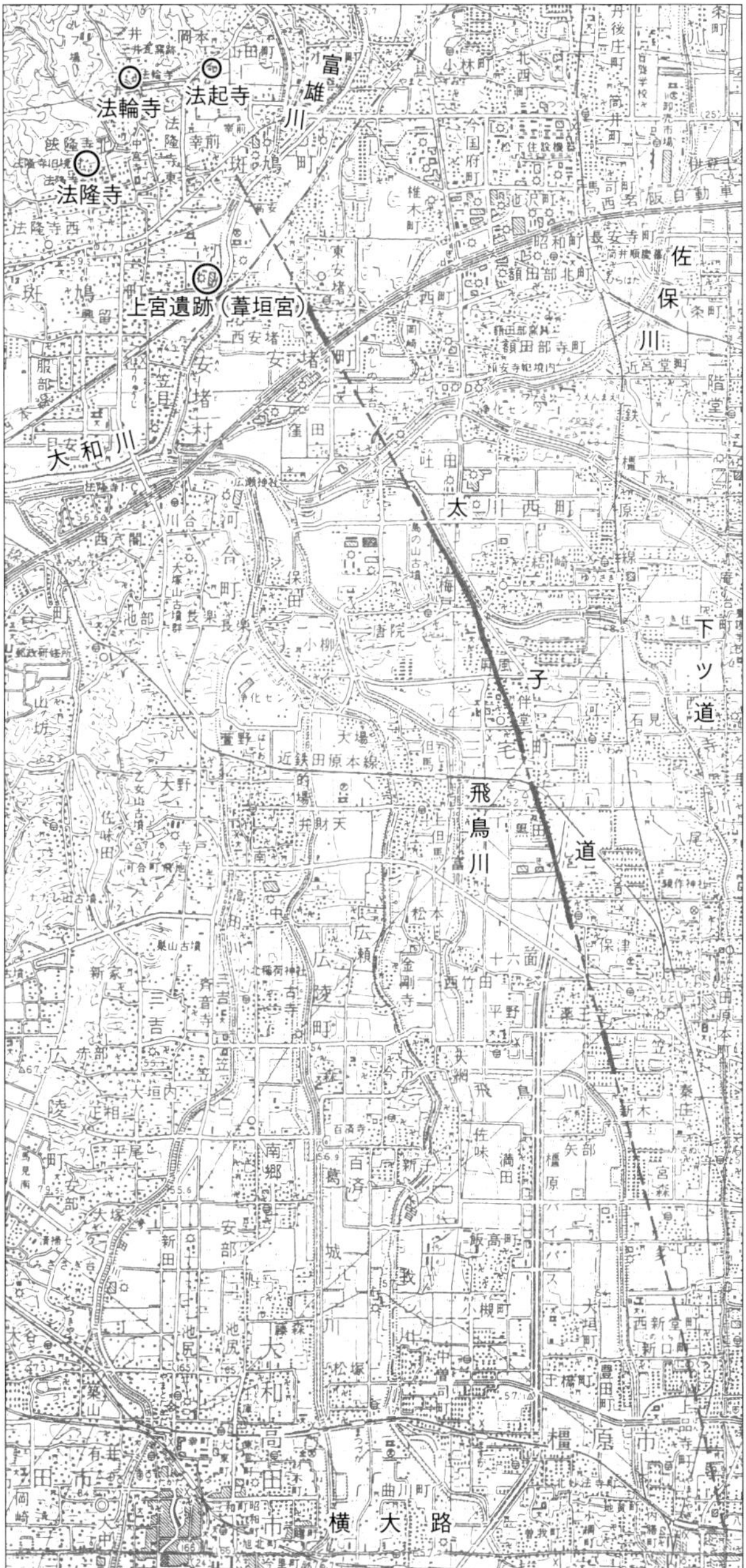

図61　太子道の痕跡

あらわれてくる。

　蘇我氏の痕跡がこの斑鳩で顕著になるのは、先に示した推古天皇十三年の厩戸皇子の斑鳩宮の造営以降だが、厩戸皇子の母親の穴穂部間人皇后の墓所は、『延喜式』に龍田清水墓《たつたしみずのはか》として記載があり、同じく山背大兄王の墓は平群郡北岡墓《へぐりのこおりのきたおかのはか》、石前《いわくま》王女（磐隈皇女）は龍田苑部墓《たつたそのべのはか》と蘇我氏系の皇族の墓の記載があり、竜田のあたりは蘇我氏の葬地となっていたようである。

　藤ノ木古墳の被葬者の一人と考えられる穴穂部皇子《あなほべのみこ》は、穴穂部間人皇后の弟で、蘇我氏でありながら物部氏に担《かつ》がれた悲劇の皇子である。しかし亡くなった後には蘇我氏の一員として、新たに蘇我氏が物部氏から手に入れた土地に、最初に葬られたとも考えられよう。厩戸皇子は薨去後、この斑鳩ではなく、蘇我氏のもう一つの葬地である二上山西麓の磯長《しなが》に葬られるが、これは用明天皇、推古天皇がともに磯長に改葬されることとも関連するのであろう。大王の墓を磯長に集めることによって、蘇我氏の威勢を誇示する意図があったのかもしれない。

　厩戸皇子の長子の山背大兄王の墓も先に述べたように斑鳩にあり、王とともに暗殺された王子たちの墓とみられる御坊山《ごぼうやま》古墳群などからみても、この斑鳩の地は、蘇我氏の一派であった上宮王家の領地とみるのが自然である。

　厩戸皇子はこの斑鳩で新しい国づくりをめざしていたのではなかろうか、というのが私の考えである。しかし有力な皇位継承者であったが、先に述べたように推古天皇三十年（六二二）に四十九歳（四十八歳の説もある）で亡くなった。

　斑鳩の各地に痕跡をとどめる北から二〇度西に主軸を振った地割りの跡は、厩戸皇子が計画し実行に移していた新しい都市づくりを今に残す貴重な遺構とみられる。法輪寺、法起寺、中宮寺などの地下で部分的に発掘されている建物遺構もその都の姿の一角を示していると考えている。
厩戸皇子が築いた斑鳩宮は、はたしてどこにあったのだろうか。その謎が解明されたのは、ある一人の建築学者の問題意識と、緻密でひたむきな調査の過程においてであった。

斑鳩宮の発見

発掘調査現場の説明会に行くと、なんの変哲もない地面に、きれいに掘りあがった四角や円形の穴がならび、かつてあった建物の跡が再現されているのを目にすることがある。今は全国どの遺跡でも日常的におこなわれているこの発掘法は、今から九〇年近く前の法隆寺東院の調査において、初めておこなわれたものである。

夢殿の名で親しまれている法隆寺東院は上宮王院とも呼ばれ、この寺院の成立について記された『法隆寺東院縁起』によれば、奈良時代の天平十一年（七三九）に厩戸皇子の斑鳩宮跡地に、法隆寺の僧行信《ぎょうしん》によって建てられた寺である。

昭和九年（一九三四）にこの東院の礼堂《らいどう》の解体修理がおこなわれていた。当時、法隆寺国宝保存工事事務所の技師であった浅野清は、建物の周囲にある雨落ち溝の徹底的な調査を始めた。なぜかといえば、その軒下にある雨落ち溝の規模を知ることによって、屋根の大きさがわかり建物の大きさが判明し、創建当初の建物規模を想定できるからだ。

調査を始めてから三カ月ほど経った九月十日、浅野は礼堂の北側で偶然東西に並ぶ二つの空洞を発見した。そしてその下約一・二メートルのところから、掘立柱建物の柱痕がみつかったのである。掘立柱とは地面にあけた穴（掘形）の中に柱を立て、その根元を土で埋め固定する形式の柱のことを言う。この空洞とは、じつは掘立柱の腐った部分がそのまま土で覆われることもなく、奇跡的に残っていたのだ。この礼堂の地下は、きわめて遺構の保存状態がよかったのである。

その後、次々と空洞と柱痕はみつかってきたが、その多くは礎石《そせき》や、その下に詰められた根石《ねいし》のさらに下方に残っていた。つまり、奈良時代に最初に造られた建物は掘立柱建物であったが、平安時代の改築にあたって同じ場所に礎石を用いた同規模の堂を建てたことを物語っている。柱の腐朽した部分が空洞になっていたことは、この部分が風雨にさらされることがなかったことを意味している。このような好条件に恵まれて、最初の掘立柱建物は発見された。

しかし、浅野の探求心はここで終わらなかった。東院が斑鳩宮の跡地に建てられているという伝承が正しければ、この建物の下に別の掘立柱建物が存在したはずだと考え、奈良時代以来もっとも残り具合のよいと思われる伝法堂の地下に焦点を絞り、斑鳩宮を追った。そして昭和十四年（一九三九）十一月十五日、ついに東院建物とは無関係の約一メートル四方の掘立柱の掘形をみつけたのだ（図62）。最初の空洞発見から実に五年の歳月が流れていた。

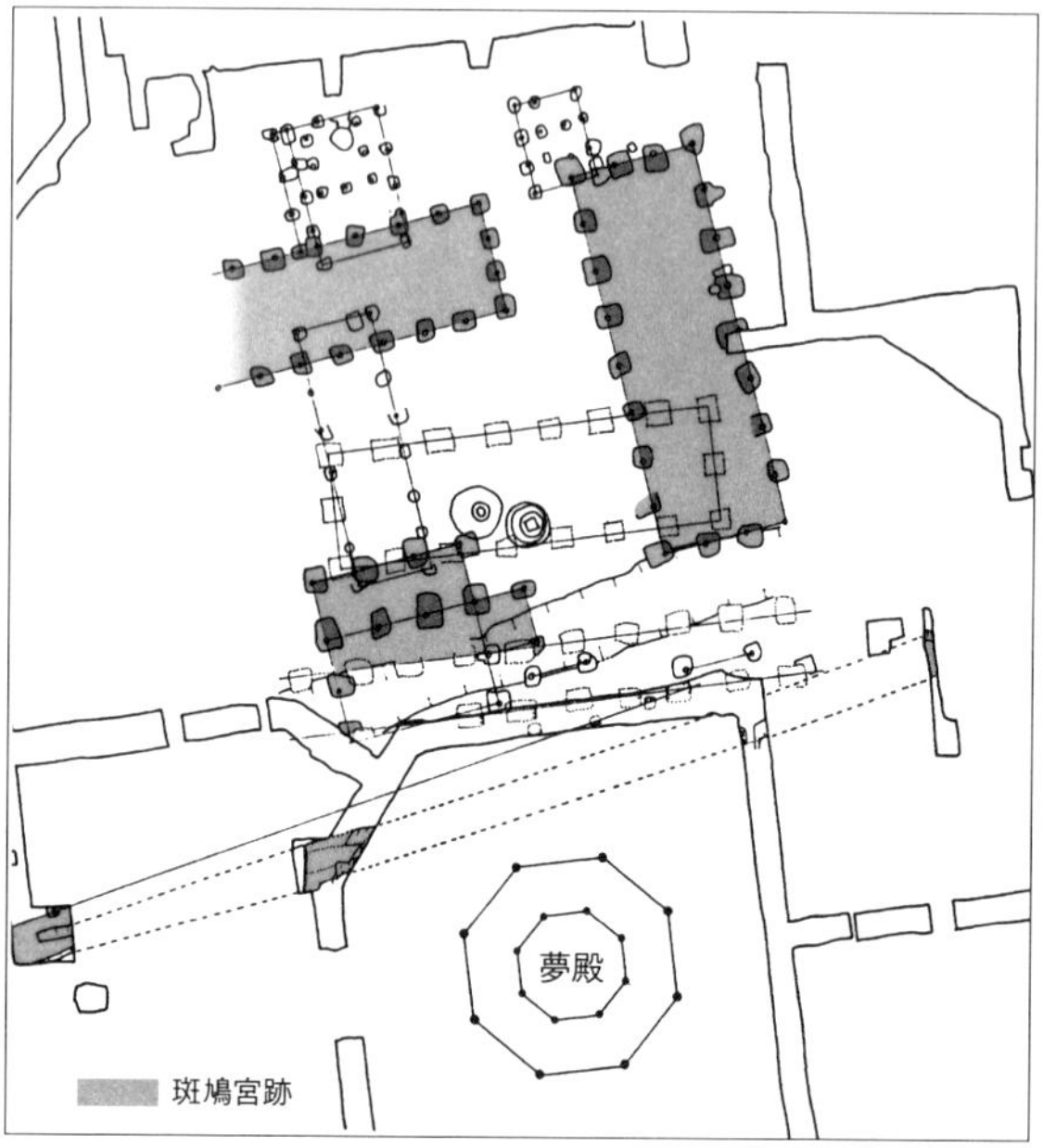

図62　東院下層の遺構

斑鳩宮跡の発見は、このような浅野の緻密な観察眼と、問題意識、忍耐によって成し遂げられたが、この発掘技術（柱を埋めるために掘った穴は、埋め戻しても土に変化があり、丁寧に観察すれば柱や空洞がなくても、柱穴掘形や柱痕跡をみつけることができる）の開発が、ののちの考古学発掘調査技術の発展にもたらした功績は計り知れない。

この技術は飛鳥、藤原、平城京などのおもに都城遺跡の発掘調査に引き継がれておこなわれたが、とくに難波宮の調査でこの技術を習得した大阪市立美術館の藤原光輝は、土と腐朽した木を見分けるのにこの方法を応用し、木棺を直接土に埋葬した木棺直葬墳の発掘法を編みだした。

一九六三年から五年間にわたっておこなわれた奈良県橿原市にある新沢千塚《にいざわせんづか》古墳群の調査で、藤原の技術は木棺直葬墳の発掘方法を確立していった。現在では割竹形木棺や組合式《くみあわせしき》箱形木棺といった、跡形も残っていない木棺の形式分類をおこなえるまでに技術は進み、その技術は全国の遺跡で発掘調査をおこなっている人たちに共有されるまでになった。その発端となったのが、斑鳩宮の存在を追究した一人の研究者の努力

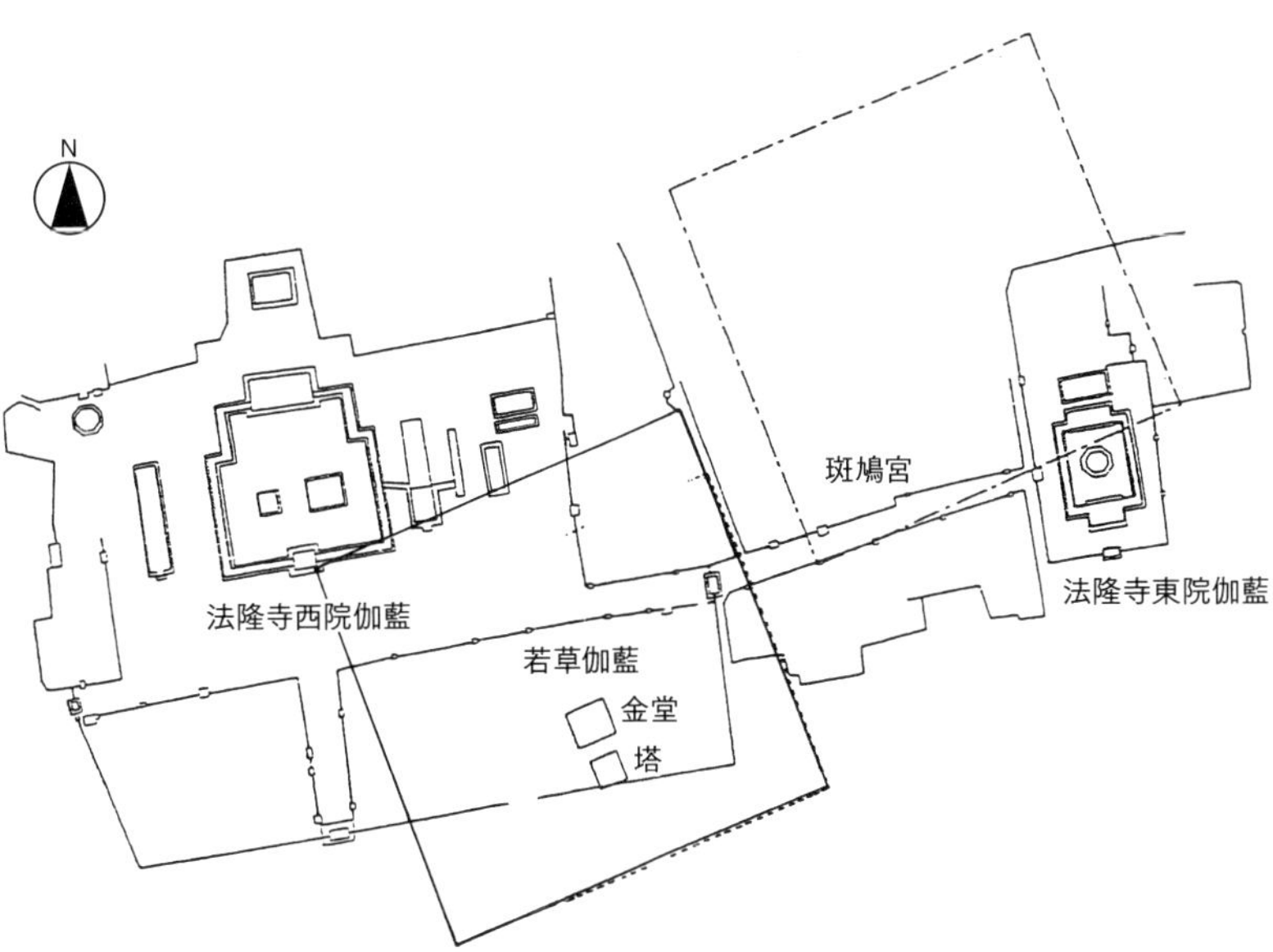

図63　斑鳩宮と若草伽藍

であったことを忘れてはならない。

　厩戸皇子の供養のために建てられた夢殿を中心にした東院の下層に、存在しているとわかった斑鳩宮は、実はまだその全体像が明らかになってはいない。その中心部は東院から西と考えられ、おそらく厩戸皇子の創建とされる斑鳩寺（若草伽藍）に隣接していたとみられる（図63）。また出土した土器の型式やそれらに火を受けた痕跡がみられることなどから、この宮は『日本書紀』に記されているように、厩戸皇子の長子であった山背大兄王が蘇我入鹿の兵によって滅ぼされた、皇極天皇二年（六四三）に斑鳩寺とともに焼亡したのだろう。

　厩戸皇子は推古天皇十三年（六〇五）に斑鳩宮に転居し、理想の政治を求めてから一七年で薨去し、その後山背大兄王によって守られてきた上宮王家の斑鳩宮は、厩戸皇子薨去から二一年後に一族の多くとともに灰燼に帰したのである。

　そこで厩戸皇子のめざした政治とはどのようなものであったのだろうか、数少ない史料と考古資料をもとにみてゆこう。

隋の出現

　まず『日本書紀』にみえる厩戸皇子に関する記載事項を追ってみよう。推古天皇元年（五九三）春四月十日に、厩戸豊聡耳皇子《うまやとのとよとみみのみこ》を皇太子として国政をすべて任せたとある。皇子は十九歳である。三年（五九五）五月十日には高句麗の僧慧慈《えじ》が帰化し、皇太子の師となった。同年に百済から来た慧聡《えそう》とともに慧慈は仏教を広め、厩戸皇子の思想的な支えとなった。

　当時の倭国（日本）は、ほぼ一世紀前の六世紀初頭までは中国南朝の冊封体制（冊とは中国皇帝の命令書で、それによって土地に封じられるという体制）の枠組みのなかにあり、「倭の五王」たちが当時の中国南朝とのあいだに通交関係を保っていたが、その後離脱したとみられ、六世紀以降のほぼ百年間は中国との交流はなく、当初から友好国であった朝鮮半島の百済、その南の伽耶諸国のなかの任那加羅を通じて、大陸文化を受け入れるという時代であった。しかし、欽明天皇二十三年（五六二）にその任那加羅が新羅によって滅ぼされ、倭は大陸との接点を失うことになる。その後、中国では北朝から隋が誕生し、間もなく五八九年には南朝の陳を滅ぼし、一五〇年つづいた南北朝時代が終わりを迎えた。

　中国を統一した隋の出現は周辺諸国、とくに朝鮮半島の国々に大きな影響を与えた。なかでも国境を接する高句麗にとっては脅威だった。間もなく高句麗と百済は、ともに隋の冊封体制下に入るが、倭は新羅の支配下にある任那復興のため、崇峻天皇四年（五九一）に紀男麻呂《きのおまろ》、巨勢猿臣《こせのさるのおみ》らを大将軍に任じ、二万余の軍を筑紫に送った。ところが、間もなく新羅は隋に使いを送り冊封体制下に入ったことが明らかになる。この崇峻天皇四年の軍の行動は『日本書紀』には記されていないが、推古天皇五年（五九七）十一月二十二日条に、倭は難波《なにわの》吉士《きし》磐金《いわかね》を新羅に遣わし、翌六年（五九八）四月に吉士磐金は新羅から帰ったことが記されている。この記事によれば、とりあえずの衝突はさけられたようだ。

　しかし、推古天皇八年（六〇〇）二月、再び新羅と任那復興軍との戦いが始まる。推古天皇は任那を援助するため、境部臣《さかいべのおみ》を大将軍に穂積臣《ほづみのおみ》を副将軍に任じて一万余の兵を派遣し、新羅と戦い一応の勝利を得るが、その後、また新羅は任那を犯すという状態がつづいた。

幻の遣隋使

六世紀後半の倭と新羅の関係を述べたが、問題はここからである。『日本書紀』に初めて遣隋使が登場するのは「推古十五年（六〇七）秋七月三日に小野妹子《おののいもこ》を大唐《もろこし》（隋）に遣わし、鞍作福利《くらつくりのふくり》を通訳とした」という記事であり、妹子は翌十六年（六〇八）夏四月に帰朝したと記されている。小野妹子は隋では蘇因高《そいんこう》と呼ばれたと記されている。当時の中国語で小野妹子を、そのように発音したのだろう。隋からは裴世清《はいせいせい》と一二人の客が妹子とともに筑紫にやって来た。六月十五日には、飾り船三〇艘で迎えられた客たちは難波の高麗館《こまのむろつみ》の近くに新造した館に泊まった。この時、妹子は次のようなことを述べた。「私が帰国の時、煬帝《ようだい》が私に書を授けました。しかし百済国を通る時、百済人によってかすめ取られました。そのためお届けすることができません」と。

群臣たちは「使者たる者は命をかけても、任務を果たすべきなのに、何という怠慢、大国の書を失うようなことをしたものか」と言い、「流刑に処すべきだ」とも言った。しかし推古天皇は「書を失った罪はあるが、軽々に処罰してはならない。客の手前もよくない」と言い罪としなかった。

八月三日に隋の客は飛鳥の都に入り、海石榴市《つばいち》の路上では額田部連《ぬかたべのむらじ》比羅夫《ひらぶ》が飾り馬七五匹を連ねて迎えた。その後、おそらく山田道を行列し、小墾田宮に向かったのだろう。十二日に裴世清は天皇に謁見し、使いの旨を述べた。裴世清が携えてきた書には「皇帝から倭皇《やまとのすめらみこと》にご挨拶を送る。大礼の蘇因高（小野妹子）らが訪れてよく意を伝えてくれた……」と記され、美辞麗句が綴られている。この内容の真偽はともかく、そこに参列していた皇子、諸王、諸臣はみな金の飾りを付けた冠をかぶり、衣服には錦《にしき》、紫《むらさき》、繍《ぬいもの》、織《おりもの》および五色織りのうすものを用いた、とある。

その後、裴世清たちは九月十一日に帰国の途についたが、再び小野妹子は大使として隋に向かった。

推古天皇が隋の煬帝に述べたとされるのが「東《やまと》の天皇が、謹《つつし》んで西《もろこし》の皇帝に申し上げます。鴻臚寺《こうろじ》（外交を司る役所）の裴世清らがわが国に来られ、久しく国交を求めていた思いが解けました。（中略）大礼蘇因高等を遣わします。意を尽くしませんが謹んで申し上げます」という文である。この時、留学生、留学僧として遣わされたのが、高向玄理《たかむこのくろまろ》、南淵請安《みなみぶちのしょうあん》、日文《にちもん》らであった。

『日本書紀』には他に例がないほどくわしくこの遣隋使と、隋からの大使との交流について述べているが、肝心の第一回の遣隋使についての記載はまったくない。実は隋の正史である『隋書』倭国伝には開皇二十年（推古天皇八年〈六〇〇〉）に「倭王姓は阿毎《あめ》、字《あざな》は多利思比孤《たりしひこ》、号して阿輩雞彌《あめぎみ》、使いを使わして闕《けつ》に詣らしむ」とある。そして皇帝がその風俗を問うと、使者は「倭王は天を以て兄と為し、日を以て弟と為す。天が未だ明けざる時、出座し政聴し、跏趺《かふ》（結跏趺坐《けっかふざ》）して座す。日出ればすなわち理務を停め、我が弟に委ねん」と述べた。それに対して高祖（文帝）は「これは太《はなは》だ義理なし」と述べ、「訓《おしえ》て之を改めしむ」とある。その後に内官には大徳、小徳、大仁、小仁、大義、小義以下合わせて十二等があると記しているが、これは『隋書』の編纂時に後で追加したと思われるもので、『日本書紀』に記された十二階と若干齟齬がある。

『日本書紀』編纂者が『隋書』に目を通していなかったわけはなく、この六〇〇年の遣隋使については意図的に触れなかったと思われる。

先に述べたが倭は約百年間、中国王朝の冊封体制のもとにはなかった。ところが、新羅は高句麗、百済には遅れたものの、隋統一の五年後の五九四年に隋の体制下に入ったのである。倭が新羅と戦うことは、この時点で隋をも敵に回すことになる。倭政権は、少なくとも新羅と同じ立場に立つことが必要だった。推古八年（六〇〇）の第一回の隋への使いはこのような状況のもとで急遽計画されたと考えられる。『隋書』にある「阿毎多利思比孤」はおそらく「天足彦」、「阿輩雞彌」は「天君」だろう。これは誰を指しているのだろうか。天皇であれば推古、皇太子を指すのであれば厩戸皇子になろう。しかしそのときの隋の高祖の対応にみられるように、倭はそれまでの百年のあいだに外交儀礼などの知識をなくしていたと考えられる。中国南朝の梁の元帝が刺史《しし》として荊州《けいしゅう》にいた五三九年頃、当時の外国使節の様子を書いた文章をもとにして描いた職貢図《しょくこうず》がある。その模写（一一世紀）のなかに、倭の使節と思われる人物が描かれている。衣冠束帯の使節たちの後方に、広布を上衣に、腰に布を巻き、裸足《はだし》の人物が倭国の使いとされている。この時代には南朝との交流はすでに途絶えていたが、彼らの知識をもとに描いたのだろう。

厩戸皇子の決意

六〇〇年の遣隋使が帰国した後、倭の朝廷は大きく動いてゆく。まず、厩戸皇子は推古天皇九年（六〇一）春二月に斑鳩宮を建てる。翌十年（六〇二）には、弟の来目皇子《くめのみこ》を新羅将軍に任じ、二万五〇〇〇人の軍兵を授けたが、来目皇子は病に倒れ、新羅征討は中止している。

そして推古天皇十一年（六〇三）十二月五日に初めて冠位十二階を制定し、翌年一月に施行した。つづいて四月三日には十七条憲法を作った。いずれも隋および他の朝貢国の使者たちの様子を目のあたりにした倭の使者の報告によって、厩戸皇子が主導する形で作られたのだろう。とくに十七条憲法は仏教や儒教思想をもとに作られており、先に来日していた高句麗僧の慧慈たちの協力もあったに違いない。厩戸皇子が斑鳩宮に移ったのは、この二つの問題を完成させた翌年の推古天皇十三年（六〇五）冬十月のことだった。これ以降、『日本書紀』にみえる厩戸皇子の記事のほとんどは、斑鳩を中心に活動していたことをうかがわせるものである。推古天皇十六年（六〇八）の小野妹子の帰朝報告や裴世清との交流についてのくわしい記述のなかにも厩戸皇子の姿はみえない。

厩戸皇子は先の遣隋使の報告を聞き、奈良盆地の奥まった一角で、蘇我氏の一強体制で進められている政治に危機感を抱いたと思われる。そこで斑鳩宮を中心とした新しい国づくりをめざしたのであろう。その根本は十七条憲法にうたわれた和の精神、仏教的思考、天皇と臣下とのかかわり方などであったと考えられる。

父母ともに蘇我氏の血縁である厩戸皇子ではあったが、当時の権力者、蘇我馬子・蝦夷とは相容れなくなったと思われる。斑鳩の斜行条里の痕跡が各所にみられると初めに述べたが、この痕跡は南北は太子道を基準として、東西は太子道と直交する横道を南限として、斑鳩宮を中心に置いた東西約二キロ、南北約一キロの範囲内に目立っている。後で述べる法起寺周辺の遺構をみれば、さらに広がるものとみられる。もちろん大規模な発掘調査の資料ではないが、小規模な調査においても散見できる遺跡の状況から、その可能性は充分にある。もしその推定が正しければ、斑鳩では藤原京が成立する約九〇年前に、宮を中心とした広がりが計画、実行されていたことになる。しかし厩戸皇子の急逝によって、その計画は未完に終わってしまった。

推古天皇の後継者選びに山背大兄王が敗れ、その後間もなく蘇我入鹿によって上宮王家の多くは滅ぼされることになった。蘇我本宗家にとっては、斑鳩の存在は許せないものだったのだろう。皇極天皇の後を継いだ孝徳天皇が難波に遷り、新しい宮と京造りをめざしたのも、東アジアを見据えた厩戸皇子の考えが背景にあったのかもしれない。

以上のように、斑鳩の地が文献にあらわれるのは、『日本書紀』によれば厩戸皇子が斑鳩宮を造営し、飛鳥から移ってきた推古天皇十二年（六〇五）頃からであるが、藤ノ木古墳の出現によってこの地には、もう少し以前の六世紀後半から末葉にすでに先進的な文化が存在していたらしいことが明らかになってきた。そして、斑鳩には斑鳩宮や法隆寺（斑鳩寺）だけではなく、飛鳥時代に創建された寺や厩戸皇子の一族である上宮王家ゆかりの人びとの宮が、数多くあったことが史料によって知られている。まず、法隆寺からみていこう。

再建された法隆寺

思い出の法隆寺

一九六一年、私が初めて法隆寺を訪ねたのは、地方の中学校の修学旅行の時だった。そのときの旅行記には生意気にもフェノロサや岡倉天心もながめた美しい中門と仁王の前で感激したこと、大宝蔵で時間をとりすぎて駐車場でバスを待たせ、クラスメートの不評をかったことなどが記されている。

それから数十年後、この境内で発掘調査や資料調査をすることになろうとは思いもしなかった。調査中に修学旅行の一団に出会うと、当時のことを思い出し、私の進んできた道の第一歩はこの法隆寺だったのかもしれない、と感慨を新たにすることもたびたびであった。

寺院跡を発掘するとき、また心が少し疲れたときには、よく法隆寺を訪ねた。地下からあらわれた礎石や柱穴、溝などの遺構から建物をイメージするとき、法隆寺はそのすべてがそろっているこのうえないテキストであるからなのだが、それとともに私が考古学の道へ進む決心をしたときの初心を忘れないためでもある。私にとって法隆寺は、学問的関心以上に心の奥深くまで入ってしまっているらしい。

法隆寺については語るべきことは限りなくある。美術史、建築史、古代史、考古学ほか、いずれの学問にとっても宝の蔵である。私は一九七八年から一九八一年にかけて、法隆寺の防災工事にともなう境内の発掘調査に参加する機会を得た。防火用の水道管を埋設する地区の事前調査で、いわば境内を網の目のように発掘できたのである。

この調査で私の最大の関心事は、再建の考古学的証拠をみつけることだった。金堂の周辺、塔の近くで若草伽藍に関連する遺構のあらわれることを期待して調査に臨んだが、その意味では成果はあまりはかばかしくなかった。しかし、さほど規模は大きくはないものの、講堂の東で若草伽藍と方位を同じくする柱列をみつけたときの感動は、忘れられない。

その後一九八一年秋から二年間、中国の北京に留学することになり、法隆寺の調査からは遠ざかってしまった。そして二年近くたった帰国前に、遠く離れた北京で、親しくしていた法隆寺の方から西院伽藍と若草伽藍の前後関係を示す遺構がみつかったというニュースを聞いたのである。

図64　法隆寺西院伽藍

そのことについては後で述べよう。

法隆寺はいつ建てられたのか

法隆寺は姫路城とともに、一九九三年に日本最初の世界遺産に登録され、名実ともにかけがえのない世界の宝物になった。世界最古の木造建築をこれほどまでに保存してきたことに驚くほかはないが、その影には千数百年のあいだ寺を守ってきた僧侶をはじめ、数えきれない人びとの並々ならぬ努力があったのである。

先に述べたように、浅野清の調査によって斑鳩宮は法隆寺東院の下に存在することがわかったが、法隆寺の建物群がいつ頃建てられたのか、また、はたして建て替えられたのか、ということについては専門家ならずとも関心をもたずにはいられないだろう。

法隆寺の創建に関する記録として唯一のものが、西院伽藍の金堂の東座に安置されている薬師如来の光背の銘文である。それによれば「用明天皇の病気平癒を祈って、用明元年（五八六）に伽藍を建立し、薬師如来像を造ることを発願したが、実現しないうちに崩御されたので、のちに推古天皇と聖徳太子が造寺、造仏を計画し、推古十五年（六〇七）に完成したのが法隆寺である」とされている。また奈良時代の天平十九年（七四七）に作成された『法隆寺《ほうりゅうじ》伽藍《がらん》縁起《えんぎ》并《ならびに》流記《るき》資財帳《しざいちょう》』（以下、『法隆寺資財帳』）によれば、法隆寺と同時に四天王寺、中宮尼寺以下のいわゆる太子建立の七寺も推古天皇十五年に建立したと記されている。『日本書紀』には創建の記事はなく、「推古天皇十四年（六〇六）に、皇太子が岡本宮で法華経を説き、喜ばれた天皇は播磨国の水田百町を太子に賜い、それを斑鳩寺に納めた」と記されている。これによれば推古十四年には斑鳩寺（法隆寺）はすでに存在していたことになるが、この太子の講経については、天平時代から平安時代初期に書かれた聖徳太子に関する最古の伝記『上宮聖徳法王帝説《じょうぐうしょうとくほうおうていせつ》』や『法隆寺資財帳』には推古六年（五九八）、平安時代初期に書かれた太子の伝記『上宮聖徳太子伝補闕記《ほけつき》』（以下、『補闕記』）には推古二十五年（六一七）と一定していないことから、今ひとつ信憑性に乏しい。

法隆寺でおこなわれていた『昭和資財帳』作りの作業過程で、次々と新しい成果が得られていたが、その一つが金堂釈迦如来像の台座裏面でみつかった墨書である。そこには「辛巳年八月九日作」とこの像の作成年月日が書かれていたのだ。辛巳年は六二一年にあたり、この釈迦如来像の光背には推古天皇二十九年（六二一）聖徳太子の母の間人皇后が没し、三十年の正月に太子と妃が病に臥し、そこで他の妃や皇子たちが病気平癒と間人皇后の死後の往生を願って発願したが、二月には太子も妃も亡くなり、翌年（六二三）に止利仏師によってこの像が作られたと記されている。この墨書が光背の銘文とも矛盾しないことから、少なくともそれ以前に法隆寺は存在していたことが明らかになった。

法隆寺の創建に関する史料には以上のものがあげられるが、金堂東座の薬師如来像は様式からみて年代を下げるべきだという意見が強く、また『法隆寺資財帳』も百年以上後になって記されたもので、創建当初の姿を伝える史料としてはいくらか問題は残るといえよう。こうしてみれば、もっとも信頼できるのは釈迦如来像の光背銘文であり、法隆寺は六二三年以前には建立されていたということになる。

再建論・非再建論

法隆寺には多くの学問上の論争があるが、なかでも再建、非再建論争はとくに名高い。『日本書紀』の天智天皇九年（庚午年〈六七〇〉）に火災記事がみられ、他の記録にも庚午年に法隆寺が炎上したことが記されていることから起こった論争である。明治二十年（一八八七）頃から古代史、美術史、建築史の研究者のあいだで始まり、一世紀以上の論争の歴史がある。その議論の発端となったのが、『日本書紀』の「天智天皇九年庚午の四月三十日の夜半に、法隆寺が火災にあい一屋もあますところなく焼失し、大雨が降り、雷が鳴った」という記述である。

法隆寺の火災に関する文献には、このほかに『補闕記』と、少し時代の下る『聖徳太子伝暦《でんりゃく》』にもよく似た文章がみられる。その内容は庚午年の四月三十日夜半に火事が発生したことを記しているが、その後、山背大兄王が皇極天皇二年（六四三）に蘇我氏によって討たれたときに、斑鳩寺に入って一族もろとも自尽したと『日本書紀』にみられるように、寺は存続していたことをうかがわせるのである。

明治三十年代後半に非再建論を強く打ち出した平子鐸嶺《ひらこたくれい》は、『補闕記』の庚午年を『日本書紀』の天智天皇九年から干支を一巡さかのぼらせた推古天皇十八年（六一〇）のこととして六七〇年の全焼は認めていない。推古天皇十五年（六〇七）に創建した斑鳩寺の火災は『補闕記』に記すとおり、たいしたものではなく、現在も当初のままの建造物が伝わっていると主張した。

それに対して喜田貞吉《きたさだきち》は天智以降の再建論を掲げ、華々しく論争の火蓋を切った。その後の論争史は省略して、ここでは考古学からみた再建、非再建説に絞ってみてゆこう。

石田茂作による発掘調査

法隆寺で初めて発掘調査がおこなわれたのは、昭和十四年（一九三九）の石田茂作らの若草伽藍の調査だった。それまでも大正末期から昭和初期にかけて、境内から出土した瓦の検討や、金堂や塔の周辺に焼土がみられないことなどから、非再建論を主張する関野貞《せきのただし》の見解などに、考古学の成果は利用されることはあったが、本格的に考古学がこの論争に加わることになったのは、この石田の調査が最初だった。西院伽藍の東南の「若草の芝」と呼ばれていたところに、かつて大きい礎石があったことは知られていたが、喜田貞吉と非再建論者の足立康《あだちやすし》の論争の仲介のつもりで書いた石田茂作の新聞記事がきっかけで、この地の発掘がおこなわれた。

発掘調査の結果をもとに出された石田の見解は、

(一) この「若草の芝」の地には現法隆寺とは別の寺院があった。
(二) 少なくとも塔と金堂があり、その平面規模は現法隆寺と同じである。
(三) 伽藍配置は四天王寺式である。
(四) 方位は東南に二〇度振れ、現法隆寺とは一七度の差がある。
(五) 軒瓦は単弁蓮華文軒丸瓦、手彫り忍冬文軒平瓦で飛鳥時代のもの。
(六) 瓦には火を受けた形跡のあるものが混じり、灰、木炭も出土し、火災のあったことは否定できず、その火災は瓦から見て白鳳以前とみられる。

というものであった。

以上の結果から、石田は再建・非再建については、もはや多くを語る必要はないとした。つまり、法隆寺はまず若草の地に建てられ（若草伽藍＝斑鳩寺）、天智天皇九年（六七〇）の焼亡の後に、現在地に再建されたとするのが自然であるという見解に到達したのである。そして再建、非再建論争に決着がついたかにみえたが、二つの寺が併存していたのではないか、という見方をとる研究者もあらわれ、さらに論争は、混迷の度を増すようになった。

石田の調査から三〇年後の一九六八年、六九年に法隆寺の南面大垣の修理にともなって、文化庁による若草伽藍の再発掘がおこなわれた。この調査では、金堂が塔より先に造られ、その瓦にも時期差があることが明らかになった。また講堂や回廊の跡がみられなかったことから、未完成の寺である可能性も含めてさまざまな意見が出されることにもなった。

若草伽藍焼失の痕跡発見

一九七八年から八四年にわたっておこなわれた法隆寺境内全域の防災工事にともなう発掘調査の面積は、約七〇〇〇平方メートルにもおよんだ。先に述べたように、私も一九八一年までこの調査に参加していた。そして調査では、まず若草伽藍と西院伽藍の同時期存在はありえない証拠となる遺構があらわれた。それは一九八二年の調査で、若草伽藍の北と西を限るとみられる柵列と南に流れる自然と人工の二つの流路を検出したことである(図65)。

自然流路は若草伽藍の柵を設けるために埋め、その西側にバイパス用に人工の流路を造っているが、

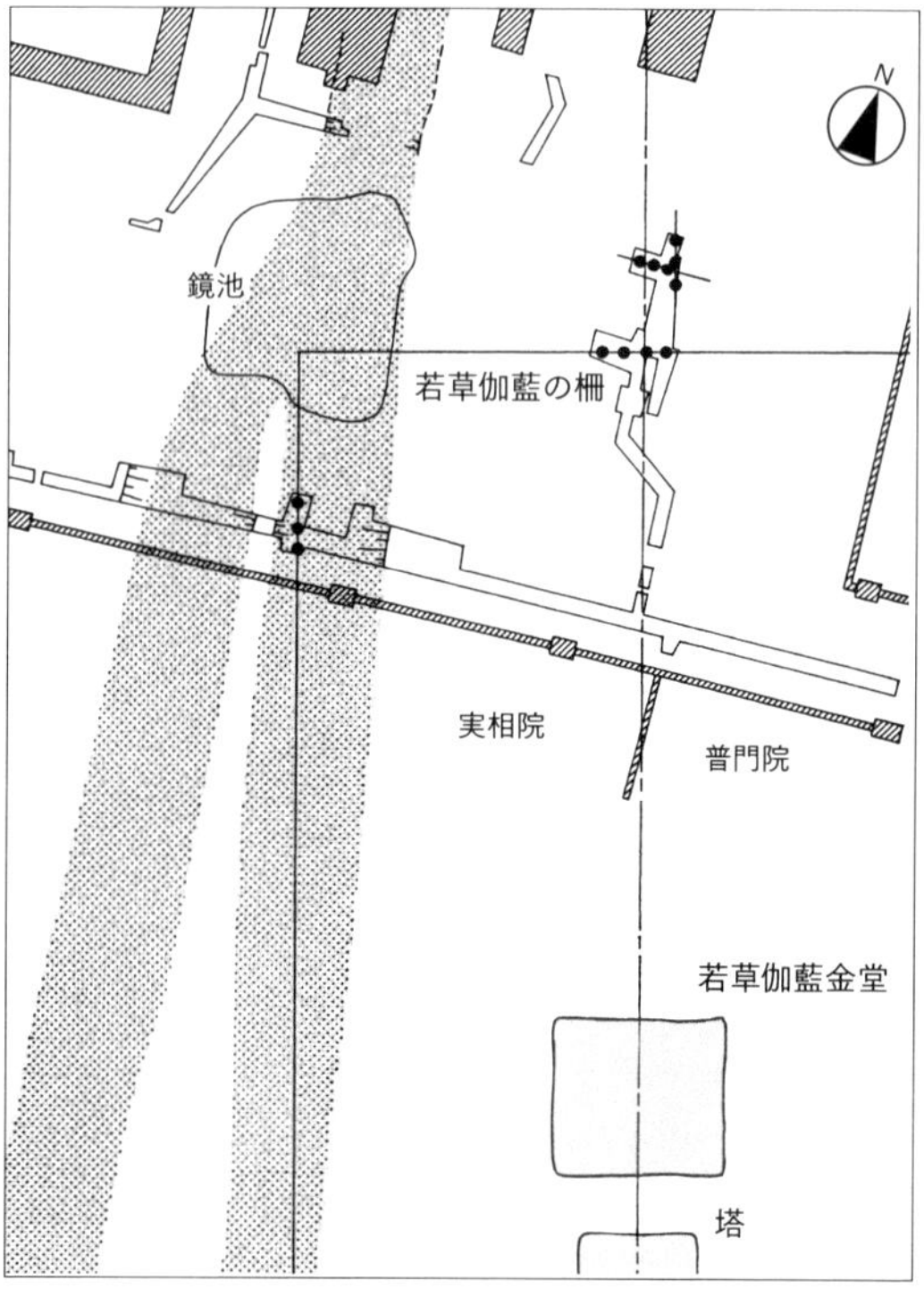

図65　二つの流路

この流路は西院伽藍を造るときに埋めていることがわかったのだ。このことから、若草伽藍と西院伽藍は明らかに前後関係があることが立証され、再建・非再建論争に最終的な決着がついたかにみえた。

しかし一方、若草伽藍に回廊や講堂の遺構がみられないことなどから、若草伽藍は完成を見ずして計画変更し、西院伽藍が再建されたという「非焼失論」や西院伽藍の完成時期は別にして、建築様式や瓦の変遷からみて、現存する金堂は一足早く斉明朝（六五五〜六六一）に造営を開始したのではないか、という見解も出され、論争はさらに混沌としてきた。

その後、二〇〇四年に斑鳩町教育委員会が南大門外の東南部を発掘調査したところ、境内からつづく流路を検出し、中から大量の焼土や火を受けた壁画の断片が出土し、若草伽藍の中心施設（おそらく金堂）が火災にあっていたことが明らかになった。

現在の西院伽藍の建物が、天智天皇九年（六七〇）以降に再建されているにしても、世界最古の木造建築であることには変わりはないが、この論争の根底には、七世紀後半の木造建築の解釈、法隆寺に今も残る数多くの仏像、工芸品の位置付け、再建にあたっての協力者の問題など、飛鳥時代から奈良時代にかけての日本の政治、文化を考えるうえで、避けて通ることができない要素が多く含まれているのである。

誰が法隆寺西院伽藍の建立を担ったのか

今私たちが目にすることのできる法隆寺の西院伽藍は、厩戸皇子が活躍していた時代からほぼ百年を経過した、和銅年間（七〇八〜七一四）に完成したものであるが、その再建が始まったのは天智九年の焼失後間もなくの頃だろう。

二年後に起きた壬申の乱で皇位についた天武天皇は、仏教を国家経営の大きな柱とする政策をとり、畿内をはじめ全国各地の有力豪族に寺院の造営を命じた。『日本書紀』天武天皇十四年（六八五）三月二十七日条に、「諸国に、有力者の家ごとに仏舎を造り、仏像、経典を置き、礼拝供養せよ」とあるが、その時期に建てられた寺院が多いことは、考古学による発掘調査によっても示されている。

天武天皇の後を継いだ持統天皇も、積極的に仏教興隆政策をとった。奈良時代の天平年間に、聖武天皇が国ごとに国分寺、国分尼寺を建て、僧尼に鎮護国家のための経典を読ませた原点はここにあるのだ。事実、国分寺跡の発掘調査をおこなってみると、創建が天武・持統朝までさかのぼるものが結構ある。つまり聖武朝に再建、改築して国分寺に生まれ変わっているのである。

ところが、問題は再建法隆寺を建てたのは誰か、つまり経済的援助をおこなったのが誰であるのか、まだはっきりとはわかっていないことである。先に述べたことから考えると、時の最高権力者である天武・持統の援助はもちろんあったであろうが、斑鳩、平群《へぐり》地方で勢力のあった平群氏などが深くかかわっていた、との見方もある。

私が再建法隆寺（以下法隆寺）を考える場合重視しているのが、伽藍の屋根を飾る軒瓦の形である。法隆寺に葺かれた軒瓦はきわめて特徴的で、複弁八弁蓮華文の軒丸瓦と、忍冬唐草文の軒平瓦がセットになるものである。この瓦は分布に特徴があり、法隆寺近くの法輪寺、法起寺、中宮寺といった上宮王家と深いつながりにある寺々、さらに太子伝承と関連のある額田寺《ぬかたでら》（額安寺《かくあんじ》）、平隆寺《へいりゅうじ》などにみられるほか、西日本各地、とくに瀬戸内海沿岸部に点在する法隆寺の庄園内に分布する。このことは古くから石田茂作によって指摘されていたが、それをさらに発展させた鬼頭清明《きとうきよあき》は、この瓦と庄倉とのかかわりから、在地豪族が庄園経営に深くかかわることによって法隆寺の再建の力になっていたのではないか、との見解を示した。同系統の瓦の地方への広がりは、川原寺式や百済大寺式などにもみられ、その背景についてはさまざまな興味深い見解が出されている。

近年法隆寺式軒瓦の分布についても、改めて研究者の間で詳細な検討が進められている。その研究成果をみると、法隆寺式軒瓦と庄園が深くかかわっているという、従来の見解のような図式どおりにはいかないようである。なかでも法隆寺庄倉が多い伊予国の瓦を研究した亀田修一、妹尾《せお》周三《しゅうぞう》は、法隆寺式軒瓦が出土した、もしくは出土したと伝えられるところは九カ所にのぼるが、『法隆寺資財帳』に記載された六郡と骨奈嶋《こつなじま》のうち法隆寺式軒瓦を出土するのは二郡（温泉郡、伊予郡）にすぎず、必ずしも『資財帳』と一致するとはいえない、としている。この傾向は他の地域でも同様で、法隆寺ともっとも関係の強い播磨国においても、法隆寺式軒瓦を出土するのは八カ所、軒丸瓦と軒平瓦がそろっているのは二カ所と多くはない。このことから、再建法隆寺に地方豪族が積極的にかかわってきたとは断定できないとされている。瓦を使用していた寺院跡の調査が多くおこなわれていない現在、わずかな瓦だけを資料として論ずるのはこのあたりが限界なのかもしれない。

しかし、伊予国の道後平野に展開する法隆寺式軒瓦を例にあげると、以下のことはいえるだろう。松山市の湯之町廃寺《ゆのまちはいじ》や中《なか》ノ子廃寺《こはいじ》に伝わった初期の瓦の文様、技法が少しずつ形を変えながら、周辺地域に広がっていったと思われる。今後それぞれの瓦出土地の考古学的な調査を積み重ねることによって、実態が明らかになっていくだろう。そしてそのことは、厩戸皇子主導で建立されたとされる斑鳩寺（創建法隆寺）に対して今なお謎の多い西院伽藍（再建法隆寺）建立の背景には、天武・持統天皇に加えて、各地の豪族も加わっていたことを解明する糸口をみつけることができるだろうと私は思っている。

法隆寺の伽藍配置

現在の西院伽藍は南大門を入ると東西に塔頭《たっちゅう》が並び、正面に進むと仁王像の並ぶ中門に至る。現在の拝観客の入り口は回廊の西南隅に設けられているが、本来はこの中門から伽藍の中心に入ることになる。

中門の真ん中に立つと正面には講堂が目に入るが、少し注意深く観察すれば講堂の建築様式は手前の左右に立つ塔、金堂とは違っていることに気づくだろう。この講堂は、平安時代の延長三年（九二五）に焼失し、現在の建物は正暦元年（九九〇）に再建されたものだからである。この講堂は再建時に位置を少し北にずらして建てられているが、これはほかの堂塔との間をあけておこうという、火災の教訓を反映したものだろう。当初は回廊は塔、金堂を囲むように設けられ、講堂はその外側にあった。現在の回廊が不自然に鍵の手に曲がり、経蔵と鐘楼をとり込み、講堂の東西にとり付いていることも、その知識があれば理解できる（図66）。私も境内の発掘時に、講堂の前で閉じた回廊の基壇や両側の雨落ち溝を検出している。

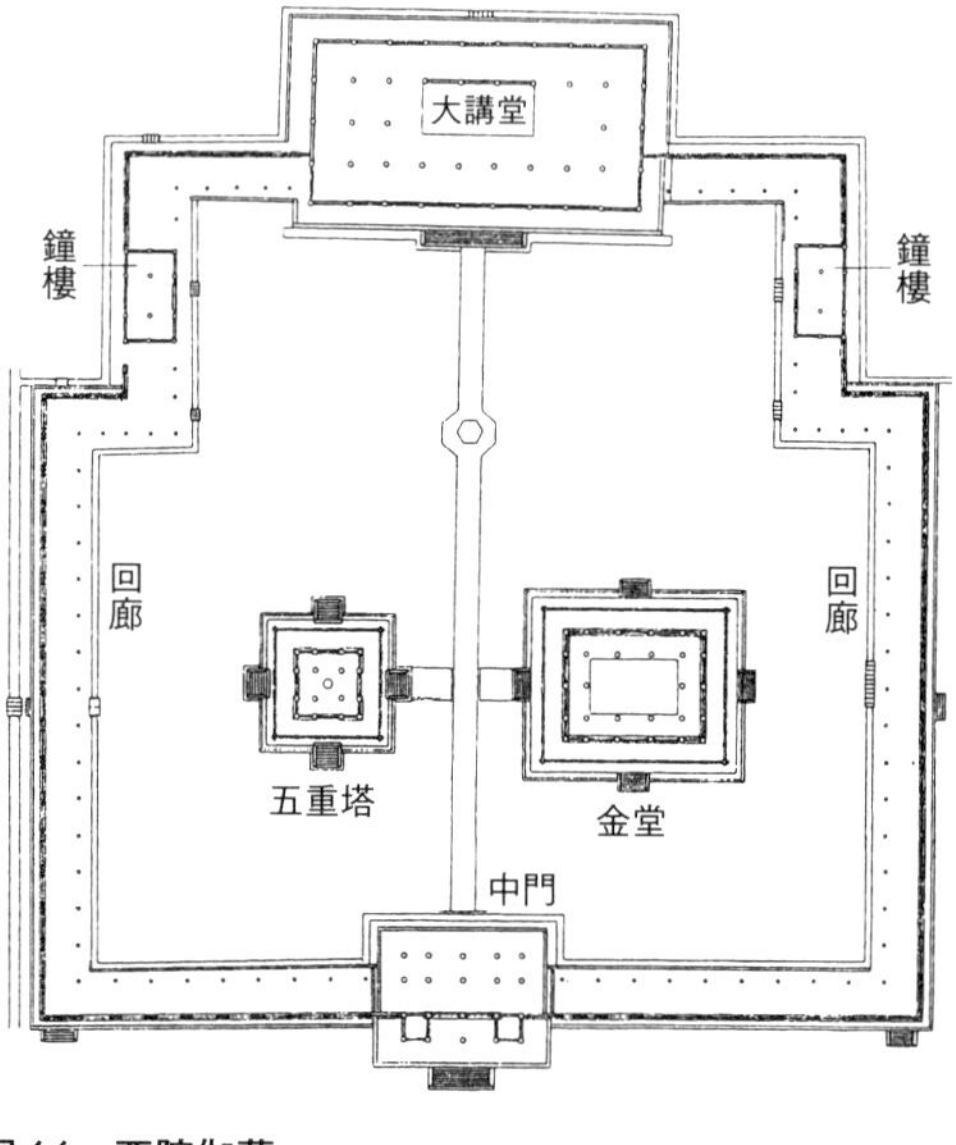

図66　西院伽藍

塔、金堂が一直線上に並んでいたそれまでの伽藍に対して、金堂が向かって右に、塔が左の対称の位置に配置されることは、それぞれの建物の中心となるものが、等価値になったことを意味している。

伽藍配置の変遷をたどると、その中心が釈迦の遺骨（舎利）を祀る塔から、釈迦の像つまり仏像を安置する金堂へと変化してゆくことがわかるが、法隆寺西院伽藍はちょうどその中間に位置づけることができる。かつて石田茂作はこの型式を「法隆寺式伽藍配置」と命名し、天智九年（六七〇）の火災以降に建てられた寺院形式のモデルの一つとして、ほかの寺院の成立過程についても言及し、多くの研究者もそれを支持してきた。

　しかし、近年各地でおこなわれている寺院の発掘調査で明らかになったことを分析していくと、矛盾がみられるようになってきた。どういうことかというと、たとえば奈良県香芝市の片岡尼寺《かたおかにじ》、滋賀県の穴太廃寺《あのうはいじ》など明らかに法隆寺西院伽藍より創建が早いと見られる寺院のなかに、法隆寺式伽藍配置をとる寺院跡が存在することである。つまり、法隆寺西院の創建時の天智天皇九年以前にすでにこの形式は出現しており、斑鳩寺（若草伽藍）が焼亡したあと、西院伽藍は当時盛行していた形式を採用したと考えられる。その元となった伽藍は、どこの伽藍だろうか。それは先に述べた舒明天皇の発願した百済大寺《くだらのおおてら》（吉備池廃寺《きびいけはいじ》）とみてよい（八三ページ参照）。先の二寺院の他にも大阪府の海会寺《かいえじ》では伽藍配置のほかに、軒丸瓦に吉備池廃寺の瓦と同范品がみられ、つながりの深さを感じさせる。瓦の研究者のあいだでは、すでに「百済大寺式」の名で呼ばれているこの軒瓦の広がりの検討も、厩戸皇子の後を受けて舒明朝に始まる仏教政策を考えるうえで重要だろう。

　再建法隆寺（西院伽藍）もそういった時勢のなかで、若草伽藍が用いた「四天王寺式伽藍配置」にかわって「百済大寺式伽藍配置」を採用したと考えられる。

伽藍配置の変遷にみえる信仰の変化

舎利から仏像へとその信仰形態が変化していくさまは、インドでは仏像が誕生した一世紀頃から少しずつみられ、石窟寺院の中の仏塔と仏像の配置に顕著にあらわれてくる。シルクロードを経て仏教がわが国に伝わったときには、すでに五百年の時が流れているが、興味深いのは伽藍の形態は古い様式が採用され、少しずつ変化していくのである（六五ページ図18参照）。

これは、ほかの文化要素にもみられる現象で、たとえば中央アジアのアフガニスタンの二〜三世紀頃に築かれたとみられるテリヤ・テペの王墓から黄金の冠や装身具が多量に出土したが、それらの遺物と六世紀終わり近くの斑鳩の藤ノ木古墳からの出土品との共通性などがあげられよう。文化の伝播の早さは、単に交通手段や人の移動の時間に比例するのではなく、さまざまな背景が存在していることを考慮しなければいけないという例だろう。

舎利と仏像が対等の位置に配置されていた形式は、やがて天武天皇が持統皇后の病気平癒を願って、薬師如来を本尊として天武天皇九年（六八〇）に建立した薬師寺（藤原京内に残る本薬師寺跡）で大きく変化する。現在私たちが拝観できる奈良市内の西の京の薬師寺は、その形式を踏襲しているのでよくわかる。ここでは中門を入ると正面に豪華な薬師如来を祀る金堂が目に入る。そして塔はなんと二つになり、手前両側に左右対称の位置に建っている。本来塔は釈迦の墓塔（舎利塔）なので複数必要なはずはない。ここでは東西両塔は、回廊で囲まれた中心伽藍、つまり仏国土の中心に座す如来（仏）の威光を荘厳化するための施設に変化しているのだ。ただしこの段階では、塔は回廊の中にあるが、次の段階の東大寺や大安寺の伽藍では、両塔は中心伽藍からは離れ塔院として機能するようになる。東大寺では回廊内に存在するのは、金堂である巨大な大仏殿のみだ。高さ一〇〇メートル近くにおよんだといわれる東西両塔跡は、回廊の外側の東南と西南部に今も礎石と基壇の一部を残している。

このように奈良時代後半期までの寺院は、その伽藍の配置の姿から、時期や信仰の形態を考えることができるのである。奇跡的といってもよいほどの姿で今に伝わる法隆寺西院は、私たちにさまざまな知識を与えてくれる存在である。

二つの創建説をもつ法輪寺

斑鳩に造営された寺々は、法隆寺をはじめいずれも厩戸皇子とその一族の上宮王家と深いかかわりがある。法隆寺の北東約一キロのところにある法輪寺もその一つで、三井寺とも呼ばれる。法隆寺、法《ほう》起《き》寺《じ》の塔とともに「斑鳩の三塔」と親しまれていた法輪寺の三重の塔は、惜しくも昭和十九年（一九四四）の雷火で焼失してしまったが、いま静かな境内を訪ねると、飛鳥様式の美しい塔に出会える（図67）。法輪寺の井上慶覚、康世師の二代にわたる住職の願いと、多くの寄進者、なかでも幸田文氏らの協力によって一九七五年に竹島卓一博士のもと、法隆寺宮大工の西岡常一棟梁、その内弟子の小川三夫らによって再建されたのだ。塔再

図67　法輪寺の三重塔

建前後から発掘調査などでしばしば法輪寺を訪れていた私は、康世住職の誠実で崇高な姿に接して心が洗われることが多くあったことを、今も塔を仰ぐたびに思い出す。

この寺の創建に関しては二つの説がある。ひとつは、鎌倉時代中期成立の『聖徳太子伝私記』に記されている、推古天皇三十年（六二二）に山背大兄王とその皇子の由義王《ゆげおう》が、厩戸皇子の病気平癒を願って建立したという説である。今ひとつは天智天皇九年（六七〇）の斑鳩寺炎上のあと、百済の開（聞）師と円明師、下氷新物《したひのにもの》ら三人が三井寺を造ったという『補闕記』の記録である。

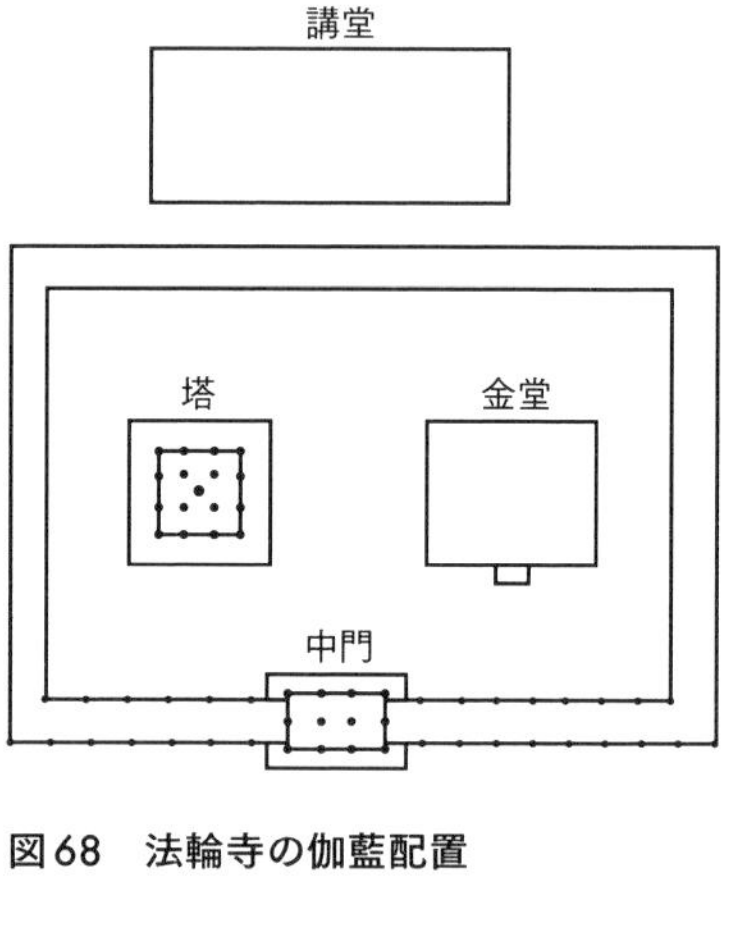

図68　法輪寺の伽藍配置

法輪寺の発掘調査

最初に発掘調査をおこなったのは、若草伽藍の調査で大きな成果をあげた石田茂作で、一九五〇年のことだった。この調査は境内の伽藍の堂塔の調査で、その結果、法輪寺は法隆寺西院伽藍の三分の二の規模で造られていることが明らかにされた。

第二次調査は収蔵庫建築にともなう講堂基壇の調査で、奈良国立博物館の石田茂作、稲垣晋也を中心に一九五八年におこなわれた。この調査時には法輪寺でもっとも古い百済系とみてよい船橋廃寺式の素弁八弁蓮華文の軒丸瓦と四重弧文軒平瓦が講堂跡の北側でまとまって出土している。

一九七二年に奈良国立文化財研究所と奈良国立博物館および奈良県が共同でおこなった第四次調査は、焼失した三重塔の再建に先立つもので、地下深く柱を立てるために埋められた心礎と、基壇の築成状況をみることにあった。この発掘には私も参加し、塔に関心を抱くきっかけになったのである。

調査によって、基壇土の中から軒瓦が多く出土し、それが塔周辺部からみつかる瓦と異なっていることが明らかになり、また塔基壇の東側の下層から掘立柱建物の一部が検出された。これは塔建立以前にも別の建物が存在していたことを示している。この基壇築成土の中から出土した瓦は、講堂北側でみられた船橋廃寺式の素弁八弁蓮華文の軒丸瓦と四重弧文軒平瓦だった。

その後も調査はつづき、斑鳩町教育委員会がおこなった金堂周辺と講堂周辺の調査（第一一～一六次調査）で大きな成果があった。金堂、三重塔、講堂の規模がわかり、金堂と塔で使用されていた瓦は法隆寺式のものであった。講堂の主要な瓦は法隆寺式軒瓦のセットだが、一部では法隆寺式軒瓦より古い船橋廃寺式軒丸瓦と四重弧文軒平瓦の使用もあった。中門、回廊については詳細な構造、規模はまだ明らかになっていない。

法輪寺出土の瓦からわかること

法輪寺境内から出土する瓦には各種あるが、中でも**図69**に示した二種がもっとも多い。その出土状態には特徴があり、I期の素

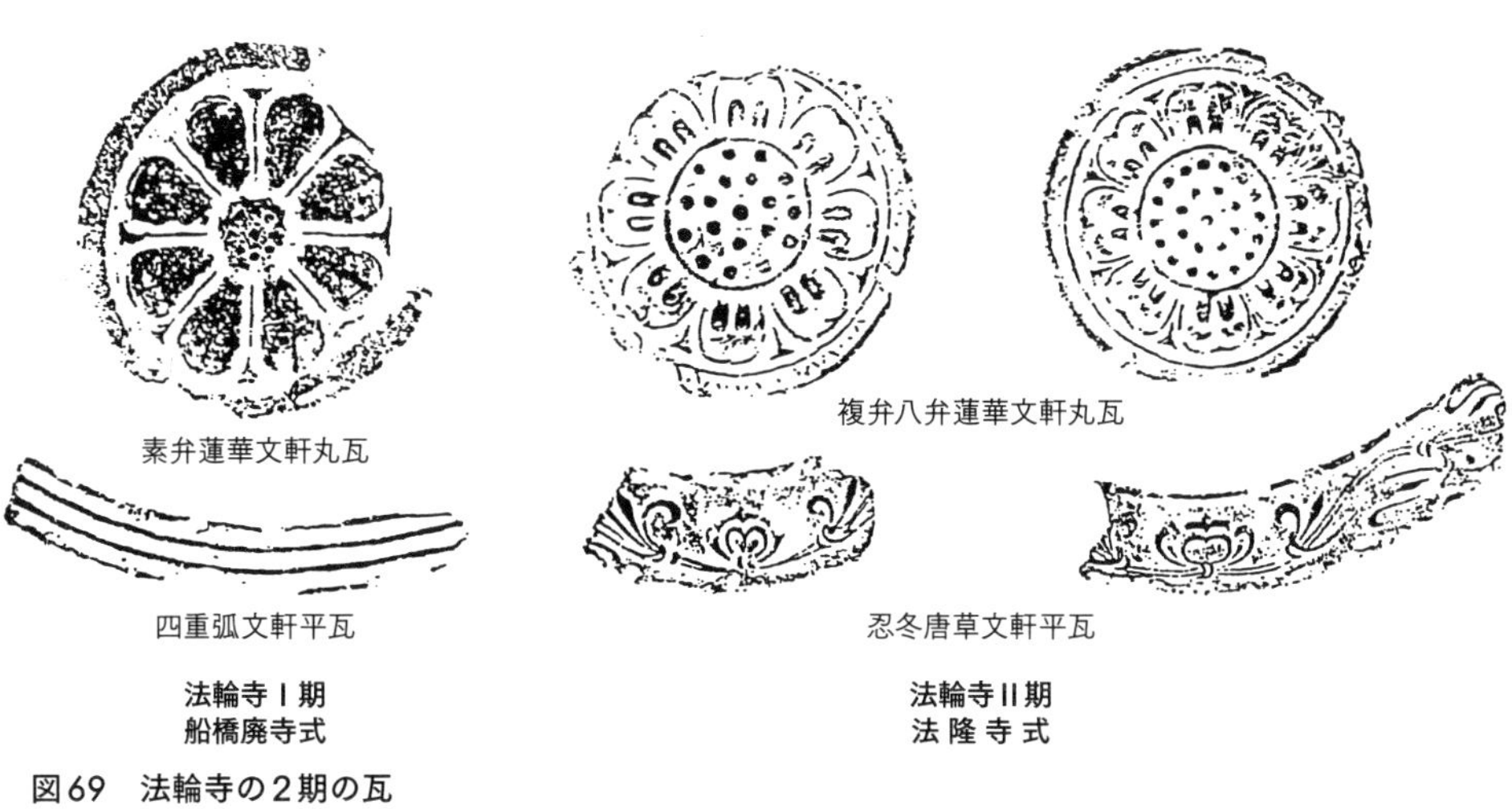

図69　法輪寺の2期の瓦

弁蓮華文軒丸瓦と四重弧文軒平瓦の組み合わせは、塔、回廊の基壇土の中から出土し、また一九五八年の講堂跡の調査時にも周辺部で多く出土している。さらに斑鳩町教育委員会の調査では、金堂築造前の整地土にも含まれていたことから、明らかに法隆寺式伽藍の完成以前の建物に使用された瓦と言える。それに対してⅡ期の複弁八弁蓮華文軒丸瓦と忍冬唐草文軒平瓦の組み合わせ、いわゆる法隆寺式軒瓦は、塔、回廊の周辺から多く出土している。斑鳩町教育委員会の調査による出土状態からみても、瓦の意匠から考えてもこの二種の瓦に時間差があることは明らかである。

この二種類の瓦の時期については、Ⅰ期の軒丸瓦は船橋廃寺式と呼ばれているが、百済末期様式の特徴をよくあらわし、中房が半球形をするという大きな特色をもっている。橿原市の軽寺跡に近い瓦がみられるが、むしろ百済の瓦との類似性が強いという印象がある。

Ⅱ期の瓦は法隆寺式のなかでも古式に含まれるので、斑鳩寺（若草伽藍）焼失後の早い時期に、この瓦を葺いた建物が建立されたとみてよいだろう。

この瓦の種類および出土状態と、残された文献との間に関連性は認められないのだろうか。それについて私は以下のような可能性を考えている。まず現在の境内地の下層には若草伽藍や斑鳩宮などと同じく、北から二〇度西に主軸を振った掘立柱建物が存在し、その中にはⅠ期の瓦を葺いた礎石建物（仏堂？）が建てられ、しばらく間を置いて七世紀後半にⅡ期の瓦を用いた塔や回廊が建立され、法輪寺が完成したのではないかということである。

二つの建立伝説は、この二時期を暗示しているとみるのが自然だろう。山背大兄王と由義王が六二二年に建立したという説は、船橋式軒丸瓦の年代とも関連するが、この船橋式軒丸瓦が先に述べた六四三年に建立が始まった山田寺の軒丸瓦に先行するものであれば、年代的に大きな矛盾はない。

境内各地で検出している掘立柱建物や溝の一部は、前身遺構の存在を示している。この建物が寺院であるかどうかは別にして、二つの創建説がいずれも法輪寺境内に残る遺構に対応していることはほぼ間違いないだろう。

現在、法輪寺の講堂には十余体の仏像が安置されている。なかでも木彫の薬師如来座像、虚空蔵菩薩立像は飛鳥時代のもので保存状態もよい。薬師如来像は寺伝では山背大兄王が父親の厩戸皇子の病気平癒を願って、法隆寺の釈迦三尊像の作者である鞍作鳥《くらつくりのとり》仏師に造らせたと伝えている。これらの尊像が当初どこに祀られていたのかは、法隆寺の釈迦三尊像と同様にむずかしい問題であろう。一つの可能性としては、現在の法隆寺式伽藍配置の法輪寺以前の、船橋廃寺式軒瓦を葺いた仏堂に安置されていたと考えられないだろうか。この寺院は上宮王家が襲われた六四三年以降は造営がつづかず、その後斑鳩寺が火災にあった天智天皇九年（六七〇）後の早い時期に、法隆寺西院伽藍の三分の二の規模で造られたとされる法輪寺の金堂の本尊として安置された可能性があろう。法輪寺の法隆寺式軒瓦は、法隆寺の金堂の瓦に先行するとみられる。伽藍も法隆寺より先に再建されたとみてよいだろう。

法輪寺境内の下層に眠る建物群は、斑鳩に広がる斜行条里に関連すると思われるが、これも飛鳥でみられた捨宅寺院の一例かもしれない。次に述べる法起寺の境内にも下層遺構は多く確認できているが、その広がりが大きいことが次第に明らかになってきている。

法起寺と岡本宮

法輪寺の山門を出て東に向かえば、間もなく美しい三重塔が目に入ってくる。約四〇〇メートルを隔てて東西に並ぶ飛鳥時代創建の二つの寺は、小規模であることや、その静かなたたずまいなどから、上宮王家を中心として華開いた斑鳩文化の一つの側面を私たちに伝えてくれるような気がする。

法起寺は池後寺《いけじりでら》、池尻尼寺、また地名から岡本寺などの名で呼ばれることもあるが、奈良時代の終わりから平安時代の初め頃に、薬師寺の僧景戒《きょうかい》によって書かれた仏教説話集『日本霊異記《にほんりょういき》』の中に、この寺の逸話が載せられている。中巻の第一七の「観音の銅像と鷺《さぎ》の形と、奇《あや》しき表《しるし》を示し縁《えにし》」という話で、その内容は、斑鳩の村の岡本の尼寺に観音の銅像が一二体あったが、聖武天皇の時代にそのうちの六体が盗人に取られ、みつからないままに数年が過ぎた。平群の駅《うまや》にある小さな池で、牛飼いの子供たちが池の中に小さな棒きれのようなものをみつけたが、その先端に鷺が止まっていた。子供たちは鷺を捕まえようと池に入り、その木に近づくとそれは観音の銅像だった。このことを伝え聞いた人びとは、早速寺の尼に知らせた。尼たちはその像を囲んで泣き悲しんで、「私たちは尊い観音様を失って、泣き悲しんでいました。何の罪があってこの盗難にあわれたのでしょう」と、早速御輿を造って像を安置し、寺に戻した。そしてあの鷺は観音様が姿を変えてあらわれたのに違いないと述べ、『涅槃経』に説く「仏の滅後といえども、仏法の真理は常に存在する」とはこのことであると結んでいる。この話からは奈良時代の中頃の聖武天皇の時代には、法起寺は岡本尼寺として存在していたことがわかる。

その創建については、推古天皇十四年（六〇六）に厩戸皇子が岡本宮で法華経の講読をおこなったという『日本書紀』の記事から、その宮を寺と改めたとする説が有力である。さらに今はその現物は

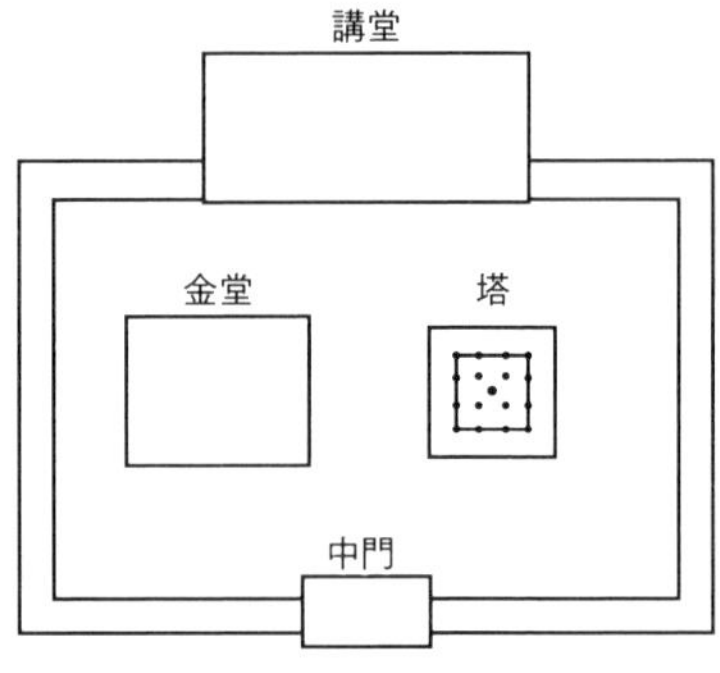

図70　法起寺の伽藍配置

失われているが、三重塔の露盤《ろばん》に記された銘文が『聖徳太子伝私記』に収録されている。その内容を要約してみると、「推古天皇三十年（六二二）に聖徳太子は、亡くなる前に宮殿（岡本宮）を改めて寺にするように山背大兄王に遺言した。大兄王は大和国の田一二町と近江国の田三〇町を施入し、舒明天皇十年（六三八）に福亮《ふくりゅう》僧正が弥勒菩薩像を造立し、金堂を建立した。その後、天武天皇十三年（六八四）に僧恵施《えせ》が塔の建立を発願し、慶雲三年（七〇六）三月に塔の露盤を完成した」ということになる。

厩戸皇子の遺命から金堂の建立まで一六年、さらに塔の完成までには八四年の歳月を要しているが、その間には上宮王家の滅亡などの事件があり、やむをえない事情があったのだろう。この過程は、先に述べた法輪寺のⅠ期、Ⅱ期の違いにも共通するのではないかと思っている。

いっぽう、地下の様子はどうであろうか。法起寺旧境内の発掘は、現在まで一二次の調査がおこなわれている。

もっとも早くは一九六〇～六一年に石田茂作を中心に、金堂、講堂、中門、南門など、主要伽藍の規模と範囲を確認する調査がおこなわれた。そして寺域は一町（約一〇九メートル）四方であろうと想定された。

第二次調査は一九六八年に奈良国立文化財研究所と奈良県がおこなった、寺のすぐ北から西を通る斑鳩バイパスの予定地の調査だった。そこでは法起寺の北面と西面の築地と、創建時にともなうとみられる製銅の炉跡を講堂の北側で確認している。さらに寺の西北地区で、北から西に約二〇度振る方位の掘立柱建物の一部を下層から検出している。『聖徳太子伝私記』にはこのあたりに膳臣《かしわでのおみ》の居宅があることが記載されていることから、法起寺と膳臣、さらに上宮王家との関連性が注目される。

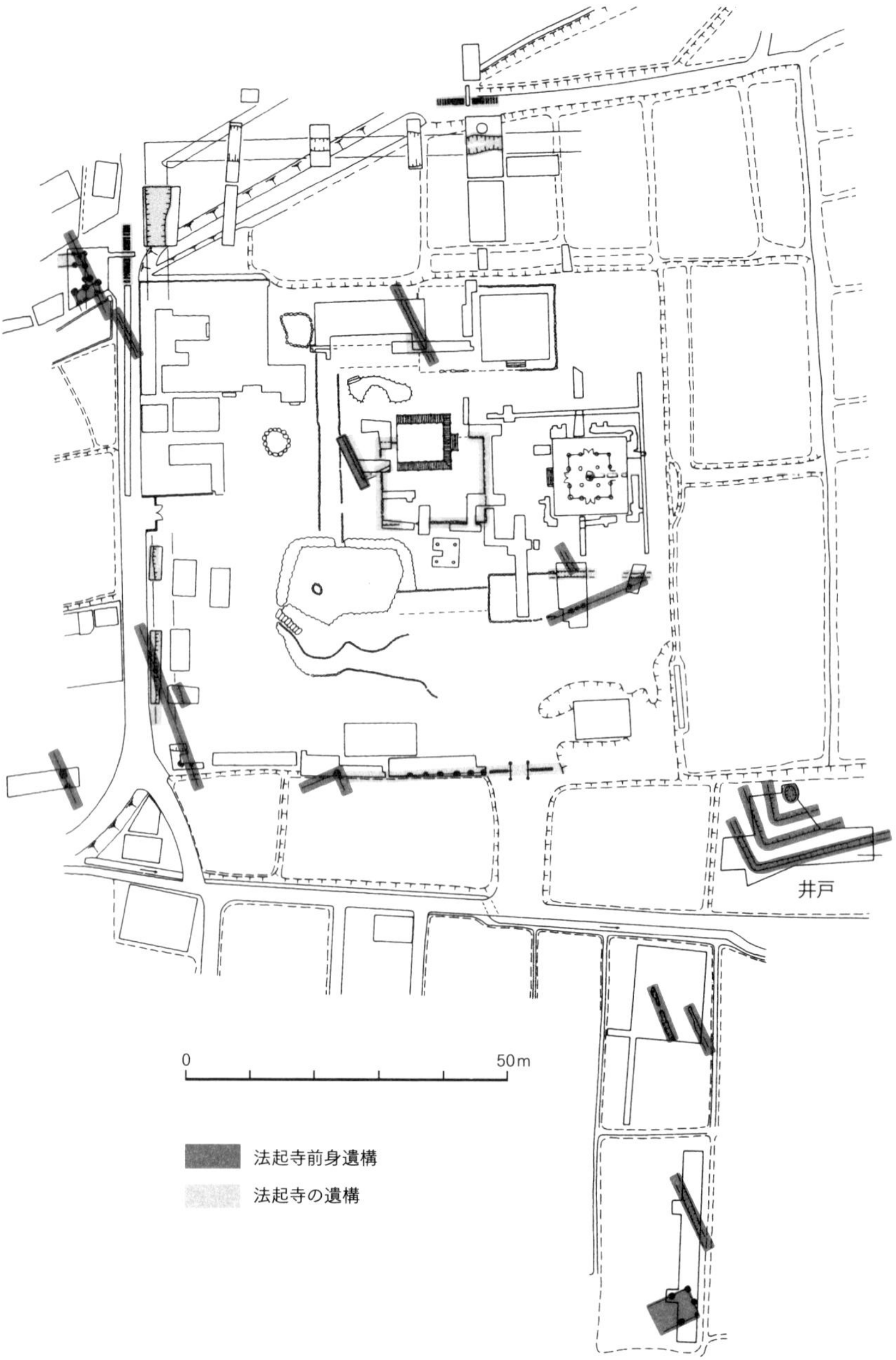

図71　法起寺の下層遺構

第三次調査は一九七三年の塔解体修理にともなうもので、基壇の調査が奈良県文化財保存事務所によっておこなわれた。この調査では基壇上に据えられた心礎は移動していないことが確認されている。

私は一九七六年の秋から冬にかけて、改修工事の終わった三重塔の防災設備を設けるための事前発掘調査を担当した（第四次調査）。調査は塔の外側四周に細い試掘坑を入れたほか、中門、回廊跡の一部を発掘した。発掘した回廊部分は鎌倉時代に大きく改築しているようで、目当ての遺構は溝の一部が残っているのみだった。しかし、鎌倉時代の修理時に使用した瓦を焼いた窯跡三基などとともに、下層から前身遺構の柱列や石溝の一部を検出した。その遺構も若草伽藍や斑鳩宮と同じく、北から西約二〇度振った方位のものだった。

以後、一九八〇年の第五次から一九九四年の第一二次まで調査がおこなわれ、伝飛鳥板蓋宮跡や平城宮跡でみられる井戸遺構につながるような長大な井戸を備えて区画された北から西に二〇度振る空間や柱列、道路遺構などが広範囲にわたってみつかっている。

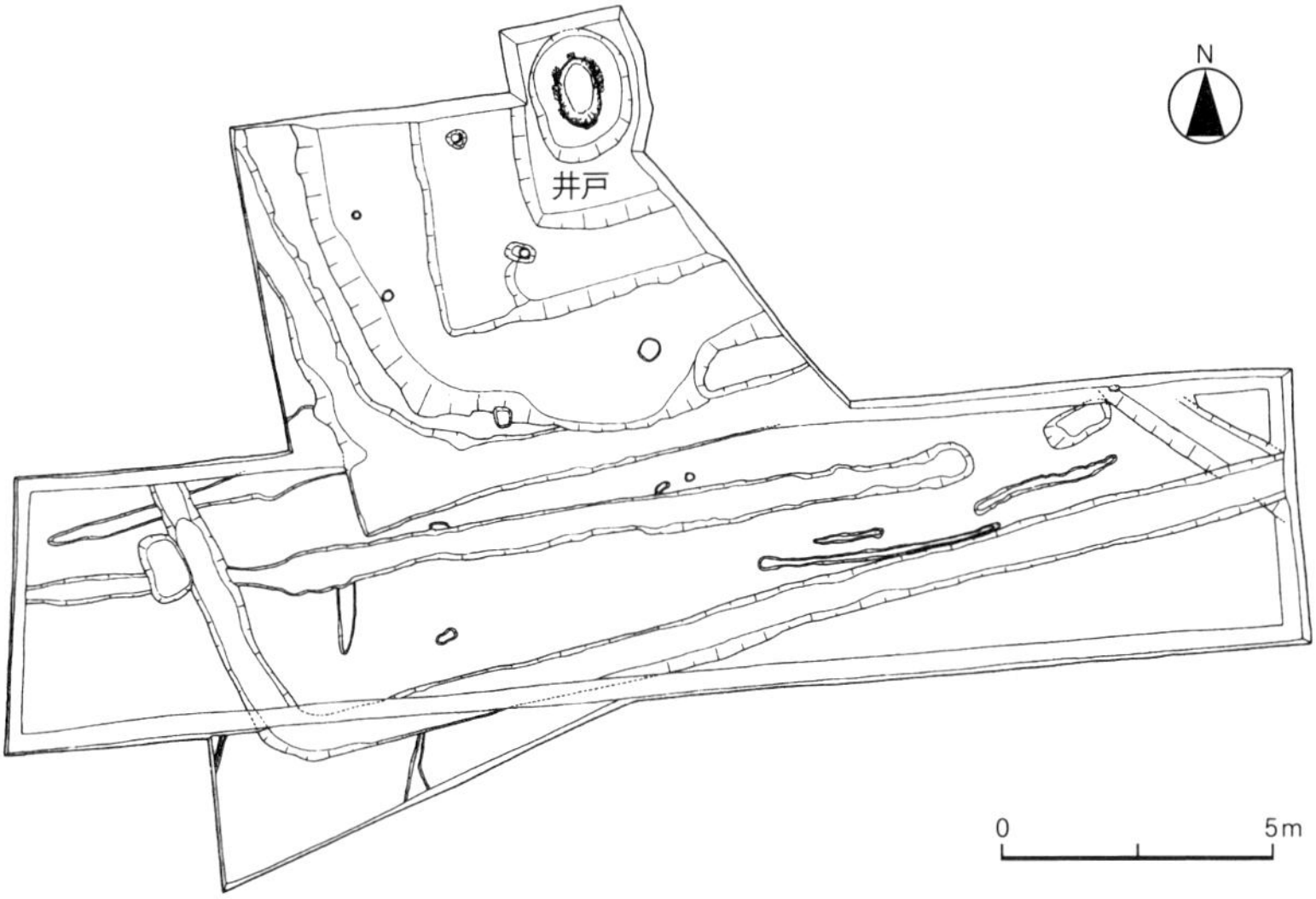

図72　7次調査でみつかった井戸

現在の法起寺の方一町（一〇九メートル四方）の伽藍の下層をも含めて、東西約一五〇メートル南北約一八〇メートル四方の下層には、ほぼ全域にわたって主軸を北から約二〇度西に振る建物群、柱列、さらに道路、井戸などが広がっているのだ（図71・72）。

現在のところ、西側と南側の調査しかおこなわれていないが、東側も含めて広範囲の調査が必要だろう。そして、この遺構群こそが斑鳩京の痕跡の可能性が高い。

法起寺の建立については、先ほど記した露盤銘文にあるように、岡本宮を寺としたいわゆる捨宅寺院（捨宮寺院）と考えられる。現在の境内の中ではまだ明確な建物は確認されていない。ただ石溝や柵列などが存在することから、この一角に岡本宮の建物が存在していた可能性はある。そこで『日本書紀』と露盤銘の記録、そして明らかになった遺構と現在の法起寺との関係をみてゆこう。

まず一二次にわたる調査で、先に述べたように法起寺境内だけでなく寺を含む東西一五〇メートル、南北一八〇メートル以上におよぶ範囲で北から西に約二〇度振る遺構を確認したことをあげることができる。とくに七次調査区での大型井戸遺構、八次調査区の道路遺構などは、この地域に広い範囲にわたって計画的な地区割りが存在していることを示し

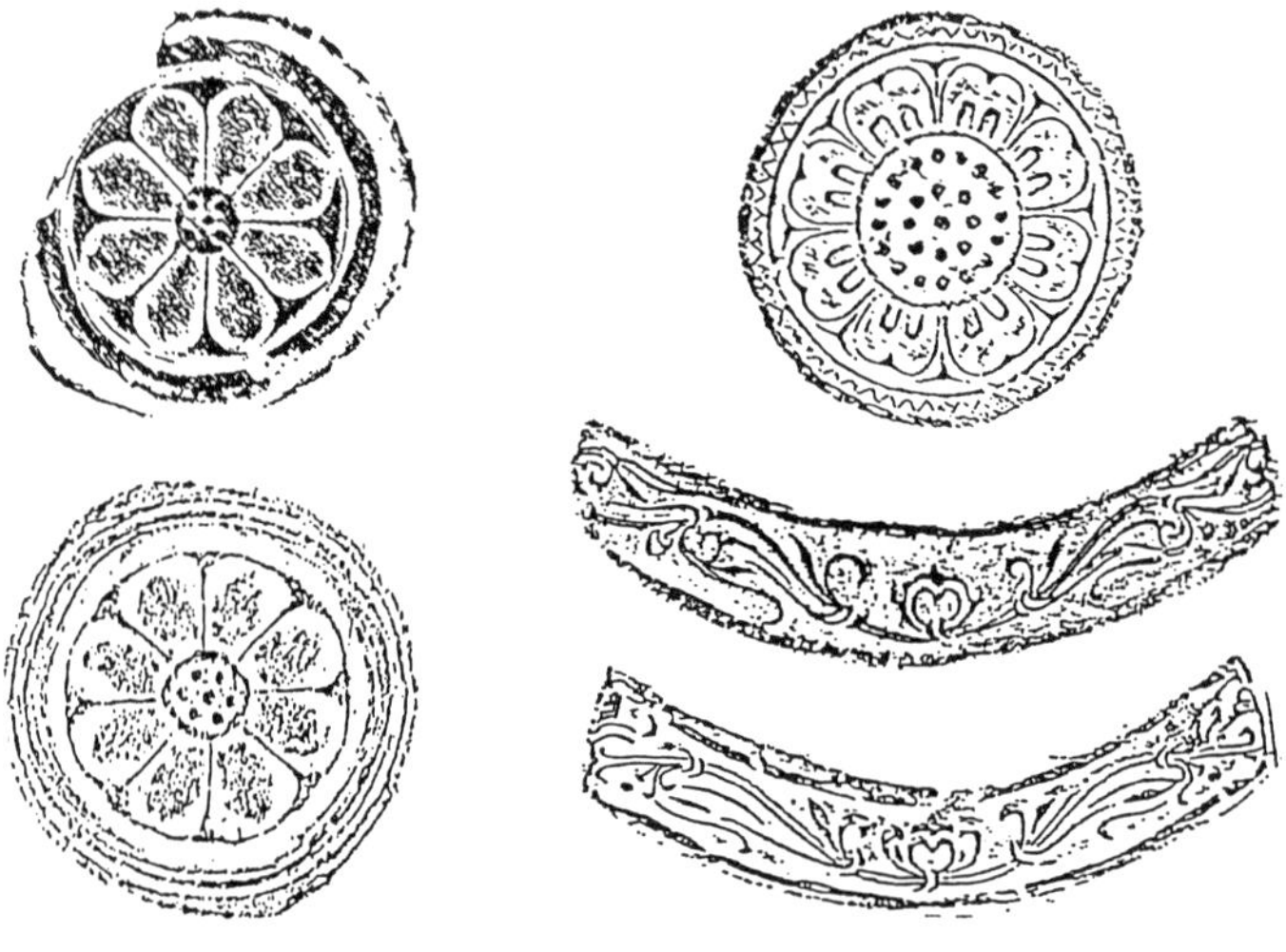
法隆寺式瓦

図73　法起寺の軒瓦

ている。斑鳩宮から法起寺まで直線距離で約一・二キロ以上あるが、これを一体のものとみれば、東西には相当広範囲な地区が設定でき、先に述べたように斑鳩宮を中心に東西二キロ以上の幅が想定できよう。南北には、北からのびる矢田丘陵もとり込んだほぼ等距離の範囲が想定できる。そうすれば法輪寺も、後で述べる飽波葦垣宮《あくなみあしがきのみや》もこの範囲の中に入ることになる。

厩戸皇子が推古天皇に法華経を説いたと言われる岡本宮は下層の石溝や柱列等の存在から、現在の法起寺の下層に眠っているとみてよい。舒明十年（六三八）に福亮《ふくりょう》僧正によって建立が開始された法起寺の金堂の建築には山背大兄王もかかわっていただろう。寺域内で出土する瓦には飛鳥時代前半の素弁蓮華文軒丸瓦も出土していることから、年代的に矛盾はない（図73）。しかし、三重塔に露盤が上がる慶雲三年（七〇六）までには七六年の時間を要している。現在までにおこなった主要伽藍内の調査では金堂跡が塔跡と同じほぼ南北方向を指していることに違和感を感じるが、法輪寺と同様にこの長期の空白の間に設計変更があったとみれば理解できる。今後のさらなる調査を待ちたい。

中宮寺と中宮・葦垣宮

文献にみえる中宮寺の創建

中宮寺《ちゅうぐうじ》といえば、あのおだやかな微笑をたたえた菩薩半跏像（弥勒菩薩、如意輪観音とも呼ばれている）でよく知られた門跡寺院である。また厩戸皇子が建立したと伝えられる七カ寺の一つにも数えられる鵤《いかるが》尼寺でもある。

法隆寺東院の東で静かにたたずむ中宮寺がこの地に移ってきたのは、室町時代後期の天文年間

（一五三二～一五五五）で、以来宮家の皇女が入寺するようになった。もとは現在地より五五〇メートルほど東にあり、永く水田の中に塔と金堂の基壇が残っていたが、斑鳩町と奈良県の努力によって国指定史跡となり、発掘調査をともなって整備がおこなわれた（図74）。

この寺の歴史については、直接知ることのできる縁起や資財帳は伝わっていない。『法隆寺伽藍縁起幷流記資財帳』『聖徳太子伝私記』に記された記録からみてゆこう。

創建については『聖徳太子伝私記』には用明天皇二年（五八七）に、母親の穴穂部間人皇后の希望によって、十六歳の太子が中宮寺の塔の立柱をおこなったと記され、同じく『聖徳太子伝私記』の裏書きには、崇峻天皇五年（五九二）に太子が中宮寺を造ったと記されている。さらに、穴穂部間人皇后薨去の後、皇后の宮を寺院に改めたということが『聖徳太子伝暦』には記されている。このように諸説あるが定かではない。

中宮寺が旧地にあった頃の姿を知る資料としては、延久元年（一〇六九）頃に描かれた「聖徳太子絵伝」があげられる。そこには門、三重塔、金堂が一直線上に並び、四天王寺式伽藍であることがわかる。この絵は発掘調査の結果とも矛盾はなく、当初の姿を伝えている可能性が強い。私が注目しているのは、主要堂塔を囲むのは回廊ではなく、「聖徳太子絵伝」では、築地塀《ついじべい》になっているのである。

図74　中宮寺の基壇

余談になるが、私はいま飛鳥時代創建とみてよい四国の二つの寺院（徳島県・郡里廃寺《こおざとはいじ》、愛媛県・来住廃寺《きしはいじ》）の調査と、整備にかかわっている。その二寺院について、石田茂作は郡里廃寺は塔を東に金堂を西に配置する法起寺式伽藍配置、来住廃寺は塔を西に金堂を東に配置する法隆寺式伽藍配置をとる寺院としてあげている。しかし、どちらにも回廊の痕跡はなく、郡里廃寺では築地塀の遺構が検出されている。古代の伽藍には回廊に囲まれた七堂伽藍が存在すると考える人たちには、少しもの足りないようだが、この中宮寺の絵図を例に出して回廊はさほど重要なものではないと説明している。ちなみに二つの寺院ともに講堂の存在は不明である。講堂については、初期の大和の寺院のなかでも不明なものがあり、今後の重要な研究課題であろう。

発掘調査からみえてきた中宮寺

中宮寺の発掘調査は一九六三年の奈良国立博物館による塔の調査から始まった。地下式心礎の周辺から、古墳の副葬品と同じ金環、琥珀玉《こはく》、ガラス丸玉などが出土しているが、これは先に述べた飛鳥寺の塔心礎の周りから出土した遺物に共通するもので、桜井市山田寺、香芝市尼寺廃寺、法隆寺西院、法輪寺など飛鳥時代初頭から七世紀後半の地下式心礎にも共通するものが出土している。釈迦の舎利を荘厳する意識が強い時代のものである。

一九七二年から一九九〇年まで、中宮寺跡の史跡指定を目指すための調査が、橿原考古学研究所によっておこなわれ、寺域の範囲が確定した一九九〇年の五月十九日に国史跡に指定された。その後、斑鳩町教育委員会が史跡整備にともなう調査をつづけ、現在に至っている。

寺域の範囲は東西一二六メートル、南北は一六五メートルと南北に長く、その比率は一対一・三になるが、中軸線上の南北に塔と金堂を配置する四天王寺式の伽藍配置で、金堂の北辺がこの伽藍の南門と北門の中央にあたることなどから、きわめて計画的に設計されている様子がうかがえる（図75左）。しかし、塔と金堂の基壇間が、わずか五メートルしかないという理由についてはまだ謎である。金堂は瓦積み基壇で、東西一六・七メートル、南北一五メートルの規模となる。これは創建期の基壇ではなく、再建期のものだが、当初もほぼ同規模の基壇であったと考えられている。塔は当初は一辺約一四メートルで、全国の類例からみると少し規模は大

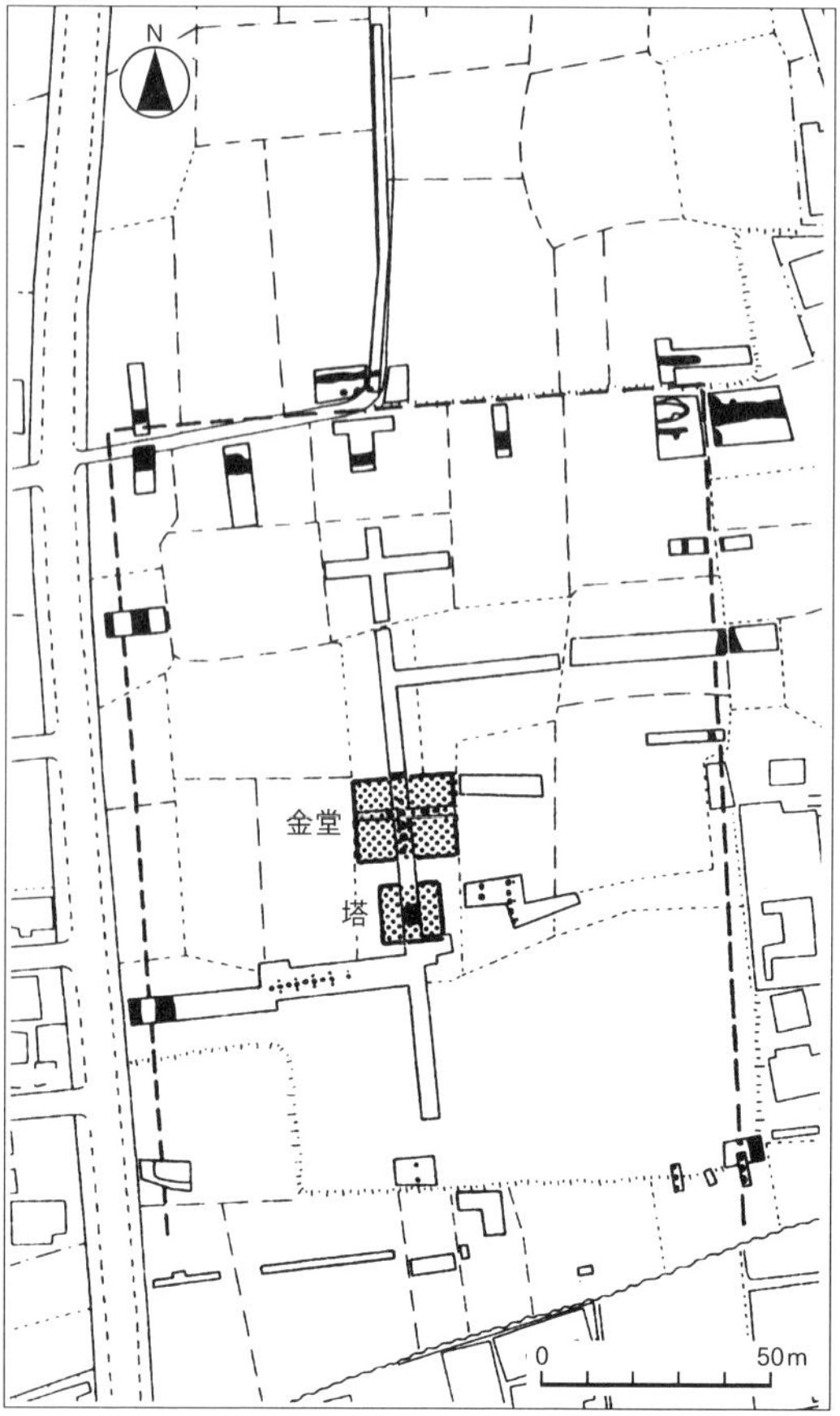

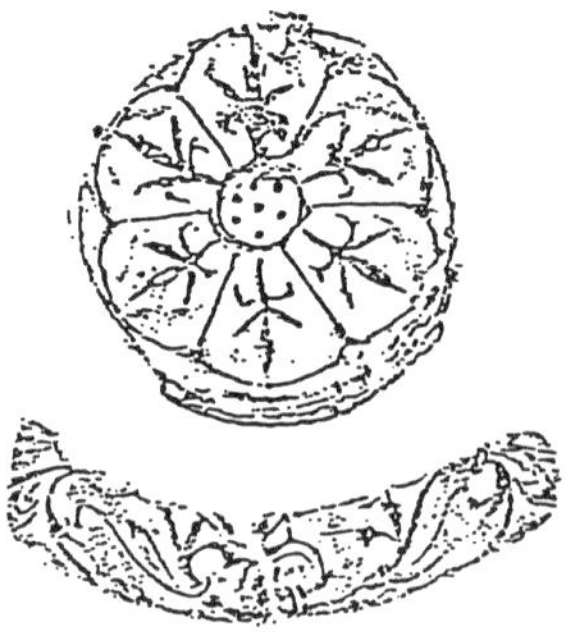
創建瓦

法隆寺式瓦

図75　中宮寺の伽藍配置と瓦

きいが、法輪寺や法起寺の塔の規模に近い。

建造時期を示す須恵器には七世紀初頭から前半のものがみられ、軒丸瓦には素弁八弁蓮華文の弁端に珠文を置くものから、単弁六弁で忍冬文の装飾をもつきわめて特徴的なものが出土している（図75右上）。やや小振りではあるが斑鳩宮跡からも同様の瓦が出土していることに、両者のつながりを感じる。法隆寺西院伽藍、法輪寺、法起寺と同じく複弁八弁蓮華文軒丸瓦と忍冬文軒平瓦も出土しているが、創建期の瓦は、中宮寺がそれらの寺より早く創建されたことを物語っている。

しかし、私がもっとも気になっていることは、この中宮寺の伽藍の方位が、若草伽藍、斑鳩宮、さらに法輪寺、法起寺の下層遺構にみられる西に約二〇度振る方位ではなく、やや振っているものの現行条里に近いことである。築造時期を考えれば他の下層遺構に並んでいてもよいわけだが、まだ疑問は残ったままだ。ただ南門から約三〇メートル南の調査区で、西に約二〇度振る東西の柱列が検出されている。そして、その東方五〇メートルから八〇メートルのところに同じ方向の地割りがみられるのである。また、講堂跡が確認できていないことも今後の問題点だろう。

この中宮寺の遺構の下層に中宮《なかのみや》の遺構の一部が残っているのではないかと密かに思っている。

中宮と上宮と葦垣宮

最後に中宮寺の名称の問題に触れておこう。斑鳩地域の地図を広げて、法起寺の下層に眠る岡本宮、法隆寺東院の下に残る斑鳩宮、そして次に述べる厩戸皇子が亡くなった葦垣宮《あしがきのみや》の推定地を地図上に記すと、この中宮寺はほぼ中央に位置している（一七八ページ図59参照）。『聖徳太子伝私記』上巻裏書きにある「葦垣宮、岡本宮、鵤宮の三つの宮の中にあるため、中宮と云い、改めて寺としたときに中宮寺と呼んだ」という記載が素直に納得できる。

斑鳩町は一九九一年から「ふるさと上宮歴史公園整備事業」にともなって、中宮寺の南西五〇〇メートルの富雄川のそばで発掘調査をおこない、上宮《かみや》遺跡と名付けた建物群を検出した（図76）。奈良時代の邸宅とみられる遺構で、平城京や平城宮と同じ瓦を用いていることから、『続日本紀』の神護景雲元年（七六七）四月条にみえる称徳天皇の行宮《あんぐう》「飽波宮《あくなみのみや》」の推定地とされている。その下層から七世紀初頭の土器が出土すること、すぐ南には厩戸皇子が生涯を終えた葦垣宮の伝承の残る成福寺《じょうふくじ》が存在することから、この上宮遺跡はこの葦垣宮を踏襲しているのではないかと考えられ、斑鳩町教育委員会では引きつづき調査をおこない、現在に至っている。

注目すべきは成福寺の西側でおこなった第一〇、一二次調査で東西約四・二メートル、南北約四・五メートルの大型井戸を検出し、そこから七世紀前半の須恵器、土師器を検出したことである。遺跡の中心はこの遺構の東の一段高い平坦地にある成福寺の境内であることはほぼ間違いないだろう（図77）。『大安寺伽藍縁起幷流記資財帳』に記された、

図76　上宮遺跡（撮影：梅原章一）

推古天皇が田村皇子を飽波葦垣宮に派遣し聖徳太子の病状を見舞った記事が注目される。現在の成福寺の扁額や境内の石柱にみられる「葦垣宮」の存在が証明される時は、さほど遠くないだろうと思われる。

上宮王家の名前もこの地に由来しているとみてよいだろう。『法隆寺東院縁起』には、「推古即位時に、初めて宮を斑鳩に造る。元は南の上殿に居《きょ》す。上宮の名はこれに因《よ》る」とある。そして斑鳩町の旧上宮村と大字幸前《こうぜん》（上殿《こうでん》）の存在を無視できない。また、いわゆる太子道と横道の交差点もこの近くにあり、厩戸皇子が斑鳩宮を造営する前に、大和川北岸の高台に拠点を置き上宮としたと考えられる。また、対岸には、押坂彦人大兄皇子の水派宮《みまたのみや》があった。

図77　成福寺に残る伝葦垣宮跡

上宮王家の奥津城

斑鳩の古墳

藤ノ木古墳や御坊山《ごぼうやま》古墳群といった、注目すべき古墳が築かれた斑鳩地域の古墳時代について概観しておこう。

法隆寺を中心とする斑鳩地域では、現在約六〇基の古墳と約一〇カ所の古墳時代の遺物散布地が知られている。この数は、奈良県下の他地域と比較してもさほどの数ではなく、古墳はむしろ少ないといってよい。しかし、遺物散布地のなかには、酒ノ免《さけめん》遺跡のように古墳時代後期の掘立柱建物をもつ集落などがあり、この地域の先進性を示す遺跡も存在している。まだその実態は明らかではないが、今後斑鳩を考えるうえでは重要な鍵を握っている遺跡といえよう。

古墳を観察し研究する場合、大切なことはそれを単独のものとして捉えるのではなく、他の古墳との位置関係や周辺を含めた分布状況のなかで考える必要がある。古墳を古墳群のなかで把握することが重要で、その視点に立って、はじめて古墳を古代史の流れのなかの実像として捉えることができる。そういった観点からいえば、この斑鳩地域の古墳はきわめて理解がむずかしいといえる。大規模な古墳群が存在するわけでもなく、中、小規模の古墳がそれぞれ狭い地域に分布しているのが現状である。

発掘調査がおこなわれた最初の古墳は、法隆寺の南約九〇〇メートルの水田の中に残る斑鳩大塚《いかるがおおつか》古墳である（二七八ページ図59参照）。散在的ではあるが周辺に数基の古墳が残っており、小規模な古墳群を形成しており、斑鳩大塚古墳はその盟主墳とみられる。径三五メートル、高さ約四メートルの円墳である。

一九五四年の発掘調査で、割竹形木棺を内部に安置した全長約七・五メートル、幅一・五メートルの粘土槨が検出された。副葬品は二神二獣鏡、鋸歯文鏡《きょしもん》、短甲、管玉《くだたま》、石《いし》釧《くしろ》、筒形銅製品、鉄製工具などがある。これらの遺物の型式や組み合わせから、古墳の築造時期は古墳時代前期末から中期初め（四世紀末から五世紀初め）とみられ、現時点では斑鳩で最古の古墳と考えられる。

また、法起寺の北西の丘陵上には、瓦塚《かわらづか》古墳群と呼ばれる一群がある。近くに法起寺の瓦窯があ

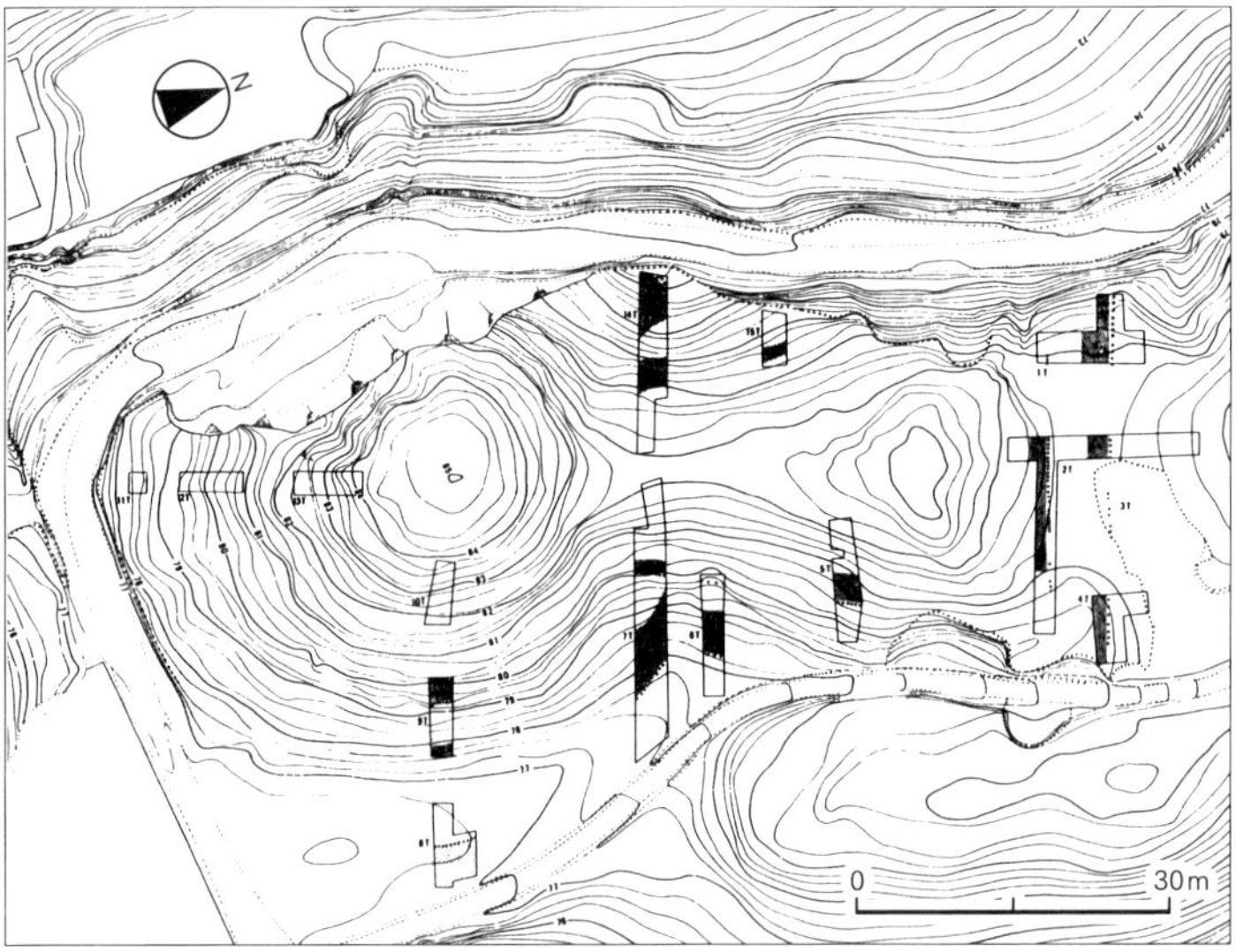

図78　瓦塚1号墳

ることからこの名称が付けられたもので、前方後円墳の瓦塚一号墳（全長九七メートル、図78）、二号墳（全長九〇メートル）、円墳の三号墳（径四〇メートル）の三基からなる古墳群である。このうち一号墳は、一九七五年に範囲確認調査がおこなわれ、埴輪や葺石をめぐらせた古墳で、埋葬施設の発掘はおこなわれていないが、埴輪の形式から判断して、五世紀代に築かれた古墳と思われる。全長一〇〇メートル近いこの中期の前方後円墳は、斑鳩地方だけでなく、東方の大和郡山地域を含めても屈指の規模を誇っている。しかし築かれた位置を考慮すると、この古墳群はさらに東方の小泉大塚《こいずみおおつか》古墳や六道山《ろくどうやま》古墳といった、前期の前方後円墳の系譜につながるとみるのが自然で、ここで述べる古墳時代後期から終末期の古墳とは、切り離して考えるべきだと考えている。次に、古墳時代後期から終末期（飛鳥時代）の古墳をみてみよう。

古墳時代後期の古墳　仏塚古墳

斑鳩の後期古墳としてまず注目されるのは、法隆寺西院伽藍の裏山を越えた背後の広い谷の中ほどに築かれた、一辺二三メートルの方墳の仏塚《ほとけづか》古墳である（一七八ページ図59参照）。法隆寺からは約五〇〇メートルの位置にある。埋葬施設は両袖式の横穴式石室で、すでに開口しており古くから人の出入りがあったことは明らかである。

一九七六年に橿原考古学研究所が発掘調査をおこなっている。横穴式石室の現存する長さは九・三六メートル、玄室の長さは三・八六メートル、幅は二・一五メートル、高さは二・六五メートル、羨道の長さは五・五メートルで入り口部分が少し開いた形である。

石室内には三時期の遺物があった。第一期は古墳築造期（六世紀末）のもので、陶棺片、鉄製馬具、金銅製耳環《じかん》、刀子《とうす》、土師器、須恵器。第二期の遺物は飛鳥時代から平安時代の土師器、須恵器、三彩土器などである。第三期は中世の遺物で、質量ともにもっとも多い。土師質の羽釜《はがま》、壺、皿、瓦質の鉢、壺、瓦器椀などの日常雑器のほか、仏像や多くの仏具が出土している。金銅製十一面観音菩薩の化仏《けぶつ》（阿弥陀如来像、一二・五センチ）、塑像片、金銅幡《ばん》、土師質の華瓶《けびょう》、瓦質の火舎《かしゃ》、香炉、六器《ろっき》などである。

たび重なる盗掘や中世の再利用のため改変され、第一期、第二期の遺物は羨道の下層に残るものだけである。出土遺物の構成からみて、石室内部は鎌倉時代から室町時代にかけて、密教系の仏堂的な場として使用されていたことがうかがえる。地元で「仏塚」の名を伝えていることは、かつて仏像が出土したためか、またはここでの宗教活動が伝承として残っていたためかもしれない。

仏塚古墳は中世に別の目的で再利用されたが、築造時期は次に述べる藤ノ木古墳と同時期かやや下る頃とみてよい。単独墳で、藤ノ木古墳と同じく斑鳩を解く鍵を握る人物が葬られていたと思われる。

盗掘をまぬかれた古墳　藤ノ木古墳

法隆寺西院伽藍の南大門から西へ約三五〇メートルの水田の中に、藤ノ木古墳は位置している。そこから西の指呼の間には、現在は住宅地となり、当時の面影をまったく残していない御坊山《ごぼうやま》古墳群がある。藤ノ木古墳は、一九八五年から二〇〇六年まで六次に及ぶ発掘調査がおこなわれ、その全容が明らかになっている。一九九一年に国史跡に指定され、現在は整備も終えている。未開棺の家形石棺の発掘という希有な調査であり、私も調査にかかわっていたので、少しくわしく調査の経過を追ってみよう。

墳丘と埋葬施設

墳丘は径約五〇メートル、高さ約九メートルの円墳で（図79）、前面の基底部にはまばらではあるが、円筒埴輪を樹立していた。埋葬施設は南東に開口する両袖式の横穴式石室である。

玄室内の奥壁近くに、石室の主軸に直交するように、凝灰岩製の刳《くり》抜式《ぬきしき》家形石棺が安置されていた。棺材は二上山産の白色凝灰岩で、内外とも赤色顔料（水銀朱）が塗布されていた。棺蓋の平坦面からやや下がった、長辺の傾斜面に四つの方形の縄掛突起がついている。

石室内の遺物出土状態

調査開始の時点で石室内には大量の土砂が流入していたが、精査すると玄室の西南部隅に多量の須恵器、土師器が残っていた（図80）。注目すべきは、その土器群のなかに一部近世の燈明皿が含まれていたことである。法隆寺の塔頭宗源寺の過去帳から、安政元年（一八五四）当時、藤ノ木古墳の南側にあった宝積寺《ほうしゃくじ》を管理していた尼僧が焼死したことが知られる。尼僧は三一年間にわたってこの寺と古墳を守って

図79　藤ノ木古墳

いたようだ。

石棺の後側、および両側の石室壁との隙間に大量の遺物が遺存していたことも、そのことを示しているのだろう。土器類は古墳内の祭祀に利用するために石室の片隅に片付けられていたのだろうが、石棺の前方の遺物は失われてしまった可能性がある。

玄室前方には木棺などの有機質の素材を使った棺があったのではないか、または追葬のためのスペースではないのか、といった意見があったため、第三次調査では羨道の外側の墓道部分の調査もおこなったが、その結果、追葬のための墓道の掘り返しはなく、一度限りの埋葬であったことが確認された。

石室内の出土遺物

石室内の出土遺物の中でもっとも注目すべきは、三組の馬具である。金銅製馬具一式、鉄地金銅張製馬具二式で、なかでも金銅製馬具は、

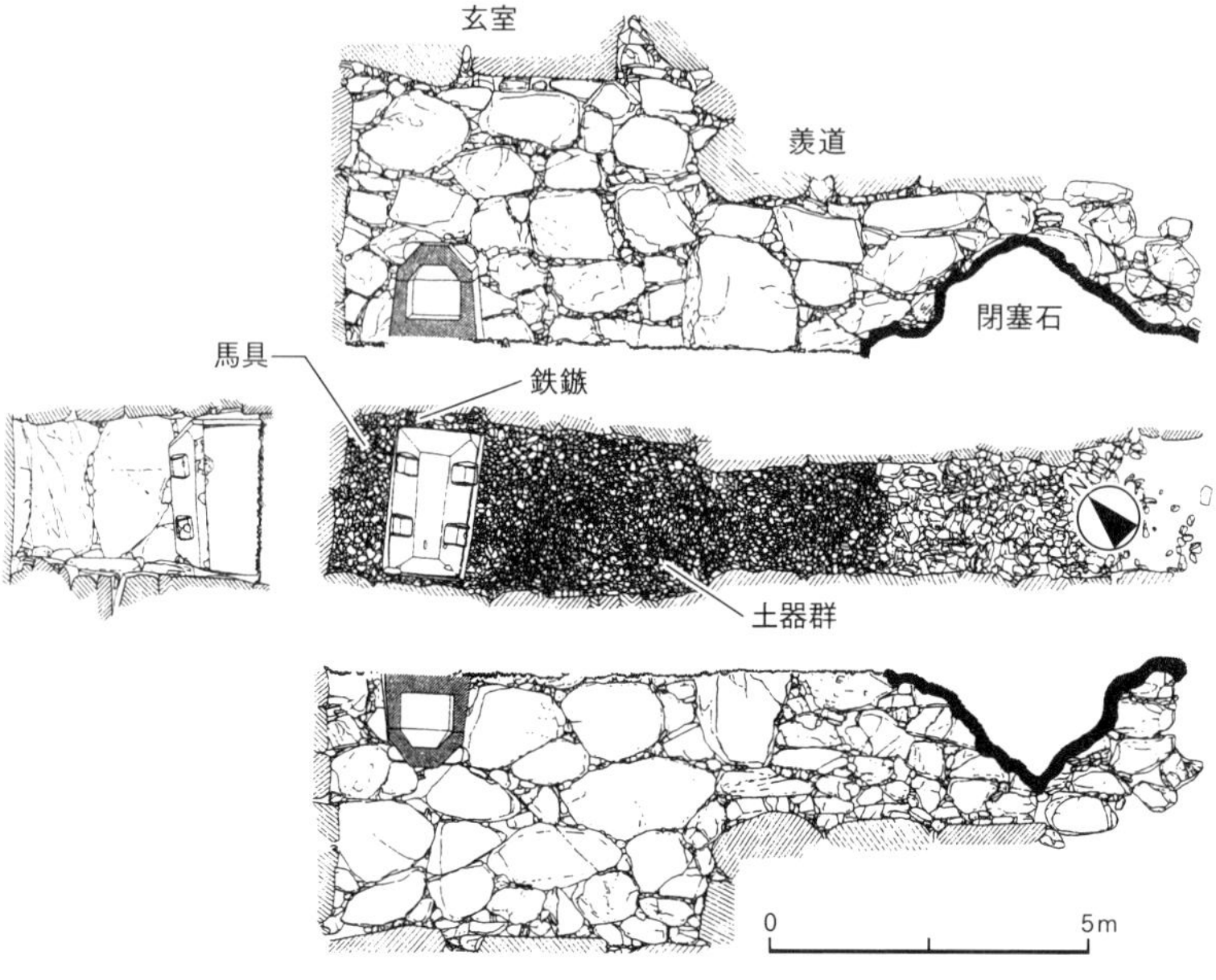

図80　藤ノ木古墳の石室

全長13.9 m。玄室長（西側壁）6.04 m・幅（奥壁部）2.43 m・最大幅2.67 m・高さ4.28 m、羨道部幅2.08 m。

轡《くつわ》、鏡板《かがみいた》、鞍《くら》、歩揺《ほよう》付辻金具、杏葉《ぎょうよう》、障泥《あおり》金具、鐙《あぶみ》などがそろっている。いずれも精巧な技術で作られ、パルメット文を主体とした文様で構成されている。とくに鞍は鞍橋《くらぼね》を覆うための透かし彫りを施した鞍金具が出土している。現在までこの馬具に匹敵するものは、東アジア世界でもほかにみることはできない。

武具、武器類では挂甲《けいこう》の小札《こざね》が一〇〇〇枚以上、鉄鏃が八〇九本、鉄刀が一振、胡籙《ころく》金具断片が出土している。農工具はすべて鉄製のミニチュアで、鉇《やりがんな》、斧、鑿《のみ》、刀子、鎌、鋤、釘、針がある。古墳時代の須恵器は四〇点、土師器は一二点。須恵器は有蓋、無蓋の高杯、壺、台付壺、器台。土師器は高杯、壺である。

石棺内の調査

横穴式石室の調査がおこなわれた三年後の一九八八年五月から七月にかけて、未開棺の石棺内部の様子を知るために、ファイバースコープを用いた内視調査をおこなった（第二次調査）。その結果、石棺内には大量の泥水が浸水していることが明らかになり、さらに水の中からは金属製遺物から溶け出した銅イオンが検出され、遺物の保護のためにも開棺することとなった。第三次の開棺調査は同年九月から十二月まで、ほぼ三カ月に及んだ。

石棺の内部には水が約一〇センチたまり、水の上には大小三七〇個の浮遊物が浮かんでおり、棺底の遺物は薄い泥に覆われていた。浮遊物はほとんど繊維製品で、中には金銅製の歩揺をつつみ込んでいるものもあった。もとは遺体を覆う被《かぶ》せ物や衣類が乾燥した後、水の浸入によって分解し水面に浮かんだとみられる。

棺内の二人の人物

棺内には全面に赤色顔料（水銀朱）が塗られ、二人が納められていた。北側の被葬者は遺骨がかなり残っており、六枚の衣類を身につけ、さらに全身を布で四重に包まれていた。京都大学の池田次郎、片山一道の調査結果によれば、死亡推定年齢は十七歳から二十五歳の男性で、強いて限定すれば二十歳前後。身長は一六四〜一六五センチ。これは、西日本古墳人（一六〇・七センチ）よりも高い。また、血液型は大阪医科大学の松本秀雄による人骨資料の血液型鑑定でB型であった。

南側の被葬者は、石棺の浸水側であったため、遺骨はほとんど残っていなかったが、わずかに残った足骨から、この人物も男性の可能性が高いとみられている。年齢は歯の咬耗《こうもう》状態などから、まだ熟年に達していない壮年（二十歳から四十歳）とみるのが妥当とされた。血液型は、北側被葬者と同じくB型で、北側被葬者と同様に幾重にも布に包まれていたが、さらに厚く巻かれていた。

この二人の安置状況を復元してみよう（図81）。まず石棺中央やや北寄りに、まだ遺骸のしっかりとした北側被葬者を伸展葬で横たえ、その後南側被葬者の遺骸をやや横向きに狭い空間に押し込むように安置している。南側被葬者には一枚の掛け布を重なるように折りたたんで被せ、その後から二人の

図81　二人の被葬者想定図（佐々木玉季画）

全身をもう一枚の掛け布で覆っていた。二人の死亡時期は別にしても、少なくとも埋葬は同時におこなわれたのは、明らかである。そして二人のうち北側被葬者が主となる人物であることも疑いない。北側被葬者の右手は身体からやや離れ、指骨にも乱れがないことなどから、死後さほど時間をおくことなく埋葬したとみられるが、南側被葬者についてはわからない。遺骸を包んだ布の厚さに差があることは、両者の遺骸の遺存状況に違いがあることを示しているのかもしれない。

多くの有機物が遺存している棺内には、当然被葬者の消化管内の食物残渣が認められてもよいことから、消化管の内容物についての調査もおこなった。再度の入念な調査でも、寄生虫卵や種子などの大形のもの、さらに微細な食物残渣も観察できなかった。このことは、埋葬時に被葬者の腹腔内容物（消化管）が欠落していた可能性が高いということになる。

納棺に際して、衣類の上から布で巻いた状態で安置していたことは先に述べたが、それ以前に遺体の消化管が取り去られていたことが事実なら、葬送儀礼を復元するうえで非常に重要な問題である。後で述べるように、大量の紅花（ベニバナ）花粉の出土と重ね合わせれば、遺骸を長く保存しようという強い意志をあらわしているのかもしれない。

棺内の遺物

棺内にはおびただしい遺物が納められていたが、少し整理して考えると、次の三種類に分類できる（図82）。

（一）被葬者が身に付けていた装身具と衣類。

（二）被葬者に副えた副葬品。

（三）遺骸を覆う掛け布とその付属品。

このなかで帰属が明らかなものは、それぞれが身に着装していたもののみである。

北側被葬者は、銀製鍍金空玉、梔子玉《くちなしだま》、空勾玉《うつろまがたま》、銀製垂飾金具、耳環、金銅製・銀製剣菱形飾金具、さらに頭部から背中にかけてつづくガラス玉で構成された冠帽と玉簾《たますだれ》状のかぶりものがあげられる。それにくらべて南側被葬者の装身具は、耳環、銀製空玉首飾りと手玉の可能性の高いガラス製棗玉《なつめだま》、足玉として着けていたガラス製丸玉のみと少ない。

次に本来は身体に着装していたが、遺骸を棺内に安置する際に外して置かれたとみられる遺物には、どのようなものがあるだろうか。まず棺内西北隅に折りたたんで置かれた金銅製冠、足骨の上にはかせたような出土状態で出土した履《くつ》などは北側被葬者のものとみてよいだろう。棺内中央西端近くで、刀子五口を包み込むように折りたたんで置かれていた金銅製大帯、さらにその西側に二つ重ね合わせて置かれた履は、出土状況からはどちらの持ち物かは判断できない。しかし、履についてはそれぞれが一足と考えるのが自然で、南側被葬者のものになる。

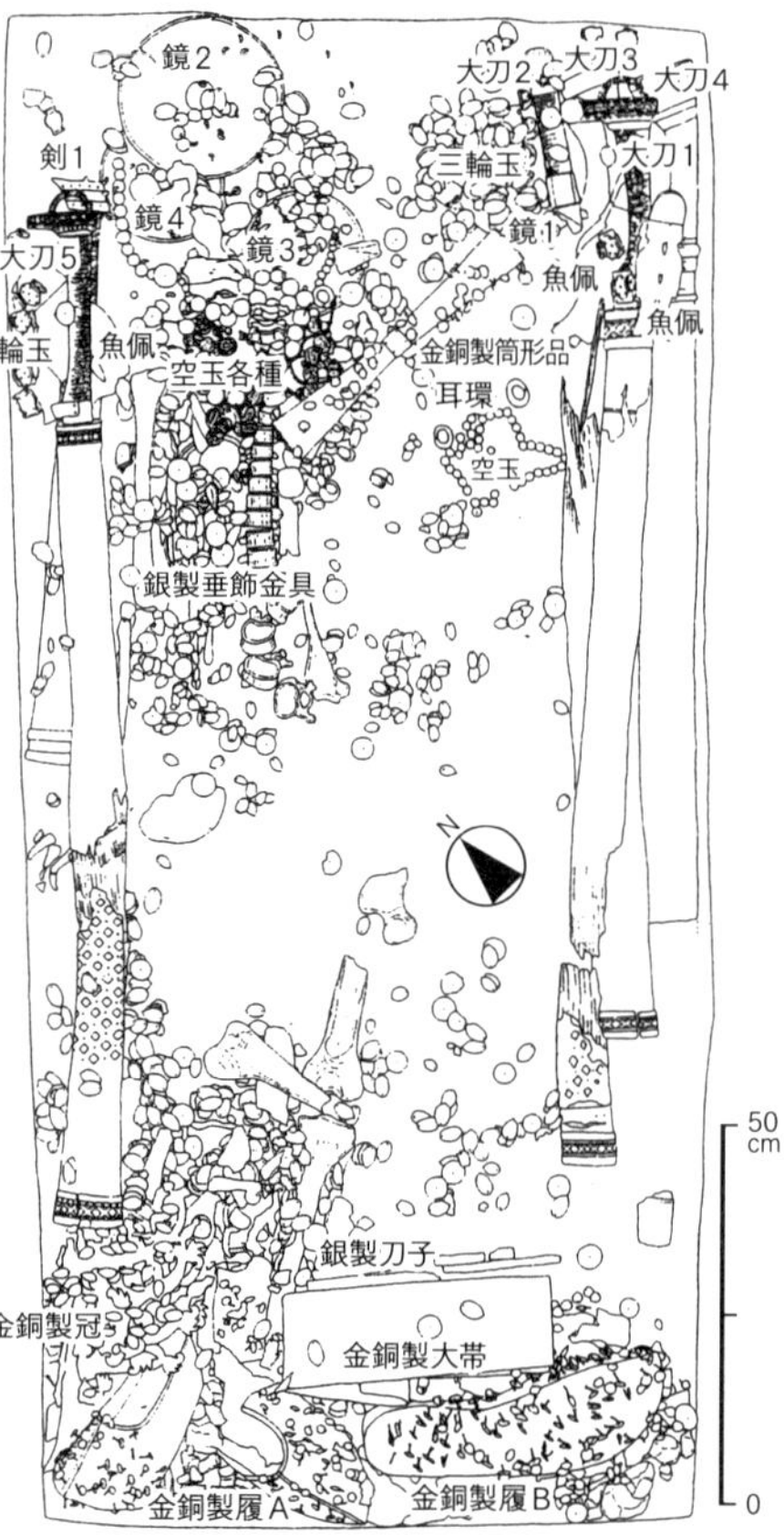

図82　石棺内の出土遺物

副葬品の中で帰属が明らかなのは四面の銅鏡である。画文帯環状乳神獣鏡、画文帯仏獣鏡、神獣鏡の三面は、北側被葬者の頭部下に三角形を描くように、鏡背を上に向けて置かれていた。また南側被葬者の頭部少し上に獣帯鏡一面が、鏡面を上に安置されていた。

棺内の北壁に沿って大刀と剣がそれぞれ一振、南壁に沿って四振の大刀が副葬されていた。なかでも北側被葬者の右側にそえられていた剣は、きわめて丁寧な扱いで納められていた。南側の四振の大刀は柄頭《つかがしら》をそろえて安置しているが、最上部に玉纏大刀《たまきのたち》が置かれ、北側においても上部は玉纏大刀になっている。剣を除くこれらの大刀は、最後の掛け布で二人の遺骸を覆った後に安置されていた。

棺内にはほぼ全面にわたって、掛け布に綴じ付けられていた金銅製円形飾り金具二〇〇枚以上が散らばっていたが、それに加えて長さ三・六センチの花弁形歩揺が四六三枚以上、長さ二・三センチの小型の花弁形歩揺が三四〇枚以上棺内に広がっていた。この大小の歩揺は、本来は棺外で出土した馬具の尻繋《しりがい》飾金具に付いていたもので、なぜか本体からすべて取りはずされ、棺内にばらまかれていた。くわしくみると、大小の歩揺の分布にはそれぞれまとまりがみられることから、ある一定の目的のもと棺内に置かれたのでは、とみられる。

石棺内にはこのほか大量の花粉が残っていた。その分析結果から明らかになったことは、風媒花のアカガシやイネ科の花粉のほかに、大量の虫媒花の紅花の花粉がみられたことだった。二種類の花粉の出土状況には違いがあり、とくに紅花の花粉は赤色顔料を染めた、または塗布した衣類に混じって出土している。紅花の花弁は染料として用いられるほか、生薬として利用されることも多いが、ここでは遺骸の防腐剤の役割を果たしていた可能性が考えられる。調査を担当した奈良教育大学の金原正《かねはらまさ》明《あき》によると、この花粉の量から判断すれば、紅花の生花が置かれていた可能性が高いという。防腐剤の役割のほか、死者のために捧げたという意味もあるのであれば、先の花弁形歩揺の散らばりの意味もみえてくるかもしれない。

副葬品の年代

藤ノ木古墳の石室および石棺内からは大量の遺物が出土したが、ここでは年代にかかわる遺物、被葬者の地位に関連するとみられる遺物に限って述べておく。

まず石室内遺物からみてゆこう。年代の手がかりとなる資料としては五三点の土器のなかの四〇点の須恵器である。おおむね陶邑《すえむら》TK43型式で、六世紀後半から末葉の時期である。

武器、武具のなかで注目すべきは、三組の馬具である。鉄地金銅張のものは、列島各地の大型古墳の中に類例を求めることはできるが、華麗な金銅製馬具は、先にも述べたようにほかでは例をみないものである。その優れた意匠や技術からこの馬具を舶載品とみる研究者も多いが、私を含めて国産品の可能性を指摘する意見もある。石棺内に大量にまかれていた歩揺とまったくおなじものが、法隆寺金堂の仏像に用いられていることがその証《あかし》である。

棺外からの出土遺物でもう一つ注目すべきは、鉄製ミニチュア農工具である。前期古墳の主要な副葬品である農工具が、小型化するとはいえ後期古墳の藤ノ木古墳から出土したことは、前期古墳以来の伝統的な葬法を踏襲していることが考えられる。これは被葬者の性格を示す重要な資料といえる。

石棺内の遺物の年代については、まず銅鏡がある。北側被葬者の頭部下の三面の銅鏡のうち、画文帯環状乳神獣鏡は舶載鏡、画文帯仏獣鏡と神獣鏡はそれを参考にして作ったとみられる。南側被葬者頭部の少し上に置かれていた獣帯鏡も舶載鏡である。舶載鏡は五世紀の中国南朝との交流のなかで、大王家を中心とした勢力が入手し、政権に参画した者に配布されたと考えられている。その船載鏡を参考にした鏡の製作時期は五世紀中葉以降となる。これらの鏡は「倭の五王鏡」と呼ばれているが、いずれにしても藤ノ木古墳の築造年代とは一〇〇年以上の隔たりがあるが、他の古墳においても同じような状況がみられるので、長期間の伝世を考慮すべきであろう。

藤ノ木古墳の築造時期にこの鏡の政治性がどれほど効果を保っていたのか、また彼らがこの鏡に対してどのような認識をもっていたかについては知ることはできないが、少なくとも鏡の多量副葬という前期以来の伝統を継承し、わが国の大きな転換期である五世紀に、大王権力とかかわりの深い鏡として重用された「倭の五王鏡」を、この時期に副葬していることも、被葬者の性格を考えるうえで重要である。

刀剣類にも大きな特徴がある。いずれも金銅装の華麗なもので、朝鮮半島製とみられる円頭大刀（八三センチ）のほかは、すべて古墳時代前期以来の伝統的な倭風大刀の系譜を引くものである。なかでも南北の被葬者の横の最上層部に置かれていた玉纏大刀は、ともに長さ一三六センチと大ぶりのもので、金銅製の三輪玉や魚佩《ぎょはい》をともない、金銅板、銀板、さらに幾重もの織物を巻き、鞘全体にガラス小玉をちりばめた豪華な飾り大刀で、六世紀の古墳から出土した倭風大刀のなかでもとくに優れたものといえる。

法隆寺に残る文書

法隆寺には、藤ノ木古墳に関する史料が多く残っており、平安時代後期の平治二年（一一六〇）の「田地処分状」を最古に、二二一点の文献が明らかになっているが、とくに重要なものについて触れておこう。

文書には、古墳の被葬者として崇峻天皇陵であるとの伝承が伝えられているものがあり、「和州法隆寺伽藍之図」には「みささき」と記され、陵であるという見方は普遍的であったともいえる。また、石前皇女《いわくまのひめみこ》の龍田苑《たつたその》部墓《べのはか》であるとするもの、藤ノ木古墳を守っていた尼僧のいた宝積寺の山号を王女院としているものがあり、被葬者は女性との見方もあった。しかし、いずれも決定的なものではない。

文献記事を通していえることは、具体的な被葬者名はともかくとして、七〇〇年にわたって多くの人たちの手で守られてきたのである。

『日本書紀』の死亡記事

藤ノ木古墳の被葬者を知る手がかりを得る同時代史料は『日本書紀』しかない。きわめて限定された条件ではあるが、ここに記された死亡、葬送記事について検討しておこう。藤ノ木古墳の築造時期を六世紀後半として、その間の記録を拾ってみると**表2**になる。この四〇年間

表2 『日本書紀』にみえる死亡、葬送記事

年　号	死亡記事	葬送記事
552（欽明13）	4月　箭田珠勝大兄皇子薨ず	
570（欽明31）	3月　蘇我大臣稲目薨ず	
571（欽明32）	4月　欽明天皇崩御	5月 殯、9月 埋葬
572（敏達元）	6月　高句麗大使殺される	礼をもって収め葬る
575（敏達4）	11月　皇后広姫崩御	
583（敏達12）	12月　百済日羅殺される	
585（敏達14）	8月　敏達天皇崩御	殯を広瀬に起つ
586（用明元）	5月　三輪君逆と二人の子殺される	
587（用明2）	4月　中臣勝海殺される 4月　用明天皇崩御 6月　穴穂部皇子、宅部皇子殺される 7月　物部守屋と子殺される	7月 磐余池上陵に葬る
591（崇峻4）		4月 敏達天皇を磯長陵に葬る
592（崇峻5）	11月　崇峻天皇暗殺される 11月　東漢直駒殺される	即日、倉梯岡陵に葬る
593（推古元）		9月 用明天皇を磯長谷に改葬

の死亡記事はわずか一四例しかないが、その中で用明天皇元年（五八六）五月の三輪君逆《みわのきみさかし》父子の殺害から崇峻天皇五年（五九二）十一月の東漢直駒《やまとのあやのあたいこま》の殺害記事までのわずか六年間に七件が集中していることが注目される。これは前年の敏達天皇崩御後の蘇我、物部両氏の権力闘争の壮絶さをあらわしているのであろうが、なかでも注目すべきは三輪君逆親子と翌年の用明天皇二年（五八七）六月に殺された穴穂部皇子《あなほべのみこ》、宅部皇子《やかべのみこ》、同じく七月に殺された物部守屋父子であろう。いずれも葬送に関する記載はなく、墓地がどこにあるかは不明である。三輪君逆は二人の息子とともに桜井の三輪山近くの居宅で殺され、物部守屋父子は、本拠地の河内の渋河で戦死している。穴穂部皇子と宅部皇子は、ともに穴穂部皇子の宮で襲われたが、その宮の所在地すらあきらかでない。

穴穂部皇子は欽明天皇と蘇我稲目の娘である小姉君の皇子で、後に崇峻天皇となった泊瀬部皇子の同母兄にあたる有力な皇位継承者である。宅部皇子は『日本書紀』の分註には「檜隈《ひのくま》天皇の子、上女王の父なり、未詳」とある。檜隈天皇とは宣化天皇のことだが、肝心の宣化紀には宅部皇子のことは記されていない。また、応永三十三年（一四二六）に成立した『本朝皇胤紹運録《ほんちょうこういんじょううんろく》』には檜隈天皇を欽明天皇とし、宅部皇子と穴穂部皇子は同母の兄弟と記している。『聖徳太子伝暦』『扶桑略紀』には穴太部、宅部の二皇子は用明天皇の兄弟とするがいずれも不詳。『日本書紀』には「宅部皇子は穴穂部皇子と仲がよいため殺す」とある。

藤ノ木古墳の被葬者像

まず古墳の形態、規模、横穴式石室、家形石棺といった被葬者のために準備された施設から分析すると以下のようになる。

この古墳は前方後円墳がなお築造されている時期ではあるが、円墳である。しかし同時期の円墳のなかでは大和でも最大の規模を誇る。横穴式石室についても同様で、同時期の三大石室の一つに入る。ただ使用している石材、さらに構築過程で粗雑さがみられる。石棺は大王、有力豪族の棺に用いられた凝灰岩製の刳抜式家形石棺で、これも墳丘、横穴式石室との間に矛盾はない。ただ当初から二人の埋葬を考慮した規模であることは被葬者を考えるうえで重要である。

石棺内部にはさらに被葬者を知る手がかりを得る豊富な資料が詰まっている。二人の被葬者のうち主となる北側被葬者は、膨大な量のガラス玉を用いて作ったかぶり物を身にまとい、多量の金属製装身具で飾った二十歳前後の青年である。副葬品の特徴をさらにあげると、前期古墳から普遍的に存在する石製装身具は、まったくみられない。冠から履に至るまで金銅製品で占められている。いっぽう副葬品のなかで重要な位置を占める刀剣類、鏡類には伝統的な要素が多分に認められるという特徴がある。いわば国際的な斬新性と、伝統的な保守性をあわせもった姿が浮かび上がってくるのである。ここに七世紀の古代国家成立前夜の、支配者層の姿が垣間見える。

そのような観点に立てば、被葬者は六世紀後半の揺れ動く政権中枢部にいた、大王家一族の一員であった蓋然性が高いと言えるだろう。しかし大王の墳墓は、前方後円墳から方墳へ、そして八角形墳へと移行することは間違いなく、円墳を採用することはなかった。そうであれば藤ノ木古墳の被葬者は、即位しなかった、あるいは即位できなかった大王家の一員ということになる。

そこで浮かび上がってくるのが、先に述べた蘇我、物部との政権争いの中で蘇我馬子によって殺害された、物部守屋が推す皇位継承者候補の穴穂部皇子である。大柄でありながら華奢な骨格の北側被葬者は、青年貴公子の姿にふさわしい。死亡年と遺物、遺構の年代の間に矛盾はない。そして合葬された南側被葬者は、人骨の鑑定では男性の可能性が高いとされ、翌日亡くなった宅部皇子と考えられる。

藤ノ木古墳と法隆寺をつなぐ古墳　春日古墳

法隆寺の西門を出て、西里の集落を二〇〇メートルほど西に進むと、北側にひときわ緑が茂る丘が目に入る。春日《かすが》古墳である（図83）。古墳の南裾に小さな春日明神を祀る祠があることから、この名で呼ばれている。現状では径二二メートル以上、高さは約六メートルだが、民家の間にあり周囲は削られているようなので、本来の規模はさらに一回り大きかったとみてよい。

所有者の許可を得て、何度か古墳に立ち入らせていただき観察したが、埴輪や葺石はみられない。しかし、墳丘南西部斜面に花崗岩の巨石の一部（確認できるのは一七〇×七〇センチ）が露出していることから、横穴式石室の可能性が考えられる。藤ノ木古墳の北東約一五〇メートルの近距離にあり、法隆寺とも近い位置にあるこの古墳は、斑鳩の古代史を解く鍵を握っているかもしれない。墳丘の状態からみても、盗掘は受けていない可能性もある。

図83　春日古墳

斑鳩町では、この古墳を学術調査のうえ保護する方向で進めているようだが、ぜひとも実現してほしいと願っている。先年、名古屋大学の協力を得て、斑鳩町教育委員会と橿原考古学研究所も参加して、宇宙から飛んでくる素粒子の一種「ミューオン」を使ってこの古墳の墳丘を透視する調査をおこない、中央に四角の空洞が存在することが明らかになった。

この古墳が、藤ノ木古墳に先行するものか、それとも法隆寺の創建時に近い時期に造られたものか、関心は深まるばかりである。

上宮王家の奥津城　御坊山古墳群

住宅地造成の途中で発見された御坊山古墳群は、法隆寺の西方、約五〇〇メートルの高台にある。龍田神社（新社）の真北に当たり、前方には大和川と遥かに大和三山も望むことができる。法隆寺を見下ろすところに立地しており、丘陵の東裾には藤ノ木古墳がある。

一九六四年八月、土砂採取の工事中に一・二号墳、さらに翌一九六五年八月七日に三号墳が確認され、緊急調査がおこなわれた。調査担当者が連絡を受け現地に行ったときには、すでに御坊山一・二号墳は跡形もなく破壊され、石材が散乱した状態だった。

御坊山一号墳の概要

一号墳については、墳丘の形や規模は不明だが、埋葬施設については当時の状況を知る人の話では、「厚さ二〇センチ、幅五〇センチくらいの花崗岩の自然石を四壁にして、高さ一メートル、長さ二メートル、幅一・七メートルくらいの竪穴式石室状のもので、二、三枚の天井石を架していた」という。さらに石室内部の様子は「北枕の一体、東側には南枕の一体が交差した状態で安置され、その東側に頭位の不明な一体があった」ようである（図84）。石材が散乱する現場で採集した遺物は、環座金具（金銅製環付六花形金具）一点、鉄釘四点。環座金具は木棺に付けられたもので、座金径一〇・二センチ、環径八・二センチの優品である。類例は明日香村の高松塚古墳、牽牛子塚《けんごしづか》古墳、マルコ山古墳などにみられるが、それらはいずれも径三センチの小型で、これほど大型のものは高取町松山古墳に知られるのみである。野口王墓古墳（天武・持統天皇合葬陵）の盗掘時の調査記録『阿不幾山陵記』にみえる石室内陣扉金具が、これに近い可能性もある。いずれにしても小さな石室の中に三体を押し込んで埋葬しながら、終末期古墳でもきわめて限られた古墳にしかない優品を副葬するといった矛盾する状況がうかがえる。

二号墳の概要

二号墳は、一号墳の北約一五メートルにある横穴式石室を主体とする古墳だが、この古墳も調査時には破壊されており、石室石材が散乱した状態だった。そのなかに凝灰岩製の家形石棺の蓋石が一枚混じっていたことから、棺は組合式《くみあわせしき》家形石棺であることが判明した。蓋石から判断される石棺は小型で、縄掛け突起もなく上部幅も広いことから、最終末期の家形石棺であることは疑いない。

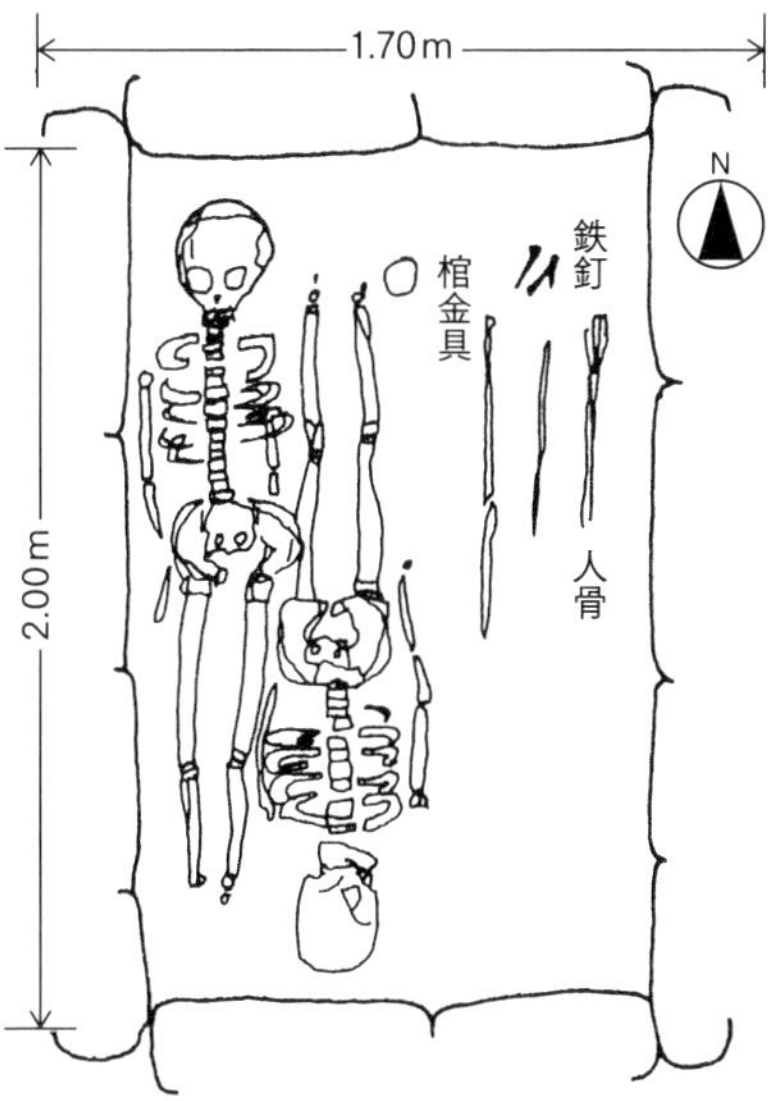

図84　御坊山1号墳の埋葬状態聞き取り図

遺物を採集することはできなかった。

三号墳の概要

三号墳は、一・二号墳の東三〇メートルの地点にあり、同じ尾根の南斜面にあたる。先の古墳よりは数メートル高い位置に築かれていた。埋葬施設は横口式石槨で、半壊した墳丘の中ほどに原状のままで残っていたため、調査をおこなうことができた（図85）。

半壊した墳丘は、復元すると径八メートル、高さ約二・五メートルの小規模な円墳で、丘陵側との間には幅約一メートルの空濠状の窪地があり、終末期古墳の特徴を備えている。この古墳の埋葬施設は特異な横口式石槨で、石材は花崗岩を用いている。底石を水平に据え付け、その上を蓋石で覆い、閉塞石で塞いだもので、明日香村の鬼の俎《まないた》・雪隠《せっちん》古墳、越塚御門《こしつかごもん》古墳と同形式の埋葬施設である。

まず底石は長さ二七八センチ、幅一四四センチ、厚さ五六センチの不整長方形の板石で、その上面に長さ二二五センチ、幅七二センチ、高さ二センチの凸基部を造り出し、その上に内部を箱形に刳り抜いた長さ二七五センチの巨石をかぶせている。この巨石が石槨の側壁、奥壁、天井部にあたる。閉塞石は石槨南側を塞ぐもので、L字形に細工し、蓋石にはめ込めるように造られている（図86）。石槨内部の規模から、当時の使用尺を考えると、一単位が三五センチ前後になることから、高麗尺の可能性がある。一般的な解釈からみれば、七世紀中葉を少しさかのぼる時期に築かれたと思われる。

石槨内には須恵質の黒漆塗りで豪華な陶棺（図87）が残されていた。内部には仰臥した人骨一体が残っていた。棺の内法の長さが一四六センチであるのに対して、被葬者の男性の身長は一五〇センチあるため、遺体の頭部をやや左に傾け、足を左右に折り曲げた状態で納められていた。頭骨の歯牙の観察結果から、被葬者の年齢は十四歳から十五歳とみられている。

棺内の副葬品は、頭骨の下に琥珀の枕、被葬者の右には有蓋円面硯が、左側には管状のガラス製品が置かれていた。

琥珀製枕（図88上）は、長さ一八・二センチ、幅九・六センチ、高さ四・五センチ・重さ四二〇グラムで、逆台形の両端に丸みを持たせた形状をしている。まったく類例はなく、琥珀の加工品としては国内最大のものである。

図85　御坊山３号墳の石槨発見時の状態

図86　御坊山３号墳石槨

図87　御坊山３号墳の陶棺

円面硯（図88下左）は、淡黄緑色釉に濃淡のある緑色釉を施した三彩で、研面にはわずかに墨痕が残り、使用されたようである。硯の法量は径六・七センチ、総高五・二センチ。中国からの舶載品で隋から初唐、つまり七世紀初頭から中葉の製品である。

管状ガラス製品（図88下右）は、総長一三・二センチ、径一・四センチで両端が細くなる器形で、淡い緑色を呈している。硯と一対をなしていることから、筆管と考えるのが妥当だろう。ガラス製の筆管は中国の陝西省西安市郊外の李静訓墓からの出土例があり、墓誌から隋の大業四年（六〇八）に埋葬された墓であることが記されている。また、王義之の著作と伝える『筆経』の中にも、ガラス製の筆管があったことが記されていることから、当時の貴顕の間で用いられたようである。つまりこれも硯と同じく舶載品とみられる。

琥珀製枕（複製）

三彩有蓋円面硯（左）とガラス製筆軸（右）

図88　御坊山3号墳出土の遺物

御坊山古墳群の被葬者

この古墳群の所在する土地の小字名は「御坊山」で、江戸時代末期の安政元年（一八五四）に、平《ひら》塚《つか》瓢《ひょう》斎《さい》の記した『聖跡図志』に書かれている御廟山・龍田苑部墓の位置に一致する。したがって古くから貴人の葬地であるとの認識はあったようである。一号墳は狭い石室の中に三体が押し込まれるように埋葬され、また三号墳でも被葬者の身長よりも小さい棺に安置されるという不自然さが目立つ。ところが副葬品は類例のない豪華なもので、これらの古墳の築造が、石槨の構造や副葬品から判断して七世紀半ばを下らないこととなると、この時期に斑鳩で起きた重大な歴史的事件との関係が浮かびあがってくる。それは『日本書紀』の皇極天皇二年（六四三）十一月一日条にある蘇我入鹿主導の斑鳩宮襲撃事件である。飛鳥で政権を牛耳っていた蘇我蝦夷・入鹿父子にとって、斑鳩に居を構える厩戸皇子の長子の山背大兄王を中心とする上宮王家は、蘇我氏とつながる王家であるにもかかわらず、邪魔な存在となっていた。そして、入鹿は巨勢臣徳太《こせのおみとこだ》らを遣わし、上宮王家の一族の壊滅をねらったのである。『上宮聖徳太子伝補闕記』には山背大兄王を筆頭に男女二三名の王が殺されたことが記されている。私はあわただしく葬られた印象の強い御坊山古墳群の被葬者は、この事件に巻き込まれた王たちの可能性があると考えている。

藤ノ木古墳と御坊山古墳群のもつ歴史的意味

藤ノ木古墳の埋葬状況と、御坊山古墳群のなかでも、とくに三号墳のあり方について少しくわしく述べてきたが、約半世紀の時を隔てて、直線距離で約二〇〇メートルしか離れていないところに築かれたこの二基の古墳には、他の古墳にはみられない共通点が存在している。

まずその位置から見てゆこう。厩戸皇子が斑鳩宮の造営を開始する少し前に、この地に築かれたのは藤ノ木古墳だった。法隆寺の高田良信師の研究では、藤ノ木古墳の位置は、法隆寺の前身である若草伽藍の中軸線から高麗尺で一八〇〇尺（約六三〇メートル）であり、両者の間には深いかかわりがあるとしている。私も厩戸皇子は藤ノ木古墳の被葬者を知っていたことは当然であると考えているので、その可能性は充分あるとみている。斑鳩宮は、現時点では若草伽藍に東接する位置で、法隆寺東院（夢殿）を東の限りとする考えが有力である。いずれにしても、藤ノ木古墳と斑鳩宮・若草伽藍との関係は無視できないと思われる。

御坊山古墳群も同じく法隆寺の西に位置しているが、この古墳は眼下に藤ノ木古墳、さらに東に目をやれば法隆寺の伽藍が遠望できる地にある。また南約三〇〇メートルには、厩戸皇子がここに遷したと伝える龍田神社（新社）が鎮座している。つまり龍田神社の拝殿から参拝すれば、ちょうどその背後に御坊山古墳群が築かれているのである。

このように二つの古墳は、六世紀末から七世紀前半にかけての斑鳩を考えるうえで、重要な鍵を握るとみられる位置に築かれているのである。ただ龍田神社を厩戸皇子が遷したという伝承は、古墳の時期から考えると後に付加された説かもしれない。

次にあげられるのが、二つの古墳の大きな共通点は、いずれも埋葬にあたって「急ぐ」という要素が強く見受けられることと、それに加えて複数の人物が合葬されていることである。

この状況ついてもう少しくわしくみてゆこう。藤ノ木古墳の場合は、横穴式石室の構築状況にいくつかの不自然さが認められる。まず壁面を構成する石材は、石室下段の石が小規模であるのに対して、上部に大きい石材を用いているのである。そのため過重がかかり、下部の石材には亀裂がみられる。見た目にも安定感が乏しいが、そのわけは奥田尚《ひさし》の石材の分析から明らかになった。つまり石室下段の石材と上段の大形石材の種類と産地が異なっているのである。下段の石材の多くは古墳近くの矢田丘陵に産出する片麻状黒雲母花崗岩であるのに対して、上部の大型石材は約一・五キロ離れたところにある竜田川原の片麻状角閃石黒雲母石英閃緑岩を使っているのである。私は石室構築時のある段階で設計変更がなされたのではないかと考えている。凝灰岩の家形石棺は、石室完成後に納入することができない規模であることから、この下段を構築中に納めた可能性が高い。遺骸の埋葬もこの時点でおこなわれた可能性がある。少し憶測を加えると、石棺内に入っていた風媒花の花粉もこの時混入したとも考えられる。もちろん石室完成時の最後の時点で石室内に副葬品を置き、盛大な儀式がおこなわれたことも疑いない。開棺に先立って実験をするため原寸大の家形石棺を製作したが、その時石棺をくわしく観察した石工の左野勝司が言った言葉が忘れられない。それは、藤ノ木古墳の石棺は「急いで造った」もので、一見立派にみえるがあまり丁寧には作られていない、ということだった。

この状況は、金銅製の二つの履の文様が入り交じっていたというように、副葬品の中にもみられることだった。一人を納めるには大きく、二人を安置するにはやや狭いといった石棺に、南側に一人を窮屈に納めた様子にも同様の意図が感じられる。

石棺内に眠る人物は、先にも述べたとおり、一人は穴穂部皇子の可能性が高く、もう一人は宅部皇子の可能性が考えられよう。

この古墳の名称として法隆寺文書に残る「陵山」、または「崇峻天皇陵」の伝承についてはどのように理解すればよいのであろうか。近世以来の一時期、崇峻天皇の陵墓との伝承があったことは事実だが、即位した大王の墓ではないことは先述したとおりである。私は、初めは穴穂部皇子の墓という伝承はあったが、即位したものの間もなく蘇我馬子によって暗殺され悲劇の大王となった、穴穂部皇子の同母弟の泊瀬部皇子（崇峻天皇）の伝承に転化したのではないかと考えている。

御坊山古墳群では、一号墳の石室に三体を安置したことをはじめ、豪華な三号墳の漆塗り陶棺も、ひび割れた部分を銅板で修復していること、さらに棺の長さは被葬者の身長よりもやや短く、そのため遺骸は横向きに首を曲げて押し込まれた状態になっている。

こういった不自然さの状況から考えられることは、やはり高貴な人物を急いで埋葬しなければならなかったという背景があったと考えるのが自然だろう。

江戸時代末に書かれた『聖跡図志』には「御廟山」の名がみえるが、「御坊山」もまたいつの時期か、大王の皇子や皇女の墓の「御廟」伝承が転化した可能性も考えられよう。

埋葬時の様子が正常でなかったこれらの古墳ではあるが、類例のない副葬品、築造が七世紀半ばを下らないことなどから総合して考えれば、先述したように皇極天皇二年（六四三）に勃発した蘇我入鹿主導の斑鳩宮襲撃によって滅亡した、上宮王家一族の奥津城と考えるのが妥当である。この御坊山古墳群を築いた人たちは、半世紀前の穴穂部皇子の事件を知っており、それによって亡くなった人物が葬られている藤ノ木古墳のそばに、同様の悲劇に見舞われた人たちを意図的にここに葬ったと考えられないだろうか。

斑鳩が語るもの

厩戸皇子が推古九年（六〇一）に斑鳩宮の造営を始め、同十三年（六〇五）に移り住むまでの斑鳩の地は、歴史の表舞台に出ることはなかった。しかし、その後には、中宮、岡本宮、葦垣宮といった厩戸皇子一族（上宮王家）にかかわる宮々、斑鳩寺（若草伽藍）、中宮寺、法起寺、法輪寺といった寺院などが矢継ぎ早に造られていった。斑鳩で発掘される飛鳥時代の寺院跡や宮跡と考えられる遺構の多くの主軸が、北から約二〇度西に振れていることは先にも述べたが、とくに法起寺の南の一帯に広がる遺構群からみて、その範囲はさらに大きいものであったろうことが考えられる。

厩戸皇子が飛鳥から斑鳩に居を移そうとした推古九年は、『日本書紀』には意図的に記されていない第一回の遣隋使の翌年にあたる。小野妹子の報告を受けた厩戸皇子は、長くつづいた南北朝時代を終息させた隋王朝の制度を参考にして、新しい国づくりを目指そうとしたのであろう。推古天皇十一年十二月（六〇三）には冠位十二階を制定し、翌年の一月に施行し、引きつづいて四月には憲法十七条を作っている。斑鳩宮には翌年の推古天皇十三年（六〇五）に移り住むが、その後亡くなるまで飛鳥に戻ることはなかった。『日本書紀』に初めて遣隋使の派遣が記されたのは、斑鳩に宮を構えてから二年後の推古天皇十五年（六〇七）のことだった。それは制度を整えて、満を持しての第二回目の派遣であった。厩戸皇子が主導しておこなったこの行動は、対立する新羅と同じ立場になることが大きな要因ではあったが、やはり狭い飛鳥の地ではなく、南前方には平野が開け、北には矢田丘陵を控え、前方には大和川が流れ、西の丘陵を越えれば、大陸へとつづく難波に、また東へたどってってゆけば東国への道が開けた、まさに風水にかなった斑鳩へ積極的に進出したとみてよい。その目的は、この国を東海の独立した国として発展させようとの思いがあったのだろう。推古天皇二十八年（六二〇）に蘇我馬子とともに『天皇記』『国記』『臣連《おみむらじ》伴造《とものみやつこ》国造《くにのみやつこ》百八十部《ももあまりやそべ》并《ならびに》公民《おおみたから》等《ども》本紀《のもとつふみ》』を記したこともその証と言えよう。しかしその二年後の推古天皇三十年（六二二）二月、厩戸皇子は志半ばの四十九歳で亡くなった。

長子であった山背大兄王は推古天皇の後継争いで田村皇子（舒明天皇）に敗れたあとも、斑鳩において父の意志を継ごうとしていたと思われる。しかし、皇極天皇二年（六四三）に蘇我入鹿の差し向けた巨勢臣徳太たちによって襲われ、山背大兄王は自害し、上宮王家はほぼ滅亡した。この時をもって、斑鳩を都市機能をも有した都とする厩戸皇子の夢は終わった。しかし、それから二年後の大化元年（六四五）の乙巳《いっし》の変で蝦夷、入鹿は亡くなり、蘇我本宗家は歴史の表舞台を去ることになった。

厩戸皇子が目指した国づくりは、その半世紀余り後に、天武・持統天皇の時代に律令国家日本として誕生するが、この斑鳩の果たした役割も忘れるべきではないだろう。

大王家の系譜

六世紀の終わりからの百年あまりの飛鳥と斑鳩の宮、寺院、古墳について、主に考古学の成果を中心にみてきたが、このいわゆる飛鳥時代と呼ばれる時代の遺跡は実に多くのことを物語ってくれる。もちろんそれ以前の歴史と違って文献も多くなり、発掘調査の成果との照合が可能なことも大きい。私はヤマト政権から律令国家の日本へと生まれ変わるのに要した時間が、この飛鳥時代に重なっていると考えている。そのなかで、もっとも重要な役割を果たしたのが新しい文物を積極的にとり入れた蘇我氏といえる。三世紀末か四世紀初頭に成立したヤマト政権が、律令国家日本となるのは七世紀末の天武・持統朝の頃とみられるが、「日本」として国際的に登場するのは、大宝二年（七〇二）初頭の第八回遣唐使によってであった。文武天皇はこの年十月、前年に完成した大宝律令を諸国へ発布した。それを見届けて、天武天皇とともに律令国家をめざしていた持統太上天皇は十二月に崩御している。

本書の冒頭でも述べたが、ヤマト政権から新しい律令国家に向かうきっかけは、推古天皇の飛鳥豊浦宮での即位であり、三輪山信仰からの別離であった。その背後には蘇我氏の力が存在することは明らかではあるが、ここではもう少し時代をさかのぼって六世紀前半の継体天皇（男大迹王・ヲホド王）からの大王家の系譜を俯瞰的に追ってみたい。

継体天皇の系譜

応神天皇五世の孫として、北陸の三国《みくに》から政権の中枢に入ったとされる継体天皇については、さまざまな見解があるが、ここでは基本的な部分について、つまり系譜にみえるその後の大王家の姿を追っていこう。

光仁天皇以前の天皇号は、大友皇子の曾孫で八世紀後半の漢学者でもあった淡海三船《おうみのみふね》によって付加されたとされている。そうであれば、天皇の名称には淡海三船の歴史観が反映しているとみられ、男大迹王つまり継体を新たに体制を継いだ天皇と理解していたことがわかる。しかし、その根拠は示されていない。

五世の孫という途方もない長期間をどのように理解するかについては、多くの研究者が議論を重ねてきたが、まず考古学の立場で現在までに明らかになったことをまとめておこう。

現在宮内庁が管理する継体天皇陵は、大阪府高槻市三嶋にある大田茶臼山《おおだちゃうすやま》古墳と呼ばれる全長二二六メートルの前方後円墳だが、出土した円筒埴輪は継体陵とみなすには古すぎるもので、むしろこの古墳から北東約一・二キロばかりのところにある今城塚《いましろづか》古墳（全長一九〇メートル）を継体天皇陵とする研究者は多い。

今城塚古墳はその名が示すように中世に城として利用された時期があり、残念ながら埋葬施設は破壊され、痕跡をとどめていないが、おそらく横穴式石室を主体としたものであろう。高槻市の発掘調査では家形石棺のものとみられる石材片三種類を検出している。まず九州の熊本県産の阿蘇溶結凝灰岩（ピンク石）、大阪と奈良の府県境の二上山で採れる白色凝灰岩（白石）、兵庫県高砂の流紋岩質凝灰岩（竜山石）である。少なくともこの石材を使った三つの石棺が存在したようである。なかでも白石は滋賀県高島郡の鴨稲荷山《かもいなりやま》古墳で出土した刳抜《くりぬき》式家形石棺に近似しているようだ。

鴨稲荷山古墳のある高島郡は、彦主人王《ひこうしのおおきみ》と振媛《ふるひめ》との間に生まれた継体が、父が亡くなり母とともに越前の三国に移るまで過ごした地である。この一帯が湖西における継体一族の拠点であった。

　今城塚の墳丘の外堤には祭祀区が設けられ武人、馬、盾、家などの形象埴輪が並び、円筒埴輪は大田茶臼山古墳とは大きく隔たりのある六世紀に入るものである。

　今城塚古墳の西北一・二キロのところには大田茶臼山古墳の埴輪工房、窯、工人達の住居跡などが存在する新池《しんいけ》遺跡がある。この窯は今城塚古墳の時期にも操業しており、約百年前後はつづいていたようだが、驚くべきことはこの窯で製作した埴輪が、奈良県天理市の大和《おおやまと》古墳群の中の西山塚《にしやまづか》古墳からも出土したことだ。遠く離れた二基の古墳との間には関係がありそうだが、そのことについてはあとでふれよう。

『古事記』『日本書紀』『上宮記』にみえる継体天皇の系譜

　継体天皇の出自について、それぞれの史料に記されていることからみてゆこう。まず『古事記』では真福寺本（『古事記』のもっとも古い写本）には品太王《ほむだおう》（応神）五世の孫の哀本杼命《おおどのみこと》として登場し、『日本書紀』では応神天皇の四世の孫の彦主人王《ひこうしおう》と垂仁天皇の七世の孫の振媛との間に生まれた男大迹《おおど》天皇として、同じく応神天皇の五世の孫としている。また、『古事記』や『日本書紀』よりも成立年代がやや古いといわれている『上宮記』（七世紀頃に成立）を引用している『釈日本紀』にも継体の系譜が記されている。ここには『古事記』や『日本書紀』にはみえない空白の三代の名前も記されている。

　黛弘道《まゆずみひろみち》の「『上宮記逸文』の研究」によれば、継体の系譜は応神までさかのぼることができるとされるが、『古事記』や『日本書紀』の記事、近江、越前、尾張に残る遺跡、遺物などからも男大迹王の出自に関連するとみられるものは多く見受けられる。すなわち誉田《ほむだ》天皇（応神天皇）を凡牟都和《ほむつわ》希王《けおう》とし、その子は若野毛二俣王《わかぬけふたまたおう》、その子は大郎子（意富々等王《おおおどおう》）、その子は乎非王《おひおう》、その子は汙斯王《うしおう》、その子が乎富等大公王《おおどのおおきみ》（継体）となっている（図89）。

『日本書紀』と『上宮記』を対比したとき、注目すべき人物がいる。若野毛二俣王と息長氏の娘の母々思己麻和加中比売《ももしきまわかなかつひめ》の間に生まれた大郎子（意富々等王）と兄妹にあたる践坂大中比弥王《ほむさかのおおなかつひめおう》である。

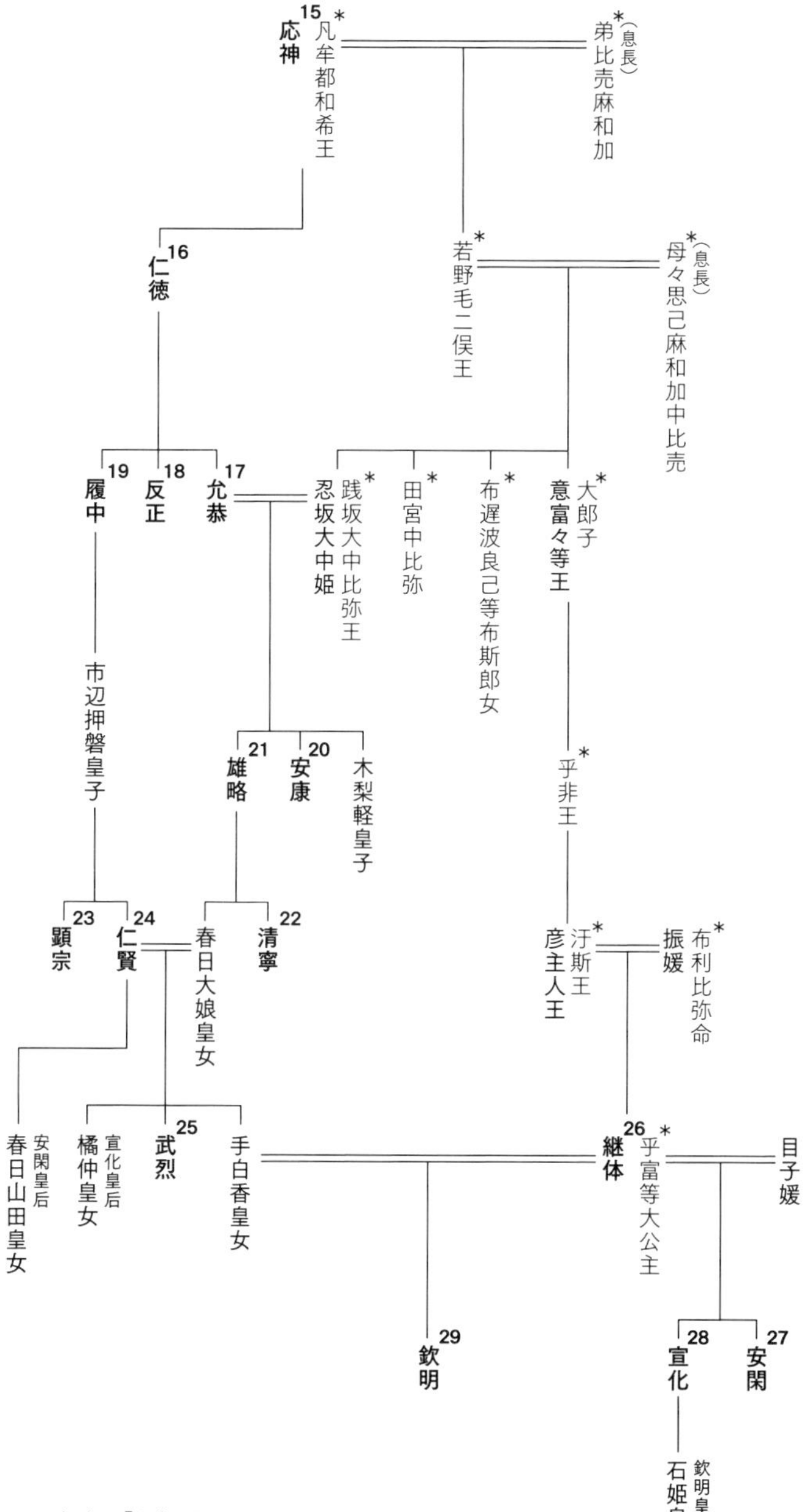

＊細字は『上宮記』による。

図89　継体天皇の系譜

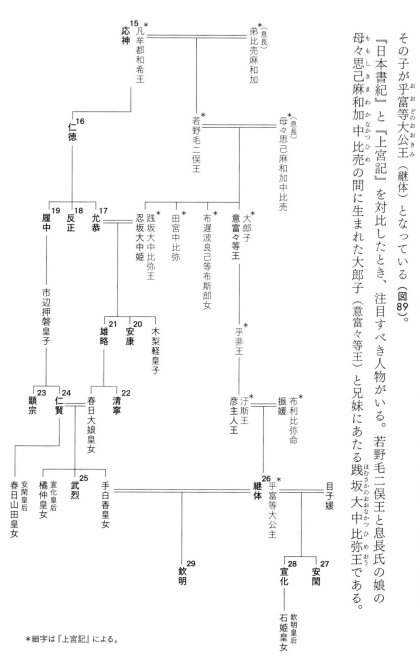

『日本書紀』では忍坂大中姫《おしさかのおおなかつひめ》と記され、允恭天皇の皇后となり、木梨軽皇子《きなしかるのみこ》と安康、雄略の二人の大王を生んでいる。

この忍坂大中姫に関しては、允恭天皇二年紀に興味深い記事がある。それは皇后がまだ立后以前のこととして、母親と家にいるとき一人で苑の中で遊んでいると、闘鶏国造《つげのくにのみやつこ》が傍の道を通り、垣根越しに語りかけ、あざ笑って「あんたによく薗が作れるのか」と言い「さあ刀自《とじ》そこの野蒜《のびる》を一本くれ」と言った。そこで彼女は馬に乗っている者に野蒜を渡し、「何のために野蒜が欲しいのか」と聞くと、国造は「山に行くときにヌカガ（顔の周りを飛び回る小さい羽虫）を追い払うためだ」と答えた。大中姫はこの無礼な態度を不快に思い、「お前、私は忘れないよ」と言った。その後、皇后になった年にこの男を捜し出し、昔の罪を責めて殺そうとしたが、闘鶏国造は顔を地に着けて許しを請うたので、皇后は死罪をやめて国造の姓《かばね》を稲置《いなぎ》におとした、という記事である。

和歌山県橋本市の隅田八幡神社に伝わる国宝の人物画像鏡には四十八文字の銘文が刻まれているが、そこには「孚弟王《ふとおう》（継体天皇）意柴沙加《おしさか》宮に在す時」とある。継体天皇の三代前の意富本杼王（『古事記』）は忍坂大中姫の兄弟であり、允恭天皇の皇后となった忍坂大中姫と意柴沙加宮との関係が考えられる。さらにこの宮のあった地は現在の桜井市忍阪とみてよいだろう。意柴沙加宮に継体がいたとしても不思議ではない。さらに忍坂大中姫と允恭天皇の間には泊瀬朝倉宮《はつせのあさくらのみや》を居所とした雄略天皇がいる。朝倉宮は先にも述べたとおり桜井市脇本遺跡が有力とみられ、三輪山の東南部にあたるこの一帯に、応神王統と継体の祖である息長氏との強いつながりが認められる。先に述べた忍坂大中姫と闘鶏国造とのエピソードは、大中姫の故郷である近江の坂田と大和の忍坂とを結ぶ交通路の中ほどに位置する闘鶏（都祁）との関係性を示しているのではなかろうか。

なお、この忍阪には後で述べる押坂彦人大兄皇子《おしさかのひこひとのおおえのみこ》の長子の舒明天皇（息長足日広額《おきながたらしひろぬか》）の陵墓も存在するのである。八八ページで述べたように、舒明が百済大宮と大寺を建てた地は、息長氏ともかかわりのある地であったとみられる。

ヤマト政権をついだ継体天皇

直接の後継ぎのいない武烈天皇を継いだ継体天皇は、河内の樟葉宮で即位し、山城の筒城宮、弟国宮で二十年の時を過ごした後に大和に入り、仁賢天皇の皇女の手白香皇女《たしらかのひめみこ》を皇后として、その間に欽明天皇をもうける。

継体には先に尾張の目子媛《めのこひめ》との間に二人の皇子、勾大兄皇子《まがりのおおえのみこ》（安閑天皇）と檜隈高田皇子《ひのくまのたかたのみこ》（宣化天皇）をもうけていた。安閑は父の継体の皇后となった手白香皇女の姉妹の春日山田皇女《かすがのやまだのひめみこ》を、また宣化も仁賢の娘の橘仲皇女《たちばなのなかつひめみこ》を皇后としている。つまり継体と息子二人の皇后は、系譜のうえではすべて仁賢の皇女となっている。この系譜の真偽はともかくとして、応神以来の系譜を守ってきたことを示すことがもっとも大切であったと思われる。ヤマト政権にとって、応神天皇とのつながりが、いかに大切であったかがわかる一例であろう。

『古事記』や『日本書紀』ではみえてこなかったつながりが、『上宮記』に記された践坂大中比売王が允恭天皇皇后の忍坂大中姫であることが明らかになったことにより、この系譜の史料的価値が上がったことは確かであり、息長氏の系譜もまた見過ごすことはできないのである。

これまで少しくわしく系譜について述べてきたが、この系譜は継体以降の六、七世紀の大王家と政権のあり方とも深くつながっていると考えるからである。

継体は大和に宮を遷した五年後に八十二歳で崩御しているが、手白香との間に欽明をもうけていることなどから、即位後の早い段階から大和において活動していたとみるのが自然であろう。皇后手白香の墓は大和古墳群のなかでも最大規模の前期古墳である西殿塚古墳が衾田陵《ふすまだのみささぎ》として『延喜式』に記されているが、先に述べたように、今城塚古墳の埴輪が作られた同じ窯の埴輪が使われていることから、西殿塚古墳の西方にある六世紀の西山塚古墳とみるのが今や定説になっている。『延喜式』諸陵寮に西殿塚古墳を手白香の墓とした背景には、大和の発祥の地である大和《おおやまと》に築かれた最大規模の古墳を、新しい王朝（継体朝）の皇后陵にあてることに大きな意味があったのでないかと考えている。

大王家・蘇我氏・息長氏の暗闘

欽明天皇と蘇我氏

継体の後は、尾張の目子媛との間にもうけた安閑・宣化が継ぎ、宣化の後は継体と手白香との間に生まれた欽明が皇位についた。継体朝以来、天皇を支える大連《おおむらじ》は大伴金村《おおとものかなむら》、物部麁鹿火《もののべのあらかひ》が引き継いでいたが、宣化朝になって蘇我稲目が大臣として登場する。

欽明の時代は『古事記』や『日本書紀』によれば、新羅の任那進出に対して百済、伽耶の国々の協力を得ながら、その復興を目指そうという記事に満ちあふれている。そのなかで、百済の聖明王から欽明天皇十三年（五五二）に「高句麗、新羅が連合して百済、任那を滅ぼそうとしている。救援軍をよこしてほしい」という要請があり、それに応えて援軍派遣した結果、その年の十月、聖明王から西《せい》部姫《ほうき》氏《し》達率《たつそつ》怒唎斯致契《ぬりしちけい》が遣わされて、金銅製釈迦像一軀、幡蓋《はたきぬがさ》若干、経論若干巻を贈られることにつながった。いわゆる「仏教公伝」である。この伝来の年号については、先に述べたとおり、ほかの文献に異なった見解があるが、ここでは軍事援助の返礼として伝わったことに注目したい。よく似た状況は、中央アジアや五胡十六国時代の中国でもみられることで、およそ仏教の理念とは相反する形で伝播していることは興味深い。為政者たちが仏教の真の教理とは違った、ブッダの神秘性や修行者の力に彼らの願いを託したものと思われる。しかし、援軍派遣にもかかわらず欽明天皇二十三年（五六二）一月、新羅によって任那の官家は滅亡したとされる。

そのような形で伝来した仏教を、物部大連尾輿《おこし》や中臣連鎌子《なかとみのむらじかまこ》らは受け入れることに反対したが、欽明は蘇我稲目に仏像を託して祀ることをゆるした。「欽明紀」では稲目が仏教の受け入れや屯倉《みやけ》の創設や管理に力を注いだことがうかがえる。また、二人の娘、堅塩媛《きたしひめ》と小姉君《おあねのきみ》を欽明の妃に入れ、蘇我政権の地盤をつくったのである。

蘇我稲目は欽明三十一年（五七〇）三月に薨じた。

欽明天皇は翌年四月に崩御し、翌五月に河内国古市で殯をおこなったのち、九月に檜隈坂合陵に葬ったとされている。

敏達天皇、用明天皇と蘇我氏

欽明の政権を継いだのは、蘇我氏系ではない石姫皇后（宣化天皇の皇女）との間に生まれた第二子の敏達で、物部守屋を大連、蘇我馬子を大臣《おおおみ》とした。『日本書紀』には天皇は仏法を信じられなくて、文章や史学を愛したとある。宮は百済の大井に造られたとあるが、この地についてはまだ確証がない。

私は後に訳語田《おさだ》幸玉宮《さきたまのみや》（桜井市戒重）に遷ったとされていることからも、先にも述べたように三輪山を望むことのできる舒明天皇の百済宮の近くであった可能性が強いと考えている。敏達天皇は、四年（五七五）一月九日に息長真手王《おきながまてのおおきみ》の娘、広姫を皇后とした。その長子が押坂彦人大兄皇子であるが、広姫は立后の年の十一月に薨じている。この息長氏の系譜は、その後舒明天皇へとつながってゆくのである。

　そして翌五年三月には、蘇我稲目の娘、堅塩媛と欽明との間に生まれた豊御食炊屋姫尊《とよみけかしきやひめのみこと》が皇后となった。のちの推古天皇である。ここで蘇我氏が権力の中枢に躍り出ることになる。豊御食炊屋姫尊は敏達との間に二男五女をもうけ、長女の菟道貝蛸皇女《うじのかいだこのひめみこ》を厩戸皇子の妃に、小墾田皇女《おはりだのひめみこ》を押坂彦人大兄皇子に、田眼皇女《ためのひめみこ》を舒明に嫁がせている。しかし長男の竹田皇子は早逝し、その死は後の蘇我氏の権力の行方を大きく左右することになった。

　敏達天皇十三年（五八四）九月に百済から来た鹿深臣《かふかのおみ》が弥勒菩薩の石像一体、また佐伯連《さえきのむらじ》も仏像一体をもたらした。馬子はその二体の仏像をもらい受け、高麗人の恵弁《えべん》を師として、司馬達等《しばのたちと》の十一歳の娘、嶋《しま》を出家させ善信尼とし、さらに二人の尼、禅蔵尼、恵善尼とともに馬子の家の東方に石仏像を安置し祀った。また、馬子は石川の家には仏殿を造り、仏法の広まりはここから始まったとされる。翌年の二月十五日には、大野丘の北に塔を建て、先の仏像を祀ったときに、供えた椀の中でみつかった仏舎利を塔の心柱の下に納めている。

　その後馬子は病に冒され、さらに疱瘡《ほうそう》（天然痘）が広がるなかで、物部守屋、中臣勝海《かつみ》は仏像崇拝を止めるように敏達天皇に奏上し、大野寺の仏塔、仏像を焼くが、疫病はその後も広がり、天皇は馬子にのみ仏法をおこなうことを認め、八月に崩御した。

その後を継いだのが欽明と堅塩媛との間に生まれた用明である。本来であれば敏達の長子である押坂彦人大兄皇子に皇位は譲られるはずであるが、蘇我氏系ではないためか皇子の姿はみえない。

用明天皇は同年の九月五日に、磐余に宮を造り、池辺双槻宮《いけのへのなみつきのみや》と呼んだ。この宮の所在地はまだ確定していないが、桜井市池之内にある磐余池近くにあることは間違いないだろう。近年の橿原市教育委員会の発掘調査では、池の堤近くで六〜七世紀の掘立柱建物の一部が検出されている。

用明天皇は翌元年（五八六）一月一日に叔母である小姉君と欽明の間に生まれた穴穂部間人皇女《あなほべはしひとのひめみこ》を皇后とした。推古は広姫亡き後に皇后となったが、当初から蘇我氏系の皇后となったのは、穴穂部間人皇女が最初である。二人の間には厩戸皇子（聖徳太子）、来目皇子《くめのみこ》、殖栗皇子《えくりのみこ》、茨田皇子《まむたのみこ》の四人の皇子がいた。また穴穂部間人皇后には穴穂部皇子《あなほべのみこ》、泊瀬部皇子《はつせべのみこ》（崇峻天皇）の二人の弟がいた。

用明天皇は即位後一年半で崩御するが、その背後には蘇我、物部氏の争いがあった。それが形となってあらわれたのが五八七年七月に起きた丁未《ていび》の乱である。いわゆる崇仏派と排仏派、つまり蘇我氏と物部氏との争いであったが、これはまぎれもない権力闘争だった。物部氏には有力な皇位継承者がいないため、守屋は蘇我氏系ではあるが、穴穂部間人皇后の実弟の穴穂部皇子を立て、蘇我馬子とその一族と戦った。しかし、穴穂部皇子は殺され、守屋と一族の物部氏は歴史の表舞台から去ることになる。

崇峻天皇、推古天皇と蘇我氏

欽明以来の長年のライバルを倒した蘇我氏は、敏達天皇の皇后であった炊屋姫尊（後の推古天皇）と群臣とともに、五八七年八月二日に穴穂部皇子の弟の泊瀬部皇子に勧めて即位の礼をおこない、倉《くら》梯宮《はしのみや》を造った。崇峻天皇である。天皇は、翌元年（五八八）三月に大伴糠手連《おおとものあらてのむらじ》の娘、小手子《こてこ》を妃にした。

物部氏が倒れ、蘇我氏一強になった政権は積極的に仏教を受け入れ、百済から仏舎利をもたらした僧をはじめ、多くの建築工、瓦博士、画工などとともに飛鳥盆地の中ほどにあった飛鳥衣縫造《あすかのきぬぬいのみやつこ》の先祖の樹葉《このは》の家を壊し、初めて法興寺（飛鳥寺）を造った。いわゆる捨宅寺院の初めである。

崇峻天皇は任那の再建にも意欲的であったが、五年（五九二）十月四日、献上された猪を指して、「いつかこの猪の首と同じように、にくい人物を切りたいものだ」と言ったとされ、馬子の刺客、東漢直駒《やまとのあやのあたいこま》によって殺された。みずから選んだ蘇我系の天皇である崇峻を馬子自身が葬ったのだ。

敏達の皇子のいわゆる大王系の押坂彦人大兄皇子の存在は、どうなっているのだろうか。丁未の乱のなかで、物部守屋と行動をともにしていた中臣勝海は、押坂彦人大兄皇子と竹田皇子の像をつくり、まじないをかけ呪ったがうまくいかないことがわかり、押坂彦人大兄皇子の水派宮《みまたのみや》に寝返ったと『日本書紀』には記されている。このことは、押坂彦人大兄皇子が蘇我氏側の重要な人物として、竹田皇子とともに物部氏側から狙われていたことを物語っている。しかし、その後の押坂彦人大兄皇子の動向はまったく不明である。

崇峻の後に立ったのが敏達の皇后で、用明天皇の同母妹の推古天皇だった。崇峻が殺されて二カ月後の十二月八日に豊浦宮で即位し、翌推古天皇元年（五九三）一月十五日に仏舎利を法興寺（飛鳥寺）の塔の心礎に安置し、翌十六日に塔の心柱を建てた。飛鳥の豊浦宮での即位と、飛鳥寺での仏舎利安置の一連の行事は、蘇我氏がこの半世紀近く望んでいた形が実現した時であった。

欽明の磯城嶋金刺宮《しきしまかなさしのみや》、敏達の訳語田幸玉宮《おさだのさきたまのみや》、用明の磐余池辺双槻宮《いわれのいけへのなみつきのみや》、崇峻の倉梯柴垣宮《くらはしのしばがきのみや》とそれぞれの宮の候補地を地図上でたどってみると、徐々にではあるが、明らかに三輪山から遠ざかり、飛鳥の方向に向かっていることがわかる。それはこの半世紀近くの間の蘇我氏の台頭とみごとに重なっている。

推古は、次期天皇に敏達との間にもうけた竹田皇子を念頭に置いていたと思われるが、推古即位前後に薨去した可能性が高く、甥にあたる厩戸皇子を皇太子にしたとみられる。推古は、崩御のときに竹田皇子の陵に葬ってほしいと遺言を残しているが、その陵が先に述べた植山古墳とみてよい（一一八ページ参照）。

推古天皇は元年四月十日に厩戸豊聡耳皇子《うまやとのとよとみみのみこ》を立てて皇太子とし、国政をすべてまかせたと『日本書紀』には記されている。生年からみると厩戸皇子は十九歳で、国政を一人で担うとは、とても考えられず、当然、蘇我馬子との共同体制であったろう。また同二年（五九四）五月十日に帰化した高麗の僧慧慈《えじ》を厩戸皇子は師と仰ぎ、同年に百済から僧慧聡《えそう》が加わり、この二人が推古朝の仏教発展につくしたとされる。

先に述べたように推古天皇八年（六〇〇）には第一回の遣隋使を派遣しているが、『日本書紀』には記されていない。帰国した小野妹子の報告によって、大陸の実情を知った太子は、新しい国づくりの必要性を感じ、冠位十二階、十七条憲法などの制定をおこなった。

斑鳩の斜行条里の全体像を知るには、今後の発掘調査を待たなけ

図90　代々のヤマト政権の王宮があった三輪山の麓

ればならない。また厩戸皇子の早逝によって未完成であった可能性も高いが、国の中心となる宮と都をつくろうとしていたことがうかがえるのである。推古二十八年（六二〇）には蘇我馬子と厩戸皇子は、『天皇記』および『国記』、『臣連伴造国造百八十部并公民等本紀《おみむらじとものみやつこくにのみやつこももあまりやそべならびにおおみたからどものもとつふみ》』を記録したとあり、新しい国づくりをめざしていたことは間違いないだろう。そしてその舞台は狭小な飛鳥の地ではなく、風水思想にかなった前方が大きく開け、水陸両用の交通にも適した斑鳩の地であった。この厩戸皇子の思いに対する推古天皇、蘇我馬子の反応については不明だが、すくなくとも推古は、皇子の仏教に対する思いを充分に理解していたことは、岡本宮での『法華経』の講読に対する推古の反応からもみてとれる。

厩戸皇子が著したと言われる『三経義疏《さんぎょうぎしょ》』は、誰でも平等に救われることを説いた大乗仏教の初期の根本経典である『法華経』と、在家の長者の維摩居士《ゆいまこじ》と釈迦の弟子のなかで知恵者といわれた文殊菩薩との問答を著した『維摩経』、さらに勝鬘夫人《しょうまんふじん》が釈迦の前で大乗仏教の教えを説き、それを釈迦が認めたという内容の『勝鬘経』の注釈書であり、いずれも民を大切にするという厩戸皇子の仏教観があらわれているように思える。

いっぽう馬子は一般的な仏教に関しては積極的にとり入れたが、厩戸皇子の深い仏教観をベースにした政治に対する考えには警戒心をもっていたと思われる。皇子薨去のあと間もなく、推古三十二年（六二四）に大王家の領地となっていた葛城県《かつらぎのあがた》の割譲を求め、推古から拒否されている。王家と蘇我氏の間は、蘇我氏が思うほど盤石なものではなかったのではないだろうか。馬子はその二年後に亡くなるが、後を継いだ蝦夷と孫の入鹿は馬子の意志を継ぎ、さらにその権力を強化していった。彼らの脳裏にあったのは、推古のあとを委ねるのは厩戸皇子の長子の山背大兄皇子ではなく、蝦夷の妹、法提《ほての》郎女《いらつめ》が妃となり古人大兄皇子をもうけていた田村皇子（舒明）だった。

田村皇子は敏達天皇の皇子の押坂彦人大兄皇子の長子で、蘇我系の皇子ではない。彼らは田村皇子はあくまでも中継ぎであり、目的は蘇我氏の血を引いた古人大兄皇子が皇位につくことだったと思われる。

一方、田村皇子は、押坂彦人大兄皇子の孫にあたる宝皇女（のちの斉明天皇）のあいだに中大兄皇子と大海人皇子、そしてのちに孝徳天皇の皇后となる間人皇女をもうけていた。

蘇我氏打倒

舒明天皇と蘇我氏

推古天皇は崩御の前に田村皇子と山背大兄皇子を枕元に呼び、遺言のような言葉を伝えたことが『日本書紀』舒明天皇即位前紀にくわしく書かれている。推古天皇の真意はわからないが、少なくとも大臣であった蝦夷、息子の入鹿の意図は田村皇子をぜひとも皇位につけかったのだ。山背大兄皇子側についた馬子の弟、境部臣摩理勢《さかいべのおみまりせ》は蝦夷によって殺され、後ろ盾を亡くした山背大兄皇子は斑鳩の上宮王家にとどまることになった。推古天皇は三十六年（六二八）三月七日に崩御し、五カ月後の九月二十四日に、竹田皇子の陵に合葬された。

田村皇子を新しい天皇として即位させることに成功した蘇我蝦夷、入鹿親子は、新宮を飛鳥盆地の中央部の岡に造営し、舒明は二年（六三〇）十月十二日に新宮に移り、ここを飛鳥岡本宮と称した。小墾田宮からさらに飛鳥の盆地の奥に造られた宮は、南東には馬子の墓と邸宅、さらに稲目の墓、西の甘樫丘には蝦夷の邸宅、その南麓には入鹿の邸宅、北には飛鳥寺と、四方を蘇我氏の勢力に囲まれていた。その環境からみれば、舒明政権は蘇我氏の傀儡《かいらい》政権であると容易に理解できる。そのような状況のもとで、舒明天皇は二年に第一回の遣唐使を派遣している。「舒明紀」の数少ない記述からも、天皇が積極的な外交をめざしていたことをうかがわせる。

　飛鳥盆地の中央部に初めて営まれた宮は、八年（六三六）に火災に遭い、舒明は飛鳥から離れ、田中宮、厩坂宮《うまやさかのみや》の仮宮に遷り、十一年（六三九）七月に「大宮と大寺を造らせる」という詔を出し、伊予から帰って厩坂宮にいた天皇は、翌十二年の十月に新宮（百済大宮）に遷り、一年後の十三年（六四一）十月九日にこの宮で崩御している。この十年余りの在位期間のなかで、舒明は遣唐使の派遣と国が主導した大寺（百済大寺）の創建、百済大宮の造営の事業をおこなったほかは目立ったことはみられないが、その思いは岡本宮の火災ののち、二度と飛鳥には戻らなかったこと、伊予、有馬の湯への長期の行幸、そして先に述べたように『万葉集』巻一の第二歌などに垣間見える。けっして蝦夷、入鹿の思いどおりにはならなかったのである。

　そこで思い出されるのが「初め飛鳥岡基（本）宮に御宇天皇《あめのしたしらししすめらみこと》（舒明天皇）未だ位に登極せざりしとき……」で始まる『大安寺資財帳』の田村皇子が臨終間近の厩戸皇子を見舞ったときの文章である（八九ページ参照）。

　この『大安寺資財帳』の内容については先述した吉備池廃寺の調査内容とも符合し、この寺で使用された軒平瓦の特徴的な文様が、斑鳩寺の第Ⅱ期の瓦と共通する点、さらに大和郡山市額田部町の額安寺でも、斑鳩寺の第Ⅰ期の手彫りの忍冬文軒平瓦と同じものが出土している点、また額田寺伽藍並条里図に描かれた額田寺（額安寺）の伽藍配置が、百済大寺の後を継いだ大官大寺に共通する点などがあげられ、『大安寺資財帳』に記された厩戸皇子と田村皇子の関係を裏付けることにもなろう。

舒明が百済宮と百済大寺を東西に並べて造営したのは、厩戸皇子が造った斑鳩宮と斑鳩寺（法隆寺）をモデルとしているのではないかと私は考えている。

乙巳の変

舒明天皇崩御の後に皇位についたのは、斑鳩に拠点を構える山背大兄皇子ではなかった。舒明天皇の皇后、宝皇女が皇極天皇となった。蘇我蝦夷の大臣は元のままだったが、実権は入鹿が握った。そして舒明と蝦夷の妹の法提郎女の間に生まれた古人大兄皇子《ふるひとおおえのみこ》が皇太子となった。蘇我氏にとっては、舒明天皇と同じく皇極天皇の即位も、古人大兄皇子を次期の天皇とする前提のうえでの判断だったと思われる。

その頃大陸では、隋を倒した唐が朝鮮半島の国々に対して積極的に関与する姿勢を示していた。それに対して高句麗、新羅、百済はそれぞれ独自の方法で自国の防衛策を模索していた。

高句麗では宰相の泉蓋蘇文《せんがいそぶん》が国王を殺し、傀儡《かいらい》の王を立て実権を握った。皇極天皇元年（六四二）のことである。これらの状況は、当然わが国にも逐一伝わっていただろう。そのようななかで、この出来事の翌年の皇極天皇二年（六四三）、実権を握っていた蘇我入鹿が、巨勢臣徳太《こせのおみとこだ》らに命じて斑鳩宮にいた上宮王家の当主であった山背大兄王を殺害するという事件が起きた。この出来事は大臣で父の蘇我蝦夷をも驚嘆させたことが『日本書紀』に記されている。

私が関心を抱いているのは、厩戸皇子を中心に上宮王家について記した史料のなかの一つで、平安時代初期には存在していたとされる『聖徳太子伝補闕記』には軽皇子《かるのみこ》（孝徳天皇）が斑鳩宮襲撃のなかにいたという記事である。もしそれが事実であれば、乙巳の変に対する解釈も違ったものになってくる。皇極天皇の後、皇位を継いだ孝徳天皇（軽皇子）は、皇統系譜からみても、乙巳の変が皇位を継ぐ唯一のチャンスであった。乙巳の変の仕掛け人であった中臣鎌足とのその後の交流からも、二人の関係の深さがうかがえる。

乙巳の変後、皇極は退位し孝徳が天皇となる。長い間、孝徳が抱いてきた理想の新しい政治が、難波への遷宮と大化改新の詔にみられる数々の政策に反映されているとは考えられないであろうか。

孝徳崩御の後は、皇極上皇が飛鳥板蓋宮で重祚《ちょうそ》し斉明天皇となった。そして多大な労力をかけて孝徳が造営した難波宮から再び飛鳥の地に宮は戻った。斉明は火災に遭った宮の跡に後飛鳥岡本宮を造り、現在も発掘調査がつづいている飛鳥苑池遺跡をはじめ、飛鳥の狭い盆地の中に次々と新しい施設を造っていった。斉明が舒明のめざした百済宮での政治を継承せず、飛鳥の狭い盆地に戻ったことについては、まだ考慮しなければならないことはあると考えられるが、もっとも大きい理由は、飛鳥盆地が蘇我本宗家の支配地ではなくなっていたということだろう。

孝徳天皇の息子の有間皇子の変は斉明天皇四年（六五八）に起きた。『日本書紀』にはこの事件を比較的くわしく記している。有間皇子のすすめによって紀国の牟婁《むろ》の湯に行幸した斉明天皇の留守中に謀反を起こそうとした皇子は、蘇我赤兄《そがのあかえ》の讒言《ざんげん》によって紀伊国の藤白坂に送られて絞首された。その時、中大兄皇子が問いただしたのに対して、有間皇子は「天と赤兄のみが知っている」と答えたと記されている。その後の赤兄の処遇からみても、この事件は周到に準備されていたものであることは明らかである。中大兄皇子にとって、孝徳天皇の皇子である有間皇子の存在は脅威だったとみてよかろう。

斉明の晩年は、朝鮮半島の三国の戦いに関係する記事が多く、七年（六六一）一月六日には、百済救援のため天皇みずから皇子や皇女も引き連れて九州に向かったが、百済の滅亡を知ることなくその地で薨じた。

斉明のあとは長子の中大兄皇子が称制の形でしばらく政治を主導するが、やがて近江の大津宮に遷宮する。この間のいきさつは先に述べた（三九ページ参照）。

律令国家誕生

天武天皇が目指した律令国家「日本」

孝徳天皇が難波で発布した大化改新の詔、天智天皇が大津で編んだ近江令など大王家が政治の中心になるのに呼応して、新たに国制を整えるための令制の整備が進められた。それを実現性のある具体的な政策として完成させたのが、天武天皇の飛鳥浄御原令、さらに持統天皇の政策を経て大宝元年（七〇一）の大宝令とそれにつづく大宝律が加わり、翌大宝二年（七〇二）に大宝律令が発布され、わが国は律令国家「日本」として誕生した。「日本」という国号もその過程で七世紀後半の天武朝に生まれた可能性が強い。そして、継体、欽明朝の誕生から約一五〇年を経て国外、とくに唐に向けて発信したのが第八回の遣唐使（七〇二）の時であった。

七世紀後半は朝鮮半島での争乱もあり、新しい国づくりを目指した天武・持統朝のあいだは遣唐使を派遣することはできなかった。天武が理想の国をつくるうえで、はるか昔の漢帝国を念頭においたのもそういった事情をも考慮すべきだと思う。

蘇我氏を中心とした先進豪族のとり入れた文化、制度、政策などによって飛鳥時代は飛躍的に発展したが、私は飛鳥時代の大きな転機は、六〇〇年の第一回遣隋使の派遣にあったと考えている。その後の厩戸皇子の斑鳩での活動が、やがて舒明、天武の国づくりの契機となったといえるだろう。天智天皇九年（六七〇）に斑鳩寺（法隆寺）が一屋余すことなく焼亡したと『日本書紀』は記しているが、その後の再建については文献のうえではほとんど知ることはできない。しかし、再建に天武・持統天皇がかかわっていたことは、法隆寺に残る幡や多くの資料の中にうかがうことはできる。

長い間、法隆寺西院伽藍の金堂を東に、塔を西におく配置は「法隆寺式伽藍配置」の名で七世紀後半の基本的な形式としてみられてきたが、吉備池廃寺（百済大寺）が明らかになったことにより変更を余儀なくされるようになった。つまりこの伽藍配置は、百済大寺建立の六三〇年から始まったのである。その背景には仏塔から仏像への信仰が主となるという宗教的な要素も含まれているだろう。

この法隆寺の再建を主導したとみられる天武天皇は、舒明天皇（田村皇子）の皇子の一人である。厩戸皇子を慕った父、舒

図91　律令国家「日本」の最初の都、藤原京（復元模型）

明天皇の建立した国の大寺の伽藍にならって、百済大寺式伽藍配置を採用して建立したのが、現在私たちの目にすることができる法隆寺西院伽藍といえよう。天武は、厩戸皇子や舒明がめざした仏教思想を背景にした国づくりにとり組み、藤原京内に二十四カ寺、さらに全国に多くの寺院の建立を進めた。この政策はやがて聖武天皇が鎮護国家の思想に基づき天平十三年（七四一）に発布した「国分寺・尼寺建立の詔」にも引き継がれていった。ちなみに各国の国分寺、国分尼寺の発掘調査が進められてゆくなかで、その遺構は飛鳥時代の寺院遺構と重なるものが多いということが明らかになっている。倭国から律令国家「日本」が誕生してゆく過程の姿を示しているのであろう。

大王家の系譜というこの章を継体天皇（男大迹王）から述べてきた。継体から天武までの系譜をたどってゆくと、推古が敏達の皇后に立ったのは、皇后（息長）広姫崩御の後で、当初から皇后として立った蘇我氏系の人物は用明天皇の穴穂部間人皇后のみだった。舒明の宝皇后（斉明天皇）、天武の皇后、持統も蘇我氏の血縁ではあったが、主流ではなかった。敏達の長子の押坂彦人大兄皇子が皇位につくことはなかったが、蘇我氏の本意ではないものの子の舒明が天皇になり、やがて律令国家「日本」の礎を築いた天武天皇に引き継がれた。三輪山から離れたヤマト政権は、蘇我氏がその前半を主導した飛鳥時代という約百年間の醸成期間を経て、奈良盆地の南部で都市機能をもった藤原京を造営し、律令国家「日本」として出発したのである。

引用・参考文献

相原嘉之　二〇〇七「発掘された蘇我氏の飛鳥―近年の調査から見た蘇我氏の実像―」『東アジアの古代文化』一三三号　大和書房
池田末則　一九九五「『上宮』考―飽波葦垣宮と『大安寺伽藍縁起幷流記資財帳』―」『南都大安寺論叢』大安寺
石田茂作　一九三六『飛鳥時代寺院址の研究』聖徳太子奉賛会
今尾文昭　二〇〇八『律令期陵墓の成立と都城』青木書店
岩本次郎　一九八三「斑鳩地域における地割りの再検討」奈良国立文化財研究所三〇周年記念論文集『文化財論叢』
植木　久　二〇〇九『難波宮跡』日本の遺跡　三七　同成社
上田正昭・千田稔編　二〇〇八『聖徳太子の歴史を読む』文英堂
近江俊秀　一九九六「岡寺式軒瓦出土寺院をめぐる二、三の問題」『考古学雑誌』八一―三　日本考古学会
小笠原好彦　一九九五『古代の三都を歩く　難波京の風景』文英堂
岡本東三　一九八三「法隆寺天智九年焼亡をめぐって―瓦から見た西院伽藍創建年代―」奈良国立文化財研究所三〇周年記念論文集『文化財論叢』
小澤　毅　二〇〇三「古代都市『藤原京』の成立」『日本古代宮都構造の研究』青木書店
小澤　毅　二〇一八『古代宮都と関連遺跡の研究』吉川弘文館
川勝　守　二〇〇二『聖徳太子と東アジア世界』吉川弘文館
河上邦彦　一九九五『後・終末期古墳の研究』雄山閣出版
河上邦彦　二〇〇四『大和の終末期古墳』橿原考古学研究所附属博物館選書（三）
岸　俊雄　一九七五「朝堂の初歩的考察」『橿原考古学研究所論集』創立三五周年記念　吉川弘文館
岸　俊男　一九七七「川原寺の創建と焼亡」『宮都と木簡』吉川弘文館
鬼頭清明　一九七七「法隆寺庄倉と軒瓦の分布」『古代研究』一一　元興寺仏教民俗資料研究所
絹畠歩・前田俊雄・北井利幸　二〇二一「竜田御坊山三号墳の再検討と被葬者像」橿原考古学研究所紀要『考古学論攷』第四四冊

西光慎治　二〇〇〇「飛鳥地域の地域史研究（一）欽明天皇檜隈坂合陵・陪冢カナズカ古墳の覚書」『明日香村文化財調査研究紀要』創刊号
西光慎治　二〇〇二「飛鳥地域の地域史研究（三）今城谷の合葬墓」『明日香村文化財調査研究紀要』第二号
酒井龍一　二〇〇六「聖徳太子の都市計画」『文化財学報』第二三・二四号　奈良大学文学部
佐川正敏　二〇一〇「王興寺と飛鳥寺の伽藍配置、木塔心礎設置・舎利奉安形式の系譜」『古代東アジアの仏教と王権』勉誠出版
白石太一郎　一九六七「岩屋山式の横穴式石室について」『ヒストリア』第四九号　大阪歴史学会
白石太一郎　二〇〇〇『古墳と古墳群の研究』塙書房
白石太一郎　二〇一一『古墳と古墳時代の文化』塙書房
白石太一郎　二〇一八「西殿塚古墳と西山塚古墳」『古墳の被葬者を推理する』中央公論新社
白石太一郎編　二〇〇五『終末期古墳と古代国家』吉川弘文館
白石太一郎・関川尚功・大竹弘之　一九七八「櫃原市小谷古墳の測量調査」『青陵』第三九号　橿原考古学研究所
菅谷文則　二〇二〇『大安寺伽藍縁起幷流記資財帳を読む』東方出版
菅谷文則　二〇二一『甦る法隆寺』柳原出版
菅谷文則・河上邦彦　一九七三「岩屋山古墳の墳丘測量調査」『青陵』第二二号　橿原考古学研究所
千田　稔　二〇〇一『聖徳太子と斑鳩』学研M文庫
高田良信　一九八四『中宮寺　法輪寺　法起寺の歴史と年表』ワコー美術出版
高田良信　一九八五『法隆寺の歴史と年表』ワコー美術出版
高田良信　一九九五「聖徳太子薨去の地—飽波葦垣宮について」『南都大安寺論叢』大安寺
竹田政敬　二〇〇一「五条野古墳群の形成とその被葬者についての憶説」橿原考古学研究所紀要『考古学論攷』第二四冊
塚口義信　二〇〇二「聖徳太子の『天皇事』とは何か」『聖徳太子の歴史を読む』文英堂
鶴見泰寿　二〇一五『古代国家形成の舞台　飛鳥宮』シリーズ「遺跡を学ぶ」一〇二　新泉社
東野治之　二〇〇四『日本古代金石文の研究』岩波書店
東野治之　二〇二一「聖徳太子—史実と信仰—」『聖徳太子と法隆寺』聖徳太子一四〇〇年記念特別展図録
遠山美都男　一九九三『大化改新』中央公論社
遠山美都男　二〇〇六『蘇我氏四代』ミネルヴァ書房

中尾芳治　一九八六『難波京』ニューサイエンス社
中尾芳治・栄原永遠男編　二〇一四『難波宮と都城制』吉川弘文館
西川寿勝・相原嘉之・西光慎治　二〇〇九『蘇我三代と二つの飛鳥』新泉社
西本昌弘　二〇一一「斉明天皇陵の造営・修造と牽牛子塚古墳―建王・間人皇女・大田皇女の合葬墓域として―」『古代史の研究』一七　関西大学古代史研究会
西本昌弘　二〇一四「川原寺の古代史と伽藍・仏像―筑紫観世音寺との比較を通して」『飛鳥・藤原と古代王権』同成社
仁藤敦史　一九九八『古代王権と都城』吉川弘文館
八賀　晋　一九七三「地方寺院の成立と歴史的背景」『考古学研究』二〇巻一号
服部伊久男　二〇〇三「宮宅と古代寺院の構造」『橿原考古学研究所論集』第一四冊
花谷　浩　一九九八「斑鳩寺の創建瓦」『古代瓦研究Ⅰ』奈良国立文化財研究所
林　博道　一九八四『大津京』ニューサイエンス社
林部　均　二〇〇一『古代宮都形成過程の研究』青木書店
坂　靖　二〇一八『蘇我氏の古代学』新泉社
平田政彦　一九九六「称徳朝飽波宮の所在地に関する考察―斑鳩町上宮遺跡の発掘調査から」『歴史研究』第三三号　大阪教育大学歴史学研究室
平田政彦　二〇〇三「斑鳩地域における飛鳥時代寺院の一様相―法輪寺創建年代考」『橿原考古学研究所論集』第一四冊
本位田菊士　一九八五「『斉明紀』二年是歳条の、いわゆる「狂心の渠」の工事について―有間皇子謀反事件の背景―」『古代文化』第三七巻第二号　古代学協会
前園実知雄　一九八一「磐余の考古学的環境」橿原考古学研究所紀要『考古学論攷』第六冊
前園実知雄　一九九九「飛鳥の終末期古墳と中国の陵墓」『考古学に学ぶ―遺構と遺物』同志社大学考古学シリーズⅦ
前園実知雄　二〇〇六『斑鳩に眠る二人の貴公子　藤ノ木古墳』シリーズ「遺跡を学ぶ」三二　新泉社
前園実知雄　二〇一五「飛鳥の終末期後半期の古墳の被葬者像」『河上邦彦先生古希記念献呈論文集』
前園実知雄　二〇一九「甘樫丘陵の二つの大墓―小山田古墳と菖蒲池古墳―」『古墳と国家形成期の諸問題』白石太一郎傘寿記念論文集編集委員会
黛　弘道　一九八二「継体天皇の系譜について」『律令国家成立史の研究』吉川弘文館
黛　弘道　一九九一「『上宮記逸文』の研究」『蘇我氏と古代国家』吉川弘文館

森下恵介　二〇一六『大安寺の歴史を探る』東方出版
保井芳太郎　一九二八『大和上代寺院志』大和史学会
吉田　孝　一九九七『日本の誕生』岩波書店
吉村武彦編　一九九九『継体・欽明朝と仏教伝来』吉川弘文館
劉慶柱・李毓芳　一九九一『前漢皇帝陵の研究』来村多加史訳　学生社
飛鳥資料館　一九七九『飛鳥時代の古墳』飛鳥資料館図録　第六冊
飛鳥資料館　二〇〇五『飛鳥の奥津城』飛鳥資料館図録　第四三冊
明日香村　二〇〇六『続 明日香村史』（上）ぎょうせい
明日香村教育委員会　一九八七『明日香村内発掘調査実績』
明日香村教育委員会　二〇〇四「マルコ山古墳（第四次）範囲確認調査」『明日香村遺跡調査概報』平成一六年度
明日香村教育委員会　二〇〇六『酒船石遺跡発掘調査報告書』明日香村文化財調査報告書第四集
明日香村教育委員会　二〇一三『牽牛子塚古墳発掘調査報告書』明日香村文化財調査報告書第一〇集
明日香村教育委員会・関西大学文学部考古学教室　二〇一六『都塚古墳発掘調査報告書—飛鳥の多段築墳の調査—』明日香村文化財調査報告書第一二集
斑鳩町教育委員会　一九九〇『斑鳩町の古墳』
斑鳩町教育委員会　二〇〇二「斑鳩町内遺跡発掘調査概報」平成一四年度『斑鳩町文化財調査報告第九集』
斑鳩町教育委員会　二〇〇三「斑鳩町遺跡発掘調査概報」平成一五年度『斑鳩町文化財調査報告第一〇集』
斑鳩町教育委員会　二〇〇五「斑鳩町遺跡発掘調査概報」平成一七年度『斑鳩町文化財調査報告第一一集』
斑鳩町教育委員会　二〇〇五「平成一六年度　若草伽藍西方の調査概要」『平成一六年度　奈良県内市町村埋蔵文化財発掘調査報告会資料』
斑鳩町教育委員会　二〇一三『史跡中宮寺跡発掘調査報告書』
斑鳩文化財センター　二〇二〇『聖徳太子の足跡—斑鳩宮と斑鳩寺—』令和二年度秋期特別展図録
京都帝国大学　一九三七『大和島之庄石舞台の巨石古墳』京都大学考古学研究報告第一四冊
国立博物館　一九四八『法隆寺東院に於ける発掘調査報告書』
国立歴史民俗博物館　二〇〇一『国立歴史民俗博物館研究報告』第八八集　古代庄園絵図と在地社会についての史的研究／「額田寺伽藍並条里図」の分析

磯城・磐余の諸宮調査会　二〇一九『脇本遺跡の調査』

奈良県内市町村埋蔵文化財技術担当者連絡協議会　二〇〇五『平成一六年度 奈良県内市町村埋蔵文化財発掘調査報告会資料』

奈良県立橿原考古学研究所　一九七二『壁画古墳　高松塚』

奈良県立橿原考古学研究所　一九七七『竜田御坊山古墳 付平野塚穴山古墳』奈良県史跡名勝天然記念物調査報告第三二冊

奈良県立橿原考古学研究所　一九七九「額安寺旧境内発掘調査概報」『奈良県遺跡調査概報』一九七八年度

奈良県立橿原考古学研究所　一九八三「塚本古墳発掘調査概報」『奈良県遺跡調査概報』一九八二年度第二分冊

奈良県立橿原考古学研究所　一九九〇『斑鳩　藤ノ木古墳第一次調査報告書』

奈良県立橿原考古学研究所　一九九二『斑鳩　藤ノ木古墳第二、三次調査報告書』

奈良県立橿原考古学研究所　一九九四「法起寺旧境内第七次発掘調査概報」『奈良県遺跡調査概報』一九九三年度第一分冊

奈良県立橿原久古学研究所　一九九五「豊浦寺発掘調査概報」『奈良県遺跡調査概報』一九九四年度第二分冊

奈良県立橿原考古学研究所　一九九六「法起寺旧境内第一一・一二次発掘調概報」『奈良県遺跡調査概報』一九九五年度第一分冊

奈良県立橿原考古学研究所　一九九九『橘寺』奈良県文化財調査報告書第八〇集

奈良県立橿原考古学研究所　二〇〇二「岡寺四次発掘調査概報」『奈良県遺跡調査概報』二〇〇一年度第三分冊

奈良県立橿原考古学研究所　二〇〇八『飛鳥京跡Ⅲ』奈良県立橿原考古学研究所報告第一〇二冊

奈良県立橿原考古学研究所　二〇一一『飛鳥京跡Ⅳ』奈良県立橿原考古学研究所報告第一〇八冊

奈良県立橿原考古学研究所　二〇一一『脇本遺跡Ⅰ』奈良県立橿原考古学研究所報告第一〇九冊

奈良県立橿原考古学研究所　二〇一四『脇本遺跡Ⅱ』奈良県立橿原考古学研究所報告第一一五冊

奈良県立橿原考古学研究所　二〇一五『脇本遺跡Ⅲ』奈良県立橿原考古学研究所報告第一一八冊

奈良県立橿原考古学研究所編　一九九九『東明神古墳の研究』高取町文化財調査報告書　第一八冊

奈良県立橿原考古学研究所附属博物館　一九九八『聖徳太子と斑鳩—藤ノ木古墳・法隆寺をめぐる人びと—』博物館図録第四九冊

奈良県立橿原考古学研究所附属博物館　一九九九『蓮華百相—瓦からみた初期寺院の成立と展開』博物館図録第五一冊

奈良県立橿原考古学研究所附属博物館　二〇〇一『聖徳太子の遺跡—斑鳩宮造営千四百年—』博物館図録第五五冊

奈良県立橿原考古学研究所附属博物館　二〇一五『継体天皇とヤマト』博物館図録第八三冊

奈良国立文化財研究所　一九五八『飛鳥寺発掘調査報告』奈良国立文化財研究所報告第五冊
奈良国立文化財研究所　一九六〇『川原寺発掘調査報告』奈良国立文化財研究所報告第九冊
奈良国立文化財研究所　一九七六『飛鳥・藤原宮発掘調査報告』Ⅰ　奈良国立文化財研究所学報第二七冊
奈良国立文化財研究所　一九八二『飛鳥・藤原宮発掘調査概報』一二
奈良国立文化財研究所　一九八三『飛鳥・藤原宮発掘調査概報』一三
奈良国立文化財研究所　一九八六『飛鳥・藤原宮発掘調査概報』一六
奈良文化財研究所　二〇〇二『山田寺発掘調査報告』奈良文化財研究所学報第六三冊
奈良文化財研究所　二〇〇三『吉備池廃寺発掘調査報告―百済大寺跡の調査―』奈良文化財研究所創立五〇周年記念学報
　第六八冊
奈良文化財研究所　二〇〇四『奈良文化財研究所紀要二〇〇四』
奈良文化財研究所　二〇〇七『法隆寺若草伽藍跡発掘調査報告』奈良文化財研究所学報第七六冊
奈良文化財研究所　二〇一一『飛鳥池遺跡発掘調査報告書』奈良文化財研究所学報七一冊
文化庁・奈良文化財研究所・奈良県立橿原考古学研究所・明日香村教育委員会　二〇〇八『キトラ古墳発掘調査報告』
文化庁・奈良文化財研究所・奈良県立橿原考古学研究所・明日香村教育委員会　二〇一七『高松塚古墳発掘調査報告』
法隆寺　一九八五『法隆寺防災工事・発掘調査報告書』
法隆寺昭和資財帳編纂所編　一九八三「法隆寺伽藍縁起并流記資財帳」『法隆寺史料集成』一　ワコー美述出版
法隆寺昭和資財帳編纂所編　一九八五「聖徳太子伝私記」『法隆寺史料集成』四　ワコー美述出版
『古事記・祝詞』日本古典文学大系　岩波書店
『日本書紀』上・下　日本古典文学大系　岩波書店
『日本書紀』下　宇治谷猛訳　講談社学術文庫
『日本霊異記』日本古典文学大系　岩波書店
『続日本紀』前編　国史大系　吉川弘文館
「釈日本紀」『国史大系』第八巻　吉川弘文館
『三国志』魏書（一）　武帝紀第一　中華書局
『隋書』（三）巻八十一東夷伝倭国条　中華書局

あとがき

一九六九年三月、安保闘争の激化するなかで大学を卒業した私は、新しい世界に旅立とうと胸をふくらませている友人たちに囲まれて失意のどん底にいた。実は、大学院の入試に失敗した直後だったのだ。友人たちは慰めてくれたが、落ちるとはまったく考えていなかったおごりに、罰が下ったのだろうとあきらめるしかなかった。

しかし、どうしても再度の挑戦がしたいと父にその旨を告げ、一年間の浪人の許可を得ることができた。実は大学入学時には、四年間好きな歴史を学ぶことができれば、その後は仏教大学に進み、僧侶の父の後を継ごうと思っていたのだ。ところが、大学二年の森浩一先生の考古学概論の講義に感銘を受け、方向が変わった。それからの三年間は講義の合間、長期の休暇などを利用してさまざまな発掘調査に参加し、いつの間にか当初の思いは薄れていった。卒業後は大学院の研究生として短期間であったが、京都大学の水野清一先生の雲崗石窟の講義を受けることができ、のちに中国石窟の大仏を考えるときの大きな支えとなった。

週一回の講義のほかは、平安博物館で先輩の白石太一郎さんが担当していた京都市内の烏丸三条にあった藤原氏の三条西殿遺跡の発掘に参加した。そんなある日、森浩一先生から、近く奈良県で大規模な発掘調査が始まるので、勉強もかねて橿原考古学研究所でしばらく学んでみないかという薦めをいただき、所長の末永雅雄先生の面接を受けることになった。私には不安もあったが、そのとき白石さんも研究所に行くとうかがい、学生時代からお世話になっている大先輩とともに学ぶことができる幸運に恵まれたのだった。

当時の橿原考古学研究所には常勤の職員は一人もいなくて、新沢千塚古墳群や飛鳥宮の調査は、所員であった大学の先生たちと学生が長期の休暇を利用しておこなっていた。六月に辞令をいただいたのは私たち二人のほかは、飛鳥宮の調査を担当していた藤井利章さんと関西大学の大学院生の河上邦彦さんだった。最初の仕事は白石さん、河上さんとともに奈良県下の主要古墳について実際に現地を踏査し、記録することだった。その成果は『奈良県の主要古墳』Ⅰ、Ⅱとして報告することができた。私にとって幸せだったことは、毎日多くの古墳を訪ね、先輩方の指導を受け、学ぶことができたことだった。

しかし、頭の片隅にはいつも次の年の大学院入試のことがあった。そんなある日、思い切って白石さんにそのことを打ち明けた。そのとき、白石さんの「人生には乗りかかった船という言葉があり、その船がよい船なら無理に降りる必要はないのでは……大学院へ行かなかった分は、努力すればいい」という言葉が私の後の人生を決めることになった。ロックアウトがつづいていた大学院に通うことができたとしても、数年間採用のなかった橿原考古学研究所で仕事をすることは不可能だった。

翌年、森先生や末永先生にも了承を得て、あらためて心から研究所員としてのスタートを切ることができた。それから二九年間、奈良県下のさまざまな遺跡調査、研究に携わることができたことに感謝している。ただ白石さんとの約束であった、さらなる努力が果たせたかどうかは、まだ心許ない。

私にとって研究所での調査、研究のなかでもっとも幸運だったのは、奈良県下の遺跡分布図の作成に参加できたことだった。奈良盆地と周辺の山々を徹底的に踏査し一万分の一の地図を作成した。秋の取り入れが終わった頃から、木々が芽吹く頃まで、協力してくれる学生たちと、まさに「歩けオロジー」の日々を送った。全四冊が完成するまでに四年の歳月を要したが、現在も奈良県の考古学を考える基礎資料になっていることは間違いないだろう。

私の大学の卒業論文は「古墳の終末について」というタイトルのつたないものだったが、邪馬台国、卑弥呼の問題とのかかわりもあって、古墳時代の始まりに多くの関心がもたれていた当時としては、少し異質だったかもしれない。まだ終末期古墳という概念も存在していなかった。

一九七〇年に森浩一先生が発表された「古墳時代後期以降の埋葬地と葬地」という論文に私は衝撃的ともいえる感動を受けた。古墳の終末にもっとも大きな影響を与えたのは土地制度の変革によるものだという、現在では常識となっていることを、文献、考古資料を駆使して書かれたのは、あの高松塚古墳の壁画が現れる二年前のことだった。その後、一九七九年に『古事記』の編者太安萬侶の墓誌が出土した墓の調査を担当し、その墓所が安萬侶の出身地でも、生活していた場所でもない奈良の東山中になぜあるのかを考えたとき、森論文の要旨を参考にしてその訳を知ることができた。

古墳の終末期、つまり飛鳥時代に関心をもっていた私は、古墳と同時に飛鳥時代から各地に広まった仏教寺院についても考えるようになった。当時は古墳の終末と寺院の造営を関連付ける見方が主流だったが、それに対しても疑問を抱くようになった。私は机に向かって難しく考えるのは苦手なタイプで、フィールドに出て、その立地や景観を重視しながら考えるタイプであると思っている。

今から二十余年前、私のわがままをすべて許してくれた先代である父が遷化し、私は四国の山寺の住職となった。中学、高校時代のうち約五年間の春夏の休暇時に、宗派の専修学院で学び、十八歳の時に灌頂《かんじょう》を受け、二十歳の時に僧階を得ていたので、住職になる資格はあった。しかしペーパードライバーのようなもので、当初は苦労した。

寺の住職となっても、研究はつづけたいという思いを理解し、手をさしのべてくださった奈良芸術短期大学での授業を担当し、長期の休み以外は週の前半は奈良、後半は四国という生活をつづけて、ほぼ四半世紀となる。

通勤には松山空港と伊丹空港を利用した。飛行時間は一時間足らずだが、天候と飛行時によるが、可能な限り大阪に向かうときは進行方向に向かって右の窓側の席に座った。

松山空港を飛び立った飛行機は、四国の中央を東西に延びた中央構造線上を東に飛行し、紀淡海峡を越え和歌山市に注ぐ紀ノ川の河口を眼下に左に旋回し、やがて金剛、葛城山の上空を北に向かう。しばらくすると奈良盆地が視界に入ってくる。田植え時期には、まるで盆地が湖にかわったようにキラキラと水面が輝き、秋には黄金色の稲田が広がる美しい景色が目に入ってくる。

東方に目をやると、三輪山の全貌が現れ、手前には大和三山が点在している。遙か北方には若草山を望むことができる。しかし飛鳥の盆地を直接に見ることはできない。北にある天の香具山と手前の甘樫丘などの山並みに囲まれた狭い地域を思い浮かべることしかできないのである。飛行機は盆地の西上空を北に向かい、盆地内のなかほどで、河川が集結する斑鳩から平群の上空で機首を北西に向け、上町台地の難波宮跡、大阪城を眼下にしながら伊丹空港に向かう。私はこの二十余年、この風景を何百回となくながめてきた。そして三輪山、飛鳥、斑鳩を古代史のなかでどのようにとらえるべきかという思いが強くなった。

本書では、大和盆地の東南部の三輪山周辺で成立したヤマト政権が、やがて七世紀末には律令国家「日本」へと変わってゆく過渡期である飛鳥時代の姿を、宮、寺院、古墳を通して考えてみた。飛鳥時代前半の政権のなかで主導的な役割を果たした蘇我氏、さらに蘇我氏でありながら律令国家を目指したと思われる厩戸皇子について、少し大胆かもしれないことを述べた。

その厩戸皇子の意志を継いだのが、応神、雄略、継体からつづく大王家の後裔である田村皇子（舒明天皇）であったと考えられる。舒明紀のほぼ半分を占める即位前紀の存在に、『日本書紀』編者の苦労が見受けられる気もするが、短期間ではあったが舒明天皇の存在意義は大きかった。

少し話はそれるが、毎週伊丹空港から松山空港に向かうときには、進行方向に向かって左側の窓側の席に座る。瀬戸内海を見下ろしながら、四国の北岸に沿って西に向かうが、舒明天皇が崩御の前年に過ごした伊予の行宮はどこだろうか、また斉明天皇が百済救援の兵を集めるために滞在した行宮は、宝皇后として舒明とともに過ごした宮と同じだろうか、と思いは果てしない。額田王が兵を鼓舞するために詠んだと思われる歌に登場する「熟田津」はどのあたりだろうか、などと考えているうちに海に接した松山空港に着く。いずれについても私には確信に近い思いはあるが、ここでは触れないでおこう。

橿原考古学研究所と奈良芸術短期大学での半世紀余りは、私にとって至福の時間であった。多くの先生、先輩、友人に恵まれ、またすばらしい遺跡に囲まれたなかで学ぶことができたことに感謝しかない。

本書をまとめるにあたって、橿原考古学研究所の方々、各市町村で文化財保護、研究に励んでおられる方々にお世話になりました。また本書の刊行を引き受けてくださった新泉社にも感謝します。

二〇二二年四月二十日

前園実知雄

写真提供（所蔵）

梅原章一：図2・76／明日香村教育委員会：図9・43・44／奈良県立橿原考古学研究所：図10・14・37上・46・54／大津市歴史博物館：図11／奈良県立橿原考古学研究所附属博物館：図13・85〜88・91／奈良文化財研究所：図19・27・33／橿原市教育委員会：図40・48・91／奈良県観光局観光プロモーション課（法隆寺）：図64

図版出典（一部改変）

図1：奈良文化財研究所2021／図3・17・32：奈良国立文化財研究所1986／図4：明日香村教育委員会1987／図6・8・13上：奈良県立橿原考古学研究所2008／図7：小笠原1995／図11：林1984／図12：『壬申の乱』1996、大巧社／図15：小澤2003／図20：奈良県立橿原考古学研究所1995／図21：奈良県立橿原考古学研究所附属博物館1999／図23：奈良国立文化財研究所1960／図25：奈良県立橿原考古学研究所1999／図26：奈良文化財研究所2002／図28：奈良文化財研究所2003／図30：国立歴史民俗博物館2001／図31：1・3奈良文化財研究所2007、2 奈良県立橿原考古学研究所1979、4 奈良文化財研究所2003／図34：奈良県立橿原考古学研究所2002／図35：近江1996／図36：奈良文化財研究所1983／図39：奈良県立橿原考古学研究所1983／図41上：菅谷・河上1973／図41下：白石1967／図42：白石・関川・大竹1978／図51右・図55右・図56右・図58右：飛鳥資料館1979／図51左：明日香村教育委員会2013／図53劉慶柱・李毓芳1991／図55左：奈良県立橿原考古学研究所1972／図56左：明日香村教育委員会2004／図57：文化庁ほか2008／図58左：明日香村教育委員会2020年現地説明会資料／図60：塚口2002／図61：奈良県立橿原考古学研究所附属博物館2001／図62：国立博物館1948／図63：斑鳩町教育委員会2005／図65：法隆寺1985／図66：菅谷2021／図69・73：石田1936ほか／図71・72：奈良県立橿原考古学研究所1994／図75：斑鳩町教育委員会2013／図78：斑鳩町教育委員会1990／図80：奈良県立橿原考古学研究所1990／図81：佐々木玉季／図82：奈良県立橿原考古学研究所1992／図84：奈良県立橿原考古学研究所1977

上記以外は著者

装　　幀：コバヤシタケシ
図版制作：菊地幸子

著者紹介

前園実知雄（まえぞの・みちお）

1946年、愛媛県生まれ。同志社大学文学部卒業。

1969年、奈良県立橿原考古学研究所に勤務。太安萬侶墓、藤ノ木古墳、法隆寺、唐招提寺など多くの発掘調査をおこなう。現在、奈良芸術短期大学特任教授、公益財団法人愛媛県埋蔵文化財センター理事長、奈良県立橿原考古学研究所特別指導研究員、真言宗豊山派法蓮寺住職。

主な著作 『日本の古代遺跡　奈良北部』（共著）保育社、『藤ノ木古墳』日本の古代遺跡を掘る五（共著）読売新聞社、『奈良・大和の古代遺跡を掘る』学生社、『吉野仙境の歴史』（共編）文英堂、シリーズ「遺跡を学ぶ」032『斑鳩に眠る二人の貴公子　藤ノ木古墳』『中国歴史紀行』新泉社、『森浩一古代学をつなぐ』（共編）新泉社、「高松塚古墳とその前後」『終末期古墳と古代国家』吉川弘文館、「考古学から見た唐招提寺の創建と金堂の建立」『佛教藝術』281号 毎日新聞社、「唐代大仏考」『日中交流の考古学』同成社ほか。

律令国家前夜　遺跡から探る飛鳥時代の大変革

2022年6月10日　第1版第1刷発行

著　者　前園実知雄

発　行　新泉社
東京都文京区湯島1－2－5　聖堂前ビル
TEL 03（5296）9620 ／ FAX 03（5296）9621

印刷・製本　萩原印刷株式会社

ISBN978-4-7877-2203-4　C1021

シリーズ「遺跡を学ぶ」　Ａ５判並製／九六頁

032 斑鳩に眠る二人の貴公子　藤ノ木古墳

前園実知雄 著／一五〇〇円＋税

085 奇偉荘厳の白鳳寺院　山田寺

箱崎和久 著／一五〇〇円＋税

095 東アジアに開かれた古代王宮　難波宮

積山　洋 著／一五〇〇円＋税

102 古代国家形成の舞台　飛鳥宮

鶴見泰寿 著／一六〇〇円＋税

155 極彩色壁画の発見　高松塚古墳・キトラ古墳

廣瀬覚・建石徹 著／一六〇〇円＋税

森浩一古代学をつなぐ

前園実知雄・今尾文昭 編／Ａ５判並製／三六六頁／三五〇〇円＋税

中国歴史紀行　史跡をめぐる五万キロの旅

前園実知雄 著／四六判上製／二五六頁／二〇〇〇円＋税